高等院校经济学管理学系列教材

管理思想史精讲

Guide to the History of Management Thought

李庆华 著

北京大学出版社
PEKING UNIVERSITY PRESS

图书在版编目(CIP)数据

管理思想史精讲/李庆华著. —北京：北京大学出版社，2020.5
高等院校经济学管理学系列教材
ISBN 978-7-301-25303-8

Ⅰ. ①管… Ⅱ. ①李… Ⅲ. ①管理学—思想史—世界—高等学校—教材 Ⅳ. ①C93-091

中国版本图书馆CIP数据核字(2020)第058316号

书　　　名	管理思想史精讲 GUANLI SIXIANGSHI JINGJIANG
著作责任者	李庆华　著
责 任 编 辑	杨丽明
标 准 书 号	ISBN 978-7-301-25303-8
出 版 发 行	北京大学出版社
地　　　址	北京市海淀区成府路205号　100871
网　　　址	http://www.pup.cn　　新浪微博：@北京大学出版社
电 子 信 箱	sdyy_2005@126.com
电　　　话	邮购部 010-62752015　发行部 010-62750672　编辑部 021-62071998
印 刷 者	天津中印联印务有限公司
经 销 者	新华书店
	787毫米×1092毫米　16开本　13.75印张　301千字 2020年5月第1版　2020年5月第1次印刷
定　　　价	49.00元

未经许可，不得以任何方式复制或抄袭本书之部分或全部内容。
版权所有，侵权必究
举报电话：010-62752024　电子信箱：fd@pup.pku.edu.cn
图书如有印装质量问题，请与出版部联系，电话：010-62756370

推荐序一

管理经典为定力之源

在激变与机遇并行的不确定时代，个人和组织往往会感到莫名的困惑与焦虑，担心走错一步就与稍纵即逝的机会擦肩而过。我们在学习一些新的管理理论时经常会遇到两个难题：一个是缺乏管理的基础知识；另一个则是对经典管理理论的理解不够。与企业界的朋友们在一起讨论管理问题的时候，也常常感受到一些认知方面的困难，这些困难使我不得不检讨和重新审视：是不是我们没有把握管理最基本的内涵？是不是我们对管理规律的认识还很不足？

我们同时也无奈地发现，中国许多企业活得都很艰难，它们付出很多，但却没有得到相应的回报。这其中的根本原因就在于未能真正理解"管理的基本原则是什么""管理发挥了什么作用"等基础问题。事实上，无论是个人还是组织，如果对管理的基础知识理解不够，不仅会导致迷茫和惶恐，也会使后期所作的努力无法取得成效。

我们不但需要清晰理解最基本的管理理论，还需要明确管理理论的核心内涵，更需要真正理解管理的本质与规律。事实上，如果我们对管理经典理论具备了较好的认知，知道最基本的管理概念的核心内涵是什么，最基本的管理规律是什么，那么，一切都会变得可以接受，并能通过这些认知有效地获得帮助。因此，选读管理经典著作不仅是我自己的选择，也是一直以来我给学生的建议。我们最该做的，可能也是最难做的，依然是静下心来阅读这些经典著作，从而生成我们应对这个巨变时代的定力。

管理经典研究的命题一定是来源于对重大实践问题的认识，并在问题框定与复杂问题简单化这两个关键方面为业界实践和理论研究贡献价值。在100多年来的管理实践中，无论外界环境如何变迁，科学技术生产力如何发展，管理学大师在那些经典研究成果中所提出来的管理问题依然普遍存在，他们所总结的管理经验依然有益，他们研究的管理逻辑依然被普遍运用，他们所创造的管理方法依然有效。这主要是因为，这些经典研究成果回答了最基本的管理问题。

《管理思想史精讲》重点介绍和论述了弗雷德里克·泰勒、亨利·法约尔、马克斯·韦伯、玛丽·福列特、切斯特·巴纳德、彼得·德鲁克、亨利·明茨伯格、伊戈尔·安索夫和迈克尔·波特这9位在历史长河中熠熠生辉的管理学大师的管理思想。直至现在，我们仍受益于他们这些引领管理实践变化并创造出无数价值的经典研究成果：20世纪20年代开始，泰勒以任务管理为核心的科学管理原理解决了劳动效率最大化的问题。紧接着，法约尔一般管理理论的5要素和14条原则，以及韦伯的行政组织理论解决了组织效率最大化的问题。20世纪30年代至60年代，人际关系训练被看作组织成功的关键。这一阶段的人际关系理论和人力资源理论解决了个人效率最大化的问题。而在此之前，

"管理学先知"福列特就已经前瞻性地关注到了科学管理中被忽视的人性因素的相关问题。"人本管理之父"巴纳德也开始真正从人本身来解决效率问题。可见,在20世纪上半叶,劳动效率、组织效率和个人效率这3个关键问题依次得到解决。20世纪50年代以后,德鲁克的目标管理理论又被视为解决管理问题的新方法,其集大成的整体管理思想也让我们领会到管理的力量与魅力。紧跟着,战略管理思想开始涌现。"拓荒者"安索夫和"离经叛道者"明茨伯格的战略管理思想让我们充分体验到战略之美,而波特的竞争战略则进一步帮助管理者解决如何获得企业竞争优势的问题。20世纪80年代,狄尔、肯尼迪和大内等学者则通过企业文化的别样视角来阐释日本企业的集体崛起。20世纪90年代,随着电子信息技术的进步,新的管理方法层出不穷,令人目不暇接。进入21世纪,管理创新理论则在引领新的管理实践。

正如自由意志主义哲学家、经济学家亨利·赫兹利特对于经典著作的描述:"大师们的作品在我们心灵扎根,诗人们的佳句在我们血管中运行。我们年轻时读了书,年老了又把它们记起。"管理经典正是有这样的时空穿透力,洞察人类的理性和感性,连接着我们的过去、现在和未来。因此,我也强烈地建议读者去阅读经典著作本身,相信阅读的收获会给您带来极大的帮助。

我其实与李庆华博士并不熟悉,只是在东南大学经济管理学院做讲座时,与李博士有过简短的交流。这次李博士请我为他的新著作序,我还感到有些惊讶。但是,当我看到他的新著是关于管理思想史的研究成果时,我感到应该接受这次邀请。

拿到本书书稿时,捧读手中,甚是喜欢。李博士自承担"管理思想史"课程的教学任务开始进入这个领域,并展开了持续的理解与研究,本书对管理学大师及其经典著作的介绍和论述,既有态度,也有温度。一方面,对当前管理经典理论的主流评议观点,本书进行了反思、思辨与争鸣,提出了自己独特的观点;另一方面,本书通过生动地呈现管理学大师的生平经历甚至生活细节来阐述其管理思想的孕育过程。相信这两方面的探讨,对读者更立体地理解和把握管理思想演变的内在逻辑将有所裨益。

以1911年弗雷德里克·泰勒出版《科学管理原理》为起点,现代管理学已经走过了一百多年的历程。在这期间,管理学发展经历了许许多多的起伏,管理学是作为一门科学,还是一门艺术,其争论也从未停止过。但无论如何,管理作为人类的一种基本活动,对经济发展、社会进步所做出的巨大贡献,已经得到了证明。与此同时,管理学理论研究在日益繁荣的同时,也面临着巨大的挑战。

互联网与数字技术、智能技术的出现,加剧了管理实践和管理研究所面临的挑战。例如,组织效率的本质在数字化时代发生了哪些变化?这些变化背后的根本原因是什么?我们需要怎样的解决方案?管理者应该有怎样的行为?等等。尤其是在不确定性激增的商业世界,今天比以往任何一个时期都更加混乱,我们该如何应对?

在面对严峻的挑战时,我们从不缺乏迎接挑战的勇气。但是,在众声喧哗的时代,我们似乎更应该冷静地辨别前进的方向,寻找前进的路线。而管理学大师的思想可以帮助我们得到更好、更有益的启示。

从这个意义上说，我认为李博士关于管理思想史的研究是一项很好、很值得鼓励的工作。尽管本书中的许多观点还有待于进一步探讨，但是，我希望借此作序之机，呼吁更多的学者投入管理思想史研究中来。"以史为鉴，可知兴替。"通过管理思想史的研究，或许我们可以在管理理论研究领域作出更聪明的选择，为人类的文明进步做出自己更有价值的贡献。这也是我愿意为李博士新著作序的目的之一。

同时，也期待读者从本书中感受到管理经典的魅力，把握管理思想的发展脉络与内在逻辑；更重要的是，在巨变时代生成应对不确定性的定力，并在具体管理实践中去运用，让管理真正发挥其应有的价值。

诚意之作，特此推荐。

陈春花
北京大学王宽诚讲席教授
国家发展研究院 BiMBA 商学院院长
2019 年 10 月 11 日

推 荐 序 二

管理思想是根据各种不同的文化、道德准则和政治、经济、管理、社会制度的变迁而不断向前发展的管理知识体系。管理思想的发展从早期管理制度的萌芽到现代文明社会管理制度的形成前后经历了数千年,无论是早期的管理思想,还是科学管理时代、社会人时代、现代和当代的管理思想,都对管理理论和管理实践产生了重要影响。我从1995年起为南京大学商学院企业管理博士生开设"中外管理思想比较研究"的课程,每年与不同的博士研究生探讨管理思想的过程中都有新的认识。毫无疑问,全面把握和深刻理解中外管理思想的演变,可以为现代管理理论研究和管理实践探索提供有益的借鉴。

李庆华博士新近出版的著作《管理思想史精讲》,是他多年来在管理思想史研究领域辛勤耕耘所取得的研究成果。本书力求简明地总结现代西方管理思想的演变,以帮助读者较为全面地了解现代西方具有巨大影响的管理思想,以及这些管理思想的起源与发展过程。我读了本书以后感慨颇多,欣然应邀作序。

关于管理思想史的研究,在不少研究者看来,即使不被看作冷门研究,至少可以说不算是热门研究。作为工商管理学科研究内容的重要组成部分,管理思想史的地位和作用自不待言,关于管理思想史的研究也被国家自然科学基金委员会列为管理学部资助研究的方向之一。但是,从每年的国家自然科学基金项目管理学领域申报的数量来看,管理思想史研究方向的选题数量远远少于管理学领域的其他研究方向。另外,从我国管理学领域重要期刊发表的学术论文来看,关于管理思想史研究的学术论文无论是质量还是数量都不能令人满意。上述情况表明,关于管理思想史的研究还没有得到应有的重视。

实际上,管理思想史研究是非常重要的基础性研究。古人云:"要知来处,便知去处。"英国学者摩根·威策尔曾经在《管理的历史》一书中说:"管理者应该了解管理的历史",我们同样可以说:"管理学者应该了解管理思想演变的历史"。事实上,如果我们能够清楚地了解管理思想演变的脉络,那么,这对我们探索管理理论与实践的发展方向将是大有裨益的。这不仅是因为管理学大师的管理思想是人类思想库中的宝贵财富,而且是因为管理学大师在理论研究过程中表现出来的科学严谨的治学态度、面向实践的研究理念、服务社会的价值取向、富有人文精神的博大情怀,更值得我们敬仰和学习。

要简明精炼地概括出管理学大师的管理思想并不是一件容易的事。以德鲁克的管理思想为例,德鲁克先生著作等身,涉猎广泛,管理思想博大精深。我在1991年从美国留学回国后不久就创办了德鲁克论坛,迄今已在南京大学商学院举办了将近120期。我时常阅读德鲁克先生的著作,深切地感到常读常新,尤其惊叹于德鲁克先生的管理思想远远超越他所处的时代。《基业长青》和《从优秀到卓越》两本畅销书的作者柯林斯也对德鲁克先生的管理思想和先见之明推崇备至,柯林斯甚至表示:"其实这两本书可以用同一个书名,即《德鲁克是正确的!》。"李庆华博士在本书中概括性地总结了德鲁克先生一以贯之的管理思想,认为他的管理思想是"整体管理思想",这是一个比较新颖且又可取的观点。德鲁克先生在《管理的实践》自序中也指出:"本书是第一本真正的'管理学'著作,是第一本视管理为整体,率先说明管理是企业的特殊职能、管理者肩负了明确责任的管理学著作。"机械工业出版社于2019年将德鲁克的所有著作重新翻译再版,这使我们可以更加全面地领悟他在研究营利组织、非营利组织以及社会组织过程中体现出来的整体管理思想。

总之,管理思想史研究不仅是有重要价值的,也是充满艰辛的,因而更需要有人来做这方面的研究。在本书中,李庆华博士选择了他心目中的9位管理学大师,力求提炼出9位管理学大师的管理思想,并以这些管理学大师的管理思想为"点",串联起管理思想演变的传承关系和演变脉络,从而以一种"粗线条的方式"勾画出现代西方管理思想发展的概貌。的确,这9位管理学大师对现代管理理论发展都做出了杰出的贡献,在管理思想史上也占有十分重要的地位。如果能准确提炼出这些管理学大师的管理思想,这对于我们理解和把握其管理理论与方法及其应用,无疑具有十分重要的价值。虽然书中关于管理学大师管理思想的解读是否准确尚可进一步讨论,但能够在这方面作出探索本身就是值得肯定和鼓励的。

正因为如此,我接受李庆华博士之邀为其新著作序,同时也希望有更多的学者投入管理思想史研究领域中来,加强各种观点的交流与碰撞,取得更多关于管理思想史研究的成果,以更加全面、准确、深刻地理解和把握管理学大师的管理思想。尤其在当下管理学研究正面临"何去何从"的艰难选择之时,我殷切地希望广大管理学者能够从管理学大师的管理思想中汲取精华,扎根管理实践,不断进取,开拓新时期管理学发展之路,为管理理论与管理实践的发展做出新的、更大的贡献。

南京大学人文社会科学资深教授、商学院名誉院长、博士生导师
2019年国庆节于南京大学安中楼

推荐序三

自1911年弗雷德里克·泰勒出版《科学管理原理》以来,现代管理学这座大厦已经搭建了100多年,形成了今天的管理学理论丛林。万丈高楼平地起,坚固的地基是根本。管理学地基的建造者,是这么一批大师们:弗雷德里克·泰勒、亨利·法约尔、马克斯·韦伯、切斯特·巴纳德、赫伯特·西蒙、彼得·德鲁克、亨利·明茨伯格、伊戈尔·安索夫、迈克尔·波特等。他们凭借深入的实践力、敏锐的洞察力、旺盛的创造力,开发出一个个具有巨大指导意义的管理理论。大诗人雪莱曾经宣称,诗人是人类世界中未经认可的立法者;米可斯维特和伍尔德里奇则认为,"立法者"的荣耀应该归属于这些管理学大师。他们所构建的管理学大厦的一砖一瓦,已经影响到人类活动的每个角落,正在改变着人们的生活。

管理学是一门显学,"从实践中来,到实践中去"是其最鲜明的特质,正是管理实践发展一日千里,推动了管理学理论的长足进步。如果离开了管理实践,管理理论就成为空中楼阁;如果缺少管理理论的指导,管理实践就成为无本之木、无源之水。彼得·德鲁克指出,管理在20世纪的兴起,是人类发展历史上的重要事件。弗雷德里克·泰勒等人发起并推动了科学管理运动在美国工业界轰轰烈烈地开展,影响了美国工业化的进程,并形成了科学管理理论。随后,科学管理运动波及北美、欧洲和日本,影响到了中国,全球出现了越来越多的大型企业,这些企业生产规模越来越庞大、市场区域越来越广泛、组织结构越来越复杂,成为经济全球化的重要推动者。

随后,随着社会的不断进步,管理实践不断得以发展。企业经营活动因受到动态环境、激烈竞争和技术创新的不断挑战,需要新的管理理论给予指导,于是,20世纪中后期,出现了许多原创性的管理模式与方法。例如,最早出现于美国企业并由彼得·德鲁克总结提出的"目标管理模式",开发于摩托罗拉并由美国通用电气发扬光大的"六西格玛管理方法",兴起于施乐公司并在全球推广的"标杆管理模式",由迈克尔·哈默等人倡导并波及全球的"业务流程再造",等等。欧洲在管理实践探索方面亦不甘人后。例如,荷兰皇家壳牌石油公司是风靡全球的创建学习型组织运动中的"标兵",欧洲汽车巨头在产品设计、质量管理、品牌经营等方面的探索成果至今仍在引领管理实践。

作为工业世界的后起之秀,日本在管理创新方面也不遑多让。例如,日本丰田的"精益生产模式"堪称管理实践领域的"最佳实践",是"管理实践皇冠上的明珠",完全可以作为全球企业进行管理探索的"看板",至今,"丰田生产系统"仍被全球企业广泛地学习和应用。日本企业的管理实践和理论中,影响最大的恐怕还是质量管理,可以说,是日本企业将质量管理发展为全球范围内声势浩大的全面质量管理运动,日本爱德华·戴明质量奖也已是世界三大质量奖之一。还有,稻盛和夫是一位曾经缔造了两家世界500强公司的日本企业家,他的"阿米巴经营模式"广为人知。如此等等,不胜枚举。

到了21世纪,开创性的管理理论很少出现了,但是,一个显然的事实是,从事管理理论研究的人却越来越多了。那么多管理理论研究者需要"吃饭",为什么开创性理论反而越来越少?我想不外乎这几种原因,要么是目前的管理理论趋于成熟,要么是管理实践没有突破,要么是理论研究者没有能够很好地从实践中提取出理论。不管什么原因,学术界正在反省:是不是管理研究者走入了"为理论而理论"的误区?管理实践界也在质疑:是不是管理理论与实践渐行渐远?很多西方的商学院发现,申请MBA的学生规模已经连续10年呈现下降趋势,似乎可以说明这个问题。

2019年5月,我在鹿特丹参加了RRBM(Responsible Research of Management and Business)峰会。来自全球知名商学院的院长们集体呼吁开展"负责任的管理研究"!确实,近几十年来,管理学领域已经很久没有出现声望卓著的管理学大师了。即使是那些被"吹鼓手"定义为"管理学大师"的,也受到了米可斯维特和伍尔德里奇在《企业巫医》一书中提出的质疑:"他们是商业世界中的伟大名医,还是大吹法螺的巫师?他们的思想是精湛深邃的宏论,还是主观偏颇的噱头?"肯尼思·克洛克和琼·戈德史密斯在2004年出版的《管理的终结》一书中,直击传统管理的弊端,认为"传统管理正在走向终结"。加里·哈梅尔在《哈佛商业评论》发表过一篇文章,题目颇为骇人听闻:《首先,消灭所有管理者》。

为什么会出现这样的情况?我认为任何一个管理理论都需要深入扎根管理实践,要沉入管理具体场景和行为实践中去发现其中的规律。任何一个管理理论要有生命力,必须要有其立足的理论根基、边界条件和实践基础、实施方法,缺一不可。如果只有理论根基,没有实践基础,这个理论就是无本之木;如果只有实践基础和实施方法,没有理论基础和应用条件,这个实践也不具有推广价值。当我们将理论生命力和实践生命力结合起来考察当下之管理研究,或许可以解释为什么近期难觅管理大师,要么是学者们正在关起门来作理论研究,要么是没有出现新的管理实践,而我认为,关键是前者。

反观当下中国之管理,不仅涌现出各种新的管理实践,而且还正在走向国际前列,那么,我们有理由相信,中国的管理实践者和研究者很快就会产出影响世界的理论。此时,我们更加需要静下心来,好好读读经典,好好把握经典的理论与实践的对话。李庆华博士选编的九位管理学大师的管理思想,可以为我们理解和把握管理理论的精髓提供借鉴。

编写本书是个基础性的工作,认真阅读本书,有助于更好地理解管理学大师的思想主旨,有助于澄清对管理学大师思想的误解或曲解。当然,要准确理解管理学大师的思想,最好的方法还是阅读原著。但是,在目前的"快餐文化"影响下,愿意静下心来读原著的人已经越来越少了,这一方面是因为这些原著往往卷帙浩繁、内容庞杂,或者行文晦涩难懂,让人望而生畏;另一方面也是因为人们具有碎片化阅读习惯,已经很少有耐心阅读经典了,即使勉强阅读也可能只是断章取义、一知半解,正如马克·吐温所说的,"所谓经典,就是人们想读而没有读过的著作"。

从这个意义上说,李庆华博士做了一项很有意义的工作。通读全书,我的一个感受是,管理学大师之所以成为大师,是因为他们在系统的继承、严谨的研究基础上所体现出来的创新精神,唯其如此,这些管理学大师的管理思想才能成为人类思想宝库中的重要组成部分,这也正是值得所有管理学者学习的方面。正如我前面所提到的,中国业已出现一批世界级的企业,为我们研究管理理论提供了良好的土壤,可以乐观地预期,在不久的将来,中国管理学者的思想应能为人类管理思想做出自己不可替代的贡献。

李庆华博士是在浙江大学管理学院获得管理学博士学位的,后来到南京工作。我认识他已经有 20 多个年头了,他为人稳重,踏实做研究和教学工作,尽管平时见面很少,但我还是时常关注他的发展的。这次他邀请我为本书作序,我欣然答应了,因为我确实觉得需要有更多具有更好的可读性、更深的洞察力、更好的概括性的管理思想史方面的书籍。这样可以为读者提供学习经典、理解经典和切磋思想的途径。诚如是,则善莫大焉!

特此推荐!

魏　江

教授,博士生导师

浙江大学管理学院院长

教育部长江学者特聘教授

自 序

我是在2004年因为承担"管理思想史"课程教学任务而开始接触管理思想史的。由于这是一门新课,加上我以前并没有学过,所以就先阅读了多本关于管理思想史的书,感觉教学难度很大。开始的几年,只能是照本宣科。随着时间的推移,我越来越强烈地感到,这门课只是讲了"管理研究史"和"管理实践史",而没有讲"管理思想史"。试问:被誉为"科学管理之父"的弗雷德里克·泰勒的管理思想是什么?被誉为"管理学宗师"的彼得·德鲁克的管理思想是什么?被誉为"战略管理之父"的伊戈尔·安索夫的战略思想是什么?翻阅多本"管理思想史"著作,除了众多管理学大师的理论与观点之外,似乎很难找到对这些管理学大师的管理思想的直接而精炼的概括。

学习管理思想史,首先要阅读管理学大师的经典管理著作。但是,除了迈克尔·波特的"竞争三部曲"、彼得·德鲁克的《管理的实践》、亨利·法约尔的《工业管理与一般管理》、切斯特·巴纳德的《经理人员的职能》等少数著作以外,"管理思想史"中提到的许多管理学大师的著作我都没有读过,就连弗雷德里克·泰勒的《科学管理原理》、赫伯特·西蒙的《管理行为》等经典著作都没有读过。不仅如此,我甚至从来没有听说过被誉为"管理学的先知"的玛丽·福列特的名字,更不必说读过她的著作和了解她的管理思想了。当然,也有一些管理学大师的著作我早就想读,却一直没有读过,如伊戈尔·安索夫的《公司战略》,真是应了那句名言:"经典就是人们想读而没有读过的书。"

阅读管理学大师的著作不仅相当耗时,而且困难重重。第一,有的书读起来诘屈聱牙。以《经理人员的职能》为例,不仅中国的一般读者感到这本书艰深隐奥,就连该书译者孙耀君也感到翻译时"难度很大",甚至连美国本土著名管理学者肯尼斯·安德鲁斯也认为这本书"晦涩难懂",作者切斯特·巴纳德本人更是直接告诫读者,"这个学说是难懂的、费解的、抽象的、深奥的"。第二,有的大师本是"圈外人",并不专门研究管理学,著作堪称卷帙浩繁,内容几乎包罗万象,如马克斯·韦伯。《新教伦理与资本主义精神》是韦伯的成名之作,但是关于该书主题思想的理解分歧巨大,就连本书中译本之间也相差甚远,关于该书的解读、导读之作更是层出不穷。商务印书馆出版的马克斯·韦伯的《经济与社会》中译本有800多页,堪称皇皇巨著,不仅如此,该书译者坦承,"《经济与社会》是我所遇到的最难读,因而也最难译的作品"。书中的一些名词,如律则性、贯时性、混序性,更是令人望而生畏。第三,有的书根本就找不到原著。以《公司战略》为例,这本书是伊戈尔·安索夫的成名之作,也是企业战略理论的开创之作,更是许多学者推荐阅读之作,不读原著是说不过去的。但是,该书在中国大陆地区一直没有中译本出版,只有台湾地区有一个1988年版的中译本,多方托人也没有借到。后来,还是委托留学美国的学生在其学校图书馆用手机拍下这本书英文原版的图片并通过微信传送给我,这才完成了我阅读该书的心愿。

　　学习管理思想史，仅仅阅读管理学大师的著作是不够的，还必须理解和把握其管理思想。但如上所述种种，要理解和把握管理学大师的管理思想显然是不容易的。尽管如此，我们仍然有很大的责任尽最大的努力去挖掘和提炼管理学大师著作中的管理思想。这是因为，大师的管理思想是大师在集人类管理之大成基础上产生的，是人类最宝贵的思想财富，在促进经济发展、社会进步方面具有无比强大的力量。例如，弗雷德里克·泰勒的科学管理研究成果对美国乃至世界企业生产率的提升、工业文明的进步都作出了巨大的贡献；彼得·德鲁克在《管理的实践》"自序"中说："本书出版后，不但在美国一炮而红，在全球各地也都非常成功，包括欧洲、拉丁美洲，尤其在日本更是备受重视。的确，日本人认为本书的观念奠定了他们经济成功和工业发展的基石"；迈克尔·波特的"竞争三部曲"不仅改变了不同类型组织的管理者的思维方式，而且改变了企业、产业乃至国家三个层面的竞争方式；等等。如果我们不去理解、把握和运用大师的管理思想，那简直是暴殄天物。

　　必须强调的是，大师著作中的学说、观点、方法并不等于管理思想，而且这些学说、观点、方法都有其适用情境，盲目照搬、刻板运用，只会适得其反。但是，大师的管理思想往往具有超脱性，以及持久、广泛的适用性，不会因为时代的变化而失去其价值。由此可以提出两个值得思考的问题：第一，现在有的学者动辄宣称管理学大师的管理思想已经落伍，甚至断言"管理已死""消灭管理者""管理的终结"等。但是，我们是否真的理解和把握了大师的管理思想？或者更直接地说，我们是否把大师在特定背景下提出的、解决特定问题的观点和方法等同于管理思想了？第二，现在学术界正致力于克服管理理论与管理实践相脱离的现象，这一初衷无疑是好的，这一努力也是值得肯定的。需要指出的是，尽管管理理论是研究管理实践的，其成果也是为管理实践服务的，但是，管理理论本身并不同于管理实践，前者是知识范畴，具有抽象性、一般性，后者是活动范畴，具有具体性、特殊性，片面强调管理理论与管理实践相结合可能会误导人们，从而使抽象意义上、一般意义上的管理理论失去对具体的、特殊的管理实践的指导作用。

　　学习管理思想史，还必须了解管理思想的演变脉络。管理学大师的开创性思想不是凭空产生的，必有其在特定时代下的实践基础和理论基础。如果能了解大师管理思想产生的实践基础和理论基础，那么，这对我们理解和把握大师管理思想无疑是极有助益的。这使我们不但可以了解管理学大师的悲天悯人、经世济民的情怀，而且可以了解管理理论研究的方向和方法，这对于当下正处于"十字路口"的管理学理论而言，具有至关重要的作用。现代管理学理论发展到今天，正是"嵌于已知的昨天和未知的明天之间的今天，可以说是历史的黎明时分"，正需要一盏盏指路明灯，照亮我们的前行之路。而管理学大师们闪耀着人类智慧光芒的管理思想正是这样的指路明灯。另外，正如丹尼尔·雷恩指出的那样，"管理思想的时代绝不会以某个特定的年份作为起止时间。相反，存在各种运动的融合，各种主题在大调小调的不同调试中变换"。因此，了解管理思想的演变脉络，可以更好地理解和把握管理学大师的管理思想的"曲调"，以及这些"曲调"是如何变换的。

自工业革命以来,对管理思想发展做出贡献的学者灿若繁星,不可胜数,要全面地介绍管理思想史是非常困难的,这也是一般的管理思想史著作卷帙浩繁、内容庞杂的主要原因。同时,这也导致很难在有限的课时内给学生呈现一个清晰的管理思想演变历程。因此,我选择了我心目中的九位管理学大师,力求直接而简明地总结和提炼出管理学大师的管理思想。本书对九位管理学大师管理思想的概括都是原创的(或许迈克尔·波特的竞争优势思想应该除外)。简明起见,不妨列表如下,以供判断:

表1 管理学大师的管理概念与管理思想

管理学大师	管理概念	管理思想
弗雷德里克·泰勒	管理是一门技术	任务管理思想
亨利·法约尔	管理是包含若干活动要素的整体职能	一般管理思想
马克斯·韦伯	管理是对人的社会行动的支配	理性化管理思想
玛丽·福列特	管理是对冲突双方的利益整合	整合管理思想
切斯特·巴纳德	管理是对人际互动行为的协调	组织管理思想
彼得·德鲁克	管理是一种实践	整体管理思想
亨利·明茨伯格	管理即平衡(兼顾)	平衡管理思想
伊戈尔·安索夫	战略即(决策)规则	战略制导思想
迈克尔·波特	战略即(业务)定位	竞争优势思想

这里,不妨以泰勒的任务管理思想为例。尽管人们对"任务管理"一词并不陌生,有的人还会认为该词过于严厉,甚至有些"土气",但是,本书根据泰勒的核心思想,对任务管理进行了全新的阐释,认为任务管理其实比科学管理更加全面、准确地表达了泰勒的管理思想,并且能更加全面、准确地揭示现代管理的基本内涵和本质特征,因而也能更加有力地证明为什么是泰勒而不是其他学者配得上"科学管理之父"的至高荣誉。进一步地,本书还以这些管理学大师的管理思想为点,串联起管理思想演变的传承关系和演变脉络,从而以一种"粗线条的方式"勾画出现代管理思想发展的概貌。

还需要说明的是,本书在酝酿过程中原本选择了十位管理学大师的管理思想进行精讲,这倒不是因为犯了所谓的"十景病",而是因为在作者心目中,确实有十位管理学大师处于第一梯队,对管理思想发展的贡献属于同一级别。这个未讲到的管理学大师就是赫伯特·西蒙。赫伯特·西蒙是诺贝尔经济学奖获得者,《管理行为》是其最重要的著作,是其对"管理型组织的决策过程"进行开创性研究的成果,也是他获得1978年度诺贝尔经济学奖的代表性著作,该书被瑞典皇家科学院誉为一部"划时代的"作品。瑞典皇家科学院指出,"西蒙有关组织机构决策的理论和意见,应用到现代企业和公共管理所采用的规划设计、预算编制和控制等系统中及其技术方面,效果良好。……现代企业经济学和管理理论大部分建筑在西蒙的思想之上"。仅凭此点,赫伯特·西蒙足以跻身十位管理学大师行列。

问题出在本书作者身上——我很难用一句话提炼出赫伯特·西蒙的管理概念,也很难用一句话概括出赫伯特·西蒙的管理思想。尽管长期以来人们普遍认为,《管理行为》是他最重要的著作,但是,我认为他还有一部著作特别重要,重要程度绝不亚于《管理行为》,这就是《人工科学》。我甚至认为,赫伯特·西蒙的管理概念和管理思想更多地反映在《人工科学》而不是《管理行为》中。《人工科学》对于我们理解管理活动,理解管理概念,理解管理学的学科属性,甚至对于我们理解管理研究的方向和方法,都具有非常重要的指导意义。从这个意义上说,《人工科学》的重要性远在《管理行为》之上。但是,这两本书在研究背景、研究对象、研究内容、研究方法等方面都相距较大,以至于我现在还无法找到两者的共同之处。在无数次努力无果之后,我选择暂时放下,等待想清楚后再讲解赫伯特·西蒙的管理思想。在作出这个决定之时,我一方面感到遗憾——由于功力不逮,我未能在本书中讲解赫伯特·西蒙的管理思想;另一方面感到释然——如果说不清楚,那还不如不说,如果暂时没想清楚,那就等想清楚了再说。

思想是重要的。人类文明最显著的成果不是科学,不是技术,而是思想。作为人类思想的重要组成部分的管理思想,自然弥足珍贵。从某种意义上说,管理思想家如弗雷德里克·泰勒、彼得·德鲁克、迈克尔·波特等对人类社会进步所做出的杰出贡献,一点也不亚于那些自然科学家。管理思想对人类管理实践的影响是巨大的。正如凯恩斯指出的,无论人们是否知道或是否承认,他们总是某种思想的奴隶,思想对人的行为的影响比利益更大,甚至远超人们的想像。由此看来,正确理解、把握和运用管理学大师的管理思想就显得至关重要,这也是我作出这种努力的原因。当然,本书对管理学大师管理思想的解读也可能是片面的,甚至可能是错误的,如此则误人子弟矣。因此,我诚恳地希望广大读者对书中不当和错误之处提出批评并指正,以便我消除不当,改正错误,提高学术水平。

我的电子邮箱:lqh@seu.edu.cn。

李庆华

东南大学经济管理学院

2019 年 9 月 22 日

目录
Contents

第1讲　弗雷德里克·泰勒管理思想 ········· (1)
  1.1　工业革命后管理概念的演变 ········· (1)
  1.2　泰勒管理概念与观点 ········· (3)
  1.3　泰勒任务管理思想 ········· (9)
  本章结语 ········· (23)

第2讲　亨利·法约尔管理思想 ········· (25)
  2.1　法约尔管理要素观 ········· (25)
  2.2　法约尔一般管理思想 ········· (28)
  2.3　法约尔杰出贡献 ········· (38)
  本章结语 ········· (50)

第3讲　马克斯·韦伯管理思想 ········· (52)
  3.1　韦伯学术成就与研究方法 ········· (52)
  3.2　韦伯核心思想 ········· (54)
  3.3　韦伯理性化管理思想 ········· (61)
  本章结语 ········· (71)

第4讲　玛丽·福列特管理思想 ········· (73)
  4.1　福列特学术生涯与成就 ········· (73)
  4.2　福列特管理职能观 ········· (75)
  4.3　福列特整合管理思想 ········· (80)
  本章结语 ········· (91)

第5讲　切斯特·巴纳德管理思想 ········· (93)
  5.1　关于巴纳德学说的争议 ········· (94)
  5.2　巴纳德关于个人的观点 ········· (96)

5.3　巴纳德关于组织的概念 ………………………………………… (99)
　　5.4　巴纳德组织管理思想 …………………………………………… (106)
　　本章结语 ……………………………………………………………… (119)

第6讲　彼得·德鲁克管理思想 …………………………………………… (120)
　　6.1　德鲁克管理研究与评价 ………………………………………… (120)
　　6.2　德鲁克多样化管理概念 ………………………………………… (125)
　　6.3　德鲁克管理实践观 ……………………………………………… (129)
　　6.4　德鲁克整体管理思想 …………………………………………… (133)
　　本章结语 ……………………………………………………………… (146)

第7讲　亨利·明茨伯格管理思想 ………………………………………… (147)
　　7.1　明茨伯格学术成就简介 ………………………………………… (147)
　　7.2　明茨伯格实然管理观 …………………………………………… (148)
　　7.3　明茨伯格平衡管理思想 ………………………………………… (152)
　　本章结语 ……………………………………………………………… (161)

第8讲　伊戈尔·安索夫战略思想 ………………………………………… (163)
　　8.1　安索夫生平与成果 ……………………………………………… (163)
　　8.2　安索夫战略概念 ………………………………………………… (169)
　　8.3　安索夫战略制导思想 …………………………………………… (174)
　　本章结语 ……………………………………………………………… (179)

第9讲　迈克尔·波特战略思想 …………………………………………… (181)
　　9.1　波特战略概念 …………………………………………………… (181)
　　9.2　波特竞争优势思想 ……………………………………………… (188)
　　本章结语 ……………………………………………………………… (204)

第 1 讲

弗雷德里克·泰勒管理思想

弗雷德里克·泰勒于 1856 年出生于美国费城，1883 年获得新泽西州斯蒂文斯理工学院机械工程学学士学位，1884 年升任米德维尔钢铁厂总工程师，1906 年当选为美国机械工程学会会长，同年获美国宾夕法尼亚大学名誉科学博士学位。1895 年，泰勒发表了《计件工资制》论文；1903 年，泰勒发表了《工厂管理》论文；1911 年，泰勒出版了在管理思想发展历史上具有里程碑意义的《科学管理原理》一书；1912 年，泰勒出版了《在美国国会的证词》单行本。泰勒因为对科学管理的开拓性研究而被推崇为"科学管理之父"。1915 年，泰勒因病去世，结束了他短暂而光辉的一生。

1.1 工业革命后管理概念的演变

在工业革命之后、泰勒之前的历史时期，许多学者已经认识到管理的存在和管理的重要作用。现代经济学奠基人、英国经济学家亚当·斯密在 1776 年出版的《国富论》中，观察到企业所有权和经营权分开的现象，这表明管理是一种客观存在的人类活动，但是他并没有对管理本身进行研究。法国经济学家让·萨伊最早认识到了管理的重要作用，在 1803 年出版的《政治经济学概论》中指出，企业家承担了把土地、劳动力和资本这三个要素结合起来的责任，因此，萨伊强调管理是一个独立的生产要素。

此后，许多经济学家对管理进行研究。塞缪尔·纽曼在 1835 年出版的《政治经济学原理》中，将企业家的管理职能描述为"计划、安排和实施各种不同的生产过程"。约翰·斯图尔特·穆勒在 1848 年出版的《政治经济学原理》中，强调了管理的控制职能。鲍克在 1886 年出版的《人的经济学》中，认为企业家的管理职能是组织和指挥。阿尔弗雷德·马歇尔在 1890 年出版的《经济学原理》中，把企业家的管理职能概括为组织。不久，马歇尔在 1892 年出版的《工业经济学原理》中，又强调了管理中的教育和培训职能。

早期的管理思想家和教育家对管理的观察和研究则更为深刻。安德鲁·尤尔在 1835 出版的《制造业的哲学》中，阐述了制造业的生产过程和基本原则。在该书中，尤尔没有明确地给出管理的定义，但他隐含地指出了管理活动的系统性特征。查尔斯·杜宾在1831年出版了《关于工人情况的谈话》，尽管该书的出版早于《制造业的哲学》，但是，查尔斯·杜宾其实深受安德鲁·尤尔的影响，最早强调管理技术可以通过教育来传播，这意味着管理技术是一项独立的、可以学习的专业技术。查尔斯·巴贝奇在1832年出版的《论机器和制造业的经济》中指出，在科学分析的基础上可以得出企业管理的一般原则，这意味着创建一般管理理论是可能的。威廉·杰文斯已经开始进行初步的工时研究和动作研究，并分析了劳资关系问题，其成果主要反映在1871年出版的《政治经济学理论》中。

现代管理起源于工业革命后的欧洲，前面提到的关于现代管理研究的探索者都是欧洲的经济学家、管理思想家、管理教育家以及大量的管理实践者。所谓现代管理，是相对于古代管理而言的，与古代管理有着重大的区别。尽管古代管理和现代管理的内涵都是"让人做事"，但是，古代管理是社会中的权力活动，主要表现在人与人的交互性上；现代管理是组织中的职能活动，主要表现在管理活动的目的性上。

作为世界工业文明后起之秀的美国，在管理理论和管理实践领域都取得了突破性的进展，不但出现了许多科学管理运动的先驱者，而且出现了产生革命性管理实践的大公司——美国铁路公司。之所以说美国铁路公司的管理实践是革命性的，是因为该公司的管理实践迥然不同于在此之前的管理实践。如果把工业革命后工厂中的管理称为传统管理，那么，美国铁路公司的运作和发展，标志着现代意义上的、系统化管理实践的诞生。与传统管理相比，现代意义上的系统化管理实践具有不同的内涵。

长期担任《美国铁路杂志》编辑的亨利·普尔对美国铁路发展的历程及存在的问题相当熟悉，他针对当时美国铁路公司面临的问题，指出任何单一的管理技术都不能解决这些问题，主张实行系统化管理。丹尼尔·麦卡勒姆是一位实干家，他在1854年接手伊里铁路公司后着手进行整顿，并与亨利·普尔亲密合作，将亨利·普尔的系统化管理思想付诸实践，取得了十分显著的效果。亨利·汤超越单纯的工程师视角，强调管理并不仅仅是一门技术，而是一门具有自身理论体系的科学。①②亨利·汤还设计出一种旨在激励员工的收益分享制度，这种制度不同于以往的利润分享制度。亨利·梅特卡夫在1885年出版的《制造业的成本和公营及私营工厂的管理》中，总结了他在弗兰克富兵工厂的管理经验，提出了一套有效的管理系统。这套管理系统以制度和控制为核心，强调工厂所有的权力都应归于最高领导，实行集权管理。③④弗雷德里克·哈尔西在1891宣读的论文《劳动报酬的奖金方案》中，设计的方案考虑全面而又简单易行，在美、英等国得到了广泛应用，其缺点是方案中的定额标准来自于传统经验，缺乏科学研究的依据。奥柏林·史密斯是对泰勒影响较大的管理研究先驱者之一，他在管理研究方面的主要贡献，是提出了一套有关机械零件的术语和记忆符号的系统，以及该系统设计和运行的基本原则。

---

① 亨利·汤的这个观点在工程界具有很强的冲击性。这是因为，直到1907年，美国机械工程师学会还不承认有管理工程的课题；即使在1915年，该学会还有许多有势力的会员坚持否认可以建立一门管理科学，或认为即使可以建立管理科学，也不关工程界的事。
② 孙耀君.西方管理思想史[M].太原：山西人民出版社，1987：58.
③ 弗雷德里克·泰勒坦承自己的某些思想来自亨利·梅特卡夫。
④ 孙耀君.西方管理思想史[M].太原：山西人民出版社，1987：60.

1.2 泰勒管理概念与观点

泰勒是美国机械工程师学会的成员,该学会对管理思想的发展起到了巨大的推动作用。除泰勒以外,许多管理研究的先驱者都是该学会的成员,他们共同努力促使美国机械工程师学会的成员关注和研究管理问题,并在全美国范围内促进了科学管理运动的蓬勃发展。这对泰勒管理思想的形成产生了重要而不可磨灭的作用。

作为管理研究领域的一个承前启后的集大成者和开拓者,泰勒在他的系列论文、著作以及在美国国会所作的证词中,提出并阐释了现代管理的概念。1903年,泰勒在题为《工厂管理》的论文中明确指出,管理技术的定义是:"确切地知道要求他人做什么,并要求他人用最好的方法去做"①。这一概念反映了现代管理的系统化本质。

1.2.1 泰勒的新管理用词

值得注意的是,泰勒在讨论"管理"时,使用的单词是"management",而不是常用的"administration"。《科学管理原理》的英文名称为"*The Principles of Scientific Management*",其中,"管理"使用的是"management",而不是"administration"。这意味着,"administration"并不能表达泰勒心目中的管理概念。

对比一下可以发现,与泰勒同时代的亨利·法约尔在其代表作《工业管理与一般管理》中,"管理"的用词是"administration"。②玛丽·福列特在20世纪20—30年代撰写了许多关于管理研究的论文,并于1941年结集出版,书名是《动态管理》(*Dynamic Administration*),"管理"的用词也是"administration"。即使到了20世纪50年代,人们在讲述"管理"时,还是习惯于用"administration"。赫伯特·西蒙于1954年出版的《管理行为》一书的英文名称为"*Administrative Behavior*"。当然,西蒙的研究兴趣本来就是在公共管理方面,因此,用"administration"实属正常。事实上,有专家在推介该书时就建议将"*Administrative Behavior*"翻译为"行政行为"。塞尔兹尼克的《行政管理中的领导艺术》出版于1959年,其英文书名是"*Leadership in Administration*","管理"的用词同样是"administration"。到了1976年,哈罗德·孔茨在《管理学》(第6版)中使用了"management"一词,但他还是认为,管理者(manager)、高级总管(administrator)、高层主管(executive)、基层监管(supervisor)之间没有什么本质的区别。③

由此可以看出,泰勒在讨论"管理"时,没有使用当时普遍使用的"administration",而是使用"management"。这在一定程度上可以说明,泰勒心目中的"管理"有着"administration"所没有包含的意义。不过,尽管在19世纪末与20世纪初,"管理"

---

① 弗雷德里克·泰罗.科学管理原理[M].胡隆昶等译.北京:中国社会科学出版社,1984:33.
② 亨利·法约尔.工业管理与一般管理[M].周安华等译.北京:中国社会科学出版社,1982.
③ 哈罗德·孔茨,西里尔·奥唐奈.管理学:管理职能的系统分析方法和随机制宜的分析方法(第6版)[M].中国人民大学工业经济系外国工业管理教研室译校.贵阳:贵州人民出版社,1982:8—9.

(management)一词已经开始使用,但是,管理的内涵并没有得到清晰的界定。①

彼得·德鲁克指出,"管理"(management)是一个非常难以解释的词汇:它首先出现在美国,有着特定的语义,很难翻译成其他语言,甚至在使用很长时间后都没能进入英式英语;它既表示一种专业职能,又表示执行这种专业职能的人;它既是一种社会地位和等级,同时也是一门学科、一个研究领域。②

那么,在泰勒的心目中,什么是管理?在讨论这个问题之前,很有必要先看看在泰勒的心目中,管理不是什么。由于科学管理在美国产生了巨大的争议,甚至遭到了尖锐的批评和强烈的抵制,泰勒不得不到美国国会接受质询,为科学管理辩护。《在美国国会的证词》中,泰勒详细阐述了科学管理概念:

> 科学管理不是任何一种效率措施,不是一种取得效率的措施,也不是一批或一组取得效率的措施。它不是一种新的成本核算制度;它不是一种新的工资制度;它不是一种计件工资制度;它不是一种分红制度;它不是一种奖金制度;它不是一种为职工提供报酬的方式;它不是时间研究;它不是动作研究,也不是对工人动作的分析;它不是印制大量的工作文件交给工人说:"这是你的制度,你必须执行";它不是工长分工制,也不是职能工长制;它也不是普通工人在提到科学管理时就会想到的各种措施。普通工人听到"科学管理"时就会想东想西。但科学管理并不是上述那些措施。我不轻视成本会计制度、时间研究、职能工资制,也不轻视任何一种新的工资方法,也不轻视任何效率措施——如果它们的确是可以提高效率的措施。我相信它们,但我强调指出这些措施都不是科学管理,它们是科学管理的有用附件,因而也是其他管理制度有用的附件。③

泰勒在美国国会的这段证词表达了他的管理概念是一种系统化管理。管理是人的一种有目的的活动。在《科学管理原理》中,泰勒开宗明义:"管理的主要目的应该是使雇主的财富最大化,同时也使每一位雇员的财富最大化。"这一目的指导着管理者的管理活动。一切管理活动的有效性都应该用是否实现了目的来衡量。换言之,为了实现财富最大化的目的,人们需要完成有利于这一目的的实现的各种活动,这些活动以及影响这些活动成效的所有因素相互联系、相互影响、相互作用,才是所谓的系统化管理。借用一个比喻来说,管理是为了实现财富最大化目的而"打包"开展的综合性活动。

在泰勒的管理概念中,任何单一的管理制度、管理技术或管理活动都不是管理。例如,无论是古代管理,还是肇始于工业革命的现代管理,都非常强调"人"的因素以及"人"的管理。工厂制度诞生以后的第一个突出的管理问题是劳动力问题,包括工人的招募、培训、纪律和激励等。④"人"的管理无疑是管理的重要内容,但是,管理并不等同于"人"的

---

① 斯图尔特·克雷纳.管理百年[M].邱琼,钟秀斌译.海口:海南出版社,2003:4.
② 彼得·德鲁克.人与绩效:德鲁克管理精华[M].闾佳译.北京:机械工业出版社,2015:11.
③ 弗雷德里克·泰罗.科学管理原理[M].胡隆昶等译.北京:中国社会科学出版社,1984:237—238.
④ 丹尼尔·雷恩,阿瑟·贝德安.西方管理思想史[M].孙健敏等译.北京:中国人民大学出版社,2013:51—60.

管理。泰勒强调指出,"过去,人是第一位的;未来,体系是第一位的。当然,这并不意味着不再需要伟大的人物了,正好相反,任何先进体系的首要目标都是造就一流人才。同时,在系统管理之下,最出色的人将比以往更有把握、更快地被提拔到领导岗位上来"。①

1.2.2 泰勒的管理技术观

自工厂制度诞生以来,尤其是人类进入工业社会以来,物质财富的创造能力呈指数级增长,人们普遍认识到提高效率的重要意义。其中,管理在人类追求效率的过程中居功至伟。摩根·威策尔指出,管理在世界文明进程中的地位如果不是更高,至少也应该与政治、军事、科学、教育、文学、艺术、宗教等占有同等重要的地位。②

即使如此,泰勒仍然认为,在几乎所有的工厂中,乃至在整个工业界,在全社会,普遍存在着低效率的现象,这种低效率不仅表现为有形的资源浪费,而且更主要地表现为无形的资源浪费,但人们对无形的资源浪费却不知不觉。例如,人们对由于业务不熟、技能不高、指挥不当等原因带来的损失视而不见或看而不明,实际上,这样的损失是巨大的,远超有形的资源浪费所带来的损失。再如,人们对物质资源的浪费往往痛心疾首,对人力资源的浪费却熟视无睹。实际上,人力资源的浪费大得惊人,是"全国性效率问题"的主要内容,甚至可以说是"劳资对立""罢工频发"的根源。

在长期的工作经历中,泰勒发现,即使在经营良好的工厂中,承担管理职责的各个管理部门之间也存在着显著的管理水平的不平衡。这种现象令人惊讶。从情理上说,低水平管理部门可以通过向高水平管理部门学习提高管理水平。然而,工厂内部管理水平不平衡的现象是长期而普遍地存在的。不仅如此,在经营良好的工厂中,有效的管理活动与合理的奖金分配之间也缺乏明显的关联,这意味着,工厂利润的大幅增长并未带来工人收入水平的显著上升,因而没能转化为工人工作积极性的提高。

在科学管理研究过程中,泰勒还发现了一个尤其值得人们深思却为人们所忽略的现象。在同一个行业中,若两家生产相同产品的工厂都比较成功,经营业绩大体相当,人们往往就不去探究两家工厂在细节方面的差异了。但是,泰勒经过仔细对比发现,由于工厂领导人成长过程、行业经验、专业知识、管理技能、领导风格等方面的不同,一家公司擅长成本控制,因而能以相对较低的产品价格获得更高的市场占有率,而另一家公司坚持以质量取胜,因而能以相对较高的价格获得更高的销售利润率,其实,客户希望得到的是性价比高的产品,那么,为什么两家工厂不能相互学习、取长补短呢?

尽管管理已经在社会各界得到了广泛的重视,但是,泰勒认为,之所以会出现以上种种现象,其深层原因就在于人们并没有把管理视为一种技术。③什么是技术?法国科学家狄德罗主编的《百科全书》给技术下了一个简明的定义:"技术是为某一目的共同协作组成的各种工具和规则体系。"

---

① 弗雷德里克·泰勒.科学管理原理[M].马风才译.北京:机械工业出版社,2007:前言.
② 摩根·威策尔.管理的历史[M].孔京京,张炳南译.北京:中信出版社,2002.
③ 弗雷德里克·泰罗.科学管理原理[M].胡隆昶等译.北京:中国社会科学出版社,1984:31.

从泰勒的代表性论著中反映的研究过程、研究内容与研究成果看，泰勒几乎是完全按照狄德罗的技术定义来开展科学管理研究的。在泰勒的论著中，泰勒不仅经常使用"管理技术"一词，而且他的研究内容和研究结论也忠实地反映了管理作为一种技术的特点。泰勒发现，管理技术具有与工程的基本原理一样精确无误的规律，这些规律需要经过长期和审慎的思考和研究。

为了更好地理解和把握泰勒的管理技术观，我们有必要将泰勒的管理技术观与之前的传统管理观进行对比，了解两者的区别与联系。或许，回顾一下泰勒的工作经历和研究过程可能有助于比较泰勒的管理技术观与传统管理观。

1875—1878年，泰勒在费拉德尔菲亚的一个小机械厂恩特普莱斯液压机厂做学徒工，主要学习做铸造模型。1878年，他进入著名的米德维尔钢铁厂，当上了一名机械工人。由于工作努力，表现突出，泰勒先后被提拔为车间管理员、技师、小组长、工长、维修工长、制图部主任，并于1884年晋升为总工程师。他在米德维尔钢铁厂一直干到1890年，积累了丰富的工业生产管理经验，为他从事科学管理研究奠定了坚实的基础。

泰勒发现，在几乎所有的工厂里，普遍存在着工人"磨洋工"现象，其中有些是由于人的"懒散本性"导致的"无意的磨洋工"，更多的则是由于管理不善而导致的"有意的磨洋工"。"磨洋工"现象的大量存在，造成了资源浪费严重、生产效率低下、工人收入不高等后果。更致命的是，"有意的磨洋工"恰恰是拙劣的管理制度的产物。

吊诡的是，拙劣的管理制度又是工厂主或管理者为了解决"有意磨洋工"而设计出来的。为了调动工人的工作积极性，消灭"磨洋工"现象，工厂主或管理者采用了新的工资制度，如各种改进型"计时工资制"和"计件工资制"。泰勒将建立在诸如此类的工资制度基础上的、广泛流行的传统管理模式命名为"积极性＋激励"模式。[①]但是，在泰勒看来，无论是"计时工资制"，还是"计件工资制"，都是低效、无效甚至是负效的。因此，建立在这类工资制度基础上的传统管理模式也是低效、无效甚至是负效的。

之所以出现这种让人难以忍受却又无可奈何的结果，主要还在于人们关于管理的观念。在传统的观念中，管理问题被视为人的问题。换言之，只要你能招募到合适的人，那么任何工作都可以放心交给这个合适的人去完成。[②]这种观念是极其错误的，然而在当时的工业界却被当作一种正统观念而奉行不悖。

例如，"计件工资制"被认为是一种好的制度，因为在这种制度下，工人可以"多劳多得"，符合人的追求自身利益最大化的本性。然而，在制定工资率时，工厂主或管理者往往以高水平工人的产量为标准设定单件产品的工资，这使得工人们心生不满，并对高水平工人施压，要求他不得显著超过平均水平，否则将对之实行孤立或打击。

即使工厂主或管理者成功地以高水平工人的产量为标准设定了单件产品的工资，也不能确保高水平工人的产量就是最高产量。因为工厂主或管理者基本上是根据过去的最高产量来设定工资率，他们根本不知道，也无法知道潜在的最高产量是多少。同时，工

---

① 弗雷德里克·泰勒.科学管理原理[M].马风才译.北京：机械工业出版社，2007：25—26.
② 弗雷德里克·泰罗.科学管理原理[M].胡隆昶等译.北京：中国社会科学出版社，1984：31.

人们齐心合力隐瞒可以达到的最高产量，以免工厂主或管理者设定较低的工资率。

更严重的问题在于，劳资双方的尖锐对立可能使得任何先进合理的制度都变得不可行，并带来十分荒谬的后果。这是因为，只要工人以及工会认定工厂主或管理者提高产量标准就是压榨工人，那么，即使提高产量标准的要求是合理的，也不会被接受；同样，只要工厂主或管理者认定工人好逸恶劳，不思进取，逃避责任，那么，他们就只会采取"胡萝卜加大棒"的政策来诱导或迫使工人就范。

在泰勒看来，只有科学管理才能真正解决资源浪费严重、生产效率低下、工人收入不高等问题。实际上，诸如此类的问题不仅存在于工厂，也存在于整个工业界乃至全社会。因此，只有科学管理才能解决罗斯福总统所说的"全国性效率问题"。不仅如此，泰勒还认为，科学管理甚至可以解决"劳资对立"的问题，这样，连工会都是不必要的。①

那么，在泰勒看来，管理是什么？简言之，管理是一门技术。泰勒在其论著中常常使用"管理技术"这一词汇。如果说科学要回答"是什么"和"为什么"的话，那么，技术则要回答"做什么"和"如何做"。事实上，在泰勒的论文《计件工资制》《工厂管理》以及专著《科学管理原理》中，出现了许多关于管理"做什么"和"如何做"的内容。尤其在泰勒的代表作《科学管理原理》中，泰勒花了大量篇幅介绍科学管理研究的内容和过程——该书也因此而显得琐碎、沉闷、枯燥，进而被批评为一本"不合格的著作"。实际上，泰勒这样做正是基于他的管理技术观：非如此无法告诉读者管理"做什么"和"如何做"。换言之，泰勒呈现的科学管理研究过程，正是管理技术的应用过程。至于通过科学管理研究所得到的标准化操作方法，已经是管理技术的应用结果，而不是管理技术本身了。

泰勒认为，尽管人们对管理的认识还不一致，但是，管理注定会具有更富于技术的性质。那些现在还被认为是在精密知识领域以外的基本因素，很快都会像其他工程的基本因素那样标准化，被制成图表，并被广泛接受和利用。作为一门技术，管理将会被深入研究与开发，不再是依靠从个人接触到的少数组织的有限观察中所得到的一些模糊观念，而将是建立在一种被广泛承认、有明确界说和已经确立的基本原则之上。②

根据狄德罗关于技术的定义，技术是有目的的。在泰勒之前，已经有管理研究者将管理视为一门技术了，如查尔斯·杜宾；也有许多管理研究者明确地或隐含地认为管理是有目的的，如管理职能必然产生于管理目的，并为管理目的服务，但是，他们都未明确说明管理的目的是什么。泰勒在界定了管理的技术本质的基础上，首次具体而明确地说明了管理的目的，这是泰勒对管理思想发展所做出的重大贡献之一。

当然，泰勒关于管理目的的思考经历了一个不断提高的过程。在《工厂管理》一文中，泰勒认为管理的首要目的就是把高工资和低劳动成本结合起来，这也是泰勒关于管理目的的朴素而崇高的理想。后来，如前文所述泰勒认为，管理的主要目的应该是使雇主的财富最大化，同时也使每一位雇员的财富最大化。③在这个表述中，一方面，泰勒直接

---

① 弗雷德里克·泰勒.科学管理原理[M].马风才译.北京：机械工业出版社，2007：110.
② 弗雷德里克·泰罗.科学管理原理[M].胡隆昶等译.北京：中国社会科学出版社，1984：60.
③ 弗雷德里克·泰勒.科学管理原理[M].马风才译.北京：机械工业出版社，2007：3.

把财富最大化作为管理的终极目的;另一方面,泰勒指明雇主和雇员两个原来处于对立状态的角色,完全可以通过科学管理而实现共同的目的。对比泰勒前期关于管理目的的表述可以看出,在经过科学管理研究之后,泰勒心目中的管理目的升华了:管理作为一门技术,不仅具有经济方面的目的,而且具有社会方面的目的。

另外,泰勒关于管理技术的内涵或要素的思考也经历了一个不断提高的过程。在《工厂管理》一文中,泰勒指出,管理的目的可以运用下列原理而轻松实现:一是科学设计和分派每个工人每天必须完成的、明确的、具有挑战性的任务;二是为工人提供标准化的劳动条件,包括设备、工具、操作方法等;三是如果工人完成了规定的任务就应该按高工资率给予报酬,并对超额完成部分给予奖励;四是如果工人没有或不能完成规定的任务就应该按低工资率给予报酬,并对未能完成部分给予惩罚。[①]

尽管泰勒将这四个方面称为"原理",但在实际上,这四个方面回答了管理"做什么"和"如何做",因而是管理技术的内涵或要素。即,管理者只要在这四个方面开展工作,就可以轻松实现把高工资和低劳动成本结合起来的目的。从这个意义上说,管理是一门技术。借用狄德罗的话说,管理技术是为管理目的共同协作组成的各种工具和规则体系。

在《科学管理原理》一书中,泰勒仍然把改进后的四个方面称为"原理"。从该书的书名也可以看出泰勒对"原理"一词的偏爱:使用该词不仅可以突出科学管理研究的"科学含量",也可以提高科学管理原理的传播量和接受度。

当然,如果仔细研读《科学管理原理》就可以发现,泰勒在正文部分归纳科学管理原理时,采用了这样的表述:在科学管理制度下,管理者要承担不同于传统管理制度下的职责:一是提出工人操作的每一动作的科学方法,以代替过去单凭经验从事的方法;二是科学地挑选工人,并进行培训和教育,使之成长成才,而不是像过去那样由工人选择各自的工作,并各尽所能地进行自我培训;三是与工人密切合作,以确保所有工作都按照所制定的科学原则行事;四是管理者与工人的工作和职责几乎是均分的。管理者应该承担起那些自身比工人更胜任的工作,而在过去,管理者把几乎所有的工作和大部分职责都推给了工人。[②]

从上面这段表述可以看出,尽管该书书名是《科学管理原理》,泰勒也是在"科学管理原理"的语境下来总结这四个方面的,但是,泰勒在该书正文部分还是使用了"管理者职责"这样的词组,而"管理者职责"的内容正是管理"做什么"和"如何做"的具体表达。因此,这再次表明,在泰勒的心目中,管理是一门技术。

综上所述,尽管泰勒在不同时期的表述内容有所不同,但是,泰勒一直将这些内容称为"科学管理原理"。从"科学"与"技术"的概念内涵与本质特征看,泰勒所讲述的这些内容与其说是"原理",不如说是"技术"。事实上,这四个方面的内容回答了管理"做什么"和"如何做"的问题,而这正是管理技术的核心内容。

---

① 弗雷德里克·泰罗.科学管理原理[M].胡隆昶等译.北京:中国社会科学出版社,1984:60—61.
② 弗雷德里克·泰勒.科学管理原理[M].马风才译.北京:机械工业出版社,2007:27.

在《科学管理原理》一书中，泰勒详细介绍了三个著名的科学管理实验：一是搬铁实验，二是铲砂实验，三是砌砖实验。这三个实验过程实际上是管理技术的应用过程。以砌砖实验为例。砌砖实验是弗兰克·吉尔布雷斯将科学管理原理（实则管理技术）应用于砌砖活动中，并取得了巨大的成功。泰勒认为，吉尔布雷斯的成功就在于应用了构成科学管理本质的四个要素：第一，形成砌砖科学（由管理者而非工人承担），包括每个工人动作的严格规则以及所有工具和作业条件的完善化和标准化。第二，精心挑选砌砖工人，并把他们培训成头等工人。第三，通过管理者的经常帮助和关注，以及每天付给工人一大笔奖金（由于其进度快并按照规定行事），将头等砌砖工和砌砖科学结合起来。第四，工人和管理者之间在工作和责任上几乎是均分的。管理者几乎整天和工人工作在一起，帮助工人，鼓励工人，为他们提供方便；而在过去，管理者只是站在一旁，很少给工人提供帮助，把方法、工具、进度以及密切协作等几乎全部责任都推给工人。①

泰勒认为，在管理技术诸要素中，并不是所有要素都是同等重要的，其重要性依行业、企业、活动而定。在大多数情况下，尤其是当所从事的工作本身比较复杂时，"创建专业科学"是管理技术四要素中最重要的要素。例如，在吉尔布雷斯研究的砌砖活动中，创建砌砖科学是该领域管理技术四要素中最有趣、最迷人的要素，不过，其他三种要素也都是取得成功的不可或缺的要素。在有些情况下，也许"精心选育工人"在管理技术四要素中是相对于其他三种要素更重要的要素。

1.3 泰勒任务管理思想

在管理思想发展史上，泰勒是一个极具争议的人物。一方面，泰勒因为在科学管理研究方面取得了许多开创性的成果而被赞誉为"科学管理之父"；另一方面，泰勒的很多观点受到了尖锐的批评甚至猛烈的攻击。实际上，无论是对泰勒的褒扬，还是对泰勒的贬抑，都存在着对泰勒管理思想的诸多误解。即使那些对泰勒高唱赞歌的人似乎也没有发现泰勒对管理思想发展所做出的真正伟大的贡献。

或许，被推崇为"管理学宗师"的彼得·德鲁克的话颇具代表性。他认为，许多批评者只对泰勒制的一些边缘性问题有一些了解，对其主要的思想和贡献几乎保持着无知的忽视；科学管理只不过是一种关于工人和工作系统的哲学，总的来说，它可能是自联邦主义文献以后，美国对西方思想做出的最特殊的贡献。②从这段话可以看出，彼得·德鲁克一方面对泰勒的管理思想给予了极高的评价，另一方面认为"科学管理只不过是一种关于工人和工作系统的哲学"。令人遗憾的是，以洞察力敏锐著称的彼得·德鲁克也没有发现泰勒的核心管理思想，以及泰勒对管理思想发展所做出的卓绝贡献。

泰勒被尊称为"科学管理之父"，这在管理思想史上是一个至高无上的荣誉。需要说明的是，这并不是因为他是第一个引入科学方法、开展科学管理研究的人，也不是因为他

---

① 弗雷德里克·泰勒.科学管理原理[M].马风才译.北京：机械工业出版社，2007：64—65.
② 彼得·德鲁克.管理：任务、责任和实践[M].刘勃译.北京：华夏出版社，2008：前言.

是首先提出了科学管理的一般原理的人。事实上,在泰勒之前,已经有许多人开展科学管理研究了,例如致力于在科学分析的基础上得出一般管理原则的查尔斯·巴贝奇,最早开始进行工时研究和动作研究的威廉·杰文斯,等等。在美国的科学管理运动中,有的人甚至在某些方面做出了比泰勒更大的贡献。例如,以卓越的数学天赋、高超的分析能力著称的卡尔·巴思,就因为确定了机器、工具、进料、速度等各种要素的最佳组合,而受到了泰勒的高度赞赏;在研究完成工作的"最佳方法"方面成就斐然、享誉世界,并被泰勒作为典范写进《科学管理原理》中的加尔布雷斯夫妇;由于对工业管理的教化以及甘特图的发明,而被称赞为"在这一代中对管理艺术做出了最显著的贡献"的亨利·甘特;等等。特别是十八九世纪以来,许多管理思想家和管理实践家都对科学管理理论的诞生做出了巨大的贡献。[1]总之,科学管理理论并不是泰勒一个人的天才创造,而是一个集体智慧的结晶。

那么,泰勒凭什么获得了"科学管理之父"的崇高地位?简言之,泰勒对现代管理科学所做出的最独特、最重要、最伟大的贡献主要体现为他的核心管理思想——任务管理思想。所谓任务管理,简单地讲,是指管理者和被管理者通过相互合作,共同承担设计和完成任务的责任,实现最大限度地创造财富的目的。泰勒的许多观点可能因为时代的局限性而不再适用于今天的管理实践,但是,他的核心管理思想却仍然闪烁着真理的光芒,照耀着人们对管理理论与实践的探索之路。尤其当管理理论与实践陷入迷茫、面临"何去何从"的艰难抉择时,就会出现"重回泰勒制"的声音,由此也可见泰勒的核心管理思想具有超越时空、永恒不变的魅力,蕴藏着取之不尽的思想财富。

1.3.1 任务管理的产生背景

任务管理是泰勒在科学管理研究成果基础上提出的管理模式,是对传统的经验管理模式的颠覆。泰勒痛感于传统的经验管理模式效率低下,造成全国性资源的极大浪费,因而开展了以动作研究和时间研究为核心内容的科学管理研究。

泰勒把传统的经验管理模式概括为"积极性+激励"。所谓传统的经验管理模式,是指工厂主或代表工厂主利益的管理者,根据传统的经验确定工人所要完成的工时定额或产量定额,并建立相应的工资制度。泰勒认为,这种管理模式是无效的,是造成效率低下、资源浪费的根源。主要原因就在于,这种管理模式将所要做的"活计"完全交给工人,由工人自主决定如何完成这些"活计",管理者只是通过提供"激励"来调动工人的"积极性",而这些激励并没有真正发挥作用,从而导致产生工人"磨洋工"的现象。

泰勒把工人"磨洋工"分为"有意的磨洋工"和"无意的磨洋工"。"有意的磨洋工"是指,工人有意识地不追求最大产出,而将产出维持在一个相对较低的水平上。造成"有意的磨洋工"现象的原因是多方面的:一是工厂主经常在工人提高产出的情况下降低工资标准,从而抑制了工人提高产出的积极性;二是工人担心如果提高效率可能会导致工厂

---

[1] 孙耀君.西方管理思想史[M].太原:山西人民出版社,1987:75.

主裁减工人,最终导致自己失业;三是由于"非正式组织"的影响,即工人可能会由于产出较高而导致工厂主提高定额标准,从而遭到其他工人的孤立甚至报复。

"无意的磨洋工"是指,由于人类具有"懒惰散漫的天性",工人们随意地采用习惯的或轻松容易的方法干活,从而导致产生操作效率低下、资源浪费严重的情况。尽管现实中确实存在这样一些人,他们具有雄心壮志,永不满足现状,不断追求高效,但是,在泰勒看来,"这些少数不同寻常的人所起到的作用,反而突显了一般人懒散的工作倾向"。这些少数不同寻常的人的存在表明,其他大多数人其实完全可以像他们那样获得更多的产出。从这个意义上说,传统的经验管理模式是无效的。

更致命的是,"把若干人集合在一起做同样的工作,在计时工资制下,按照统一标准发给工人工资的做法,大大助长了'懒散松懈'行为的蔓延"。为什么会这样?这是因为,在传统的经验管理模式下,工人干好干坏都一样,这就必然导致高水平的工人向低水平的工人看齐。同时,计时工资制大大强化了工人在工作时间一定的情况下减少自己投入的动机,因为这样做可以实现自身利益最大化。从这个意义上说,传统的经验管理模式是一种坏的、具有负效果的管理模式,它激发了人性中恶的一面。

在激励方面,计件工资制似乎鼓励工人"多劳多得",但是,这种工资制度同样是无效的。甚至可以说,"有意的磨洋工"正是在计件工资制下才恶化到极点的。① 这是因为,一方面,几乎所有的雇主都为各等级的工人确定一个他们认为合适的最高工资额,一旦有人在计件工资制下获得了超过最高工资额的工资,雇主就会下调工资率,以降低工资总额,这促使工人决意降低产出;另一方面,一旦雇主相信有人能够完成超过他实际完成的工作量,就会以此为标准,要求其他人也要完成上调后的工作量。在这样的情况下,大多数工人就会对高水平工人施加压力,要求他减少产出,否则就会孤立和报复他。

作为一个虔诚的清教徒,一个严格自律、不苟言笑,以提高劳动生产率为己任的工程师,泰勒对诸如此类的行为和现象深恶痛绝,决心通过自己的努力作出改变。于是,泰勒开展了科学管理研究,其研究成果就在于发现了一些具有普遍意义的科学管理原理,并在研究成果的基础上提出了任务管理模式,以取代传统的经验管理模式。

泰勒起初就将他的一系列管理原则命名为"任务管理"。事实上,在他倡导的管理模式被称为"科学管理"之前,他一直喜欢称之为"任务管理"。后来,他觉得"任务"一词有些严厉,容易影响管理原则的可接受性。弗兰克·吉尔布雷斯是泰勒最忠实的支持者,也是科学管理运动的积极推动者,他在《科学管理入门》一书中指出,"任务"是一个不适当的词汇。② 泰勒也不愿意人们把他提出的科学管理原理称为"泰勒制",因为这很容易让人质疑科学管理原理的普遍适用性。后来,科学管理运动的积极参与者、律师路易斯·布兰代斯建议使用"科学管理"指称任务管理模式,泰勒勉强接受了这一建议。之所以勉强,是因为泰勒担心"科学管理"听起来过于学术,影响任务管理模式的普及。一些人对使用"科学"一词提出尖锐的批评,他们并不认为所谓的管理活动中存在"科学",尤其这

---

① 弗雷德里克·泰罗.科学管理原理[M].胡隆昶等译.北京:中国社会科学出版社,1984:42.
② 丹尼尔·雷恩,阿瑟·贝德安.管理思想史[M].孙健敏等译.北京:中国人民大学出版社,2012:131.

些反对者大多数是高校的教授,他们对随便使用"科学"一词——甚至用在日常生活琐事中表示十分反感。①但是,科学管理模式事实上很快流行开来,进而在全美范围内推动了科学管理运动的开展,极大地促进了美国的工业化进程,使美国的经济实力得到了迅速的提升。

1.3.2 任务管理的概念内涵

长期以来,泰勒的管理思想受到误解、批评甚至攻击,与他的代表作《科学管理原理》中的章节安排、内容选取和写作风格有很大关系。该书只有两章,第一章标题为"科学管理的基础",内容是作者关于一些理论问题的思考;第二章标题为"科学管理原理",内容更多是以案例和工具来说明科学管理的分析研究及其实践效果。泰勒在《科学管理原理》一书中描述的关于工人操作活动的内容远远多于表达管理思想或管理原理的内容,以至于有人认为,《科学管理原理》是一本不合格的著作。②

尽管泰勒在书中明确宣称,"对许多人来说,科学管理已被认为是'任务管理'",但是,泰勒在《科学管理原理》中的一些表述很容易引起人们对"任务管理"的误解。例如,他在该书中通过类比的方式说,在学生时代,一个讲求效率的老师每天都会在课堂上给学生布置具体、明确的作业,并向学生说明,他们在课堂上只能学这么多,这些作业就是他们在课后必须完成的任务。与此类似,工厂管理者每天也都应该给工人一项具体、明确的工作任务,并要求他们在规定的时间内完成。③如果单从字面上看,所谓的任务管理并无科学可言,更无神奇之处。然而,必须指出,泰勒的任务管理思想是一种独特的、伟大的,具有开创性和革命性的管理思想。因此,要真正把握任务管理思想的真谛,就必须反复通读泰勒关于科学管理研究成果的著作,完整、准确地理解泰勒的任务管理思想。

(1) 任务管理是一个合作概念

在传统的经验管理模式下,管理是一个自上而下分派"活计"的活动。在这种模式下,工人只是被动地接受"活计"。尽管在表面上,这种管理模式也是根据"计划"进行"组织",并对工人的活动过程与结果实行"控制",也就是丹尼尔·雷恩总结的、在早期工厂中就已出现的管理"职能",但是,这样的管理往往会导致出现明里接受、暗中对抗甚至破坏的现象,最后的结果常常是一方迁就或双方妥协。

在通常情况下,由于"磨洋工"现象的存在,工人的产出是低水平的。这是因为,如果工厂主试图提高产量定额,就会遭到工人的抵制。如果某个工人产出水平较高,他就会遭到其他工人的警告和打压,以迫使他降低自己的产出水平。工人很清楚,如果提高产量,即使在计件工资制下,工人的收入也不会得到真正提高,因为工厂主会根据高水平工人的产量重新制定单件产品的工资,工人将不得不接受一个较低的工资率。这就迫使工人将产量维持在自认为"正常"的水平上。同时,工人认为,提高劳动生产率可能会导致

---

① 方振邦.管理思想百年脉络[M].北京:中国商业出版社,2004:2.
② 马尔科姆·沃纳.管理思想全书[M].韦福祥译.北京:人民邮电出版社,2009:629.
③ 弗雷德里克·泰勒.科学管理原理[M].马风才译.北京:机械工业出版社,2007:92.

工厂主雇用更少的工人,从而导致部分工人失业。

但是,在任务管理模式下,雇主和雇员之间是一种合作关系。首先,雇主和雇员的根本利益是一致的。在当时的整个工业界,存在着尖锐的"劳资对立"现象:工人们认为资本家残酷地压榨工人,因而频繁地组织罢工,要求改善工作待遇和工作环境,缩短劳动时间,降低劳动强度,提高工资水平等。用泰勒的话说就是"残酷斗争多于真诚合作"。即使在非罢工斗争期间,工人们也经常用"磨洋工"的方式来反抗资本家的"剥削"。因此,当时的人们普遍认为,资本家和工人的根本利益是对立的,两者的关系不可能协调到利益完全一致的地步。但是,泰勒坚持认为,雇主和雇员的根本利益是一致的。这是因为,除非实现了雇员的财富最大化,否则不可能永久地实现雇主的财富最大化;同样,除非实现了雇主的财富最大化,否则不可能永久地实现雇员的财富最大化。因此,雇主和雇员的利益一致和真诚合作是任务管理的必然要求,也是任务管理的重要基础。

其次,劳资合作是以"科学"为基础的行为。泰勒认为,在传统的经验管理模式下,产量定额是凭借过去的经验或根据既有的惯例制定的,缺乏科学的依据;在任务管理模式下,管理者必须"确切地知道要求他人做什么,并要求他人用最好、最经济的方法去做"。这意味着,管理者必须对工人的操作开展科学研究,包括动作研究和时间研究,并在研究成果的基础上,给工人分派每天要完成的任务,这种任务是有科学依据的,包括产量、工具、方法等。这就将管理者与工人之间的对抗关系,转化为基于"科学"的合作关系。换言之,"做什么""如何做"既不是由工人决定的,也不是由管理者决定的,而是由"科学"决定的。泰勒认为,如果没有管理者和工人之间的合作,就不可能使任务管理真正发挥作用。泰勒强调,"管理者和工人亲密无间的、个人之间的合作,是科学管理或任务管理的精髓"[1]。

再次,从经验、知识、技能的角度看,任务管理需要在管理者和工人之间形成紧密的合作关系。这是因为,许多经验、知识、技能是个人化的,如果不能发挥工人的主观能动性,是不可能寻求更好、更经济的方法的。因此,管理者需要对提出改进建议的工人给予奖励。泰勒强调,"当工人提出改进操作的建议时,不管是方法还是工具,都应当给予其各种形式的奖励"[2]。这种合作有利于工厂主和工人双方实现财富最大化。在传统的经验管理模式下,工人劳动生产率较低,工人不可能实现自身利益最大化,这反过来又增强了工人"磨洋工"的动机;同时,工厂主显然也不可能实现自身利益最大化。换言之,传统的经验管理模式强化了工人"磨洋工"的动机和行为,最终导致工厂主和工人"双输"的结果。在任务管理模式下,工人用最好、最经济的方法完成"任务",不但极大地提高了个人的劳动生产率,而且在整体上也极大地提高了工厂的劳动生产率。只有这样,才能真正实现管理的核心目的——财富创造最大化。

最后,这种合作有利于管理者和工人互相成就对方。在传统的管理模式下,工人们干着繁重的"活计",却拿着微薄的工资,甚至连养家糊口都不容易。在计件工资制下,一

---

[1] 弗雷德里克·泰勒.科学管理原理[M].马风才译.北京:机械工业出版社,2007:2.
[2] 弗雷德里克·泰勒.科学管理原理[M].马风才译.北京:机械工业出版社,2007:72.

个工人如果想多干一点"活计",以便多挣一点工资,不但要遭到工厂主降低工资率的"惩罚",而且要承受其他工人的排挤和打压。这样,工人自然而然就成为工厂主眼中"好逸恶劳""逃避责任"的人。在传统的经验管理模式下,管理者的命运也好不到哪里去。管理者必须与各种各样的"磨洋工"作斗争,还要面临工人的各种抵制甚至人身安全威胁。更重要的是,管理者除了给工人分派"活计",并不能发挥其他作用,因为管理者自己也不"确切地知道要工人们做什么",也不知道什么是"最好、最经济的方法"。从这个意义上说,管理者的合法性和权威性就存在疑问,受到抵制在所难免。但是,在任务管理模式下,管理者和工人共同承担完成任务的责任,即工人不但尽自己最大的努力完成每天的任务,而且尽心尽力地寻求更好的方法来完成任务,管理者则对工人的活动进行科学的试验和总结,以确定工人每天能够完成的最大限度的任务,并且用最好、最经济的方法来完成这个任务。在完成任务的前提下,工人可以及时获得相应的报酬,而不会因为产量提高就要被降低工资率。管理者和工人共同的目的是,"实现雇主的财富最大化,同时也使每一位雇员的财富最大化"。需要说明的是,尽管工人的产量提高了,但是,由于采用科学的方法,工人可以得到合理的休息,以恢复体力,这样,工人的健康也得以保证。在这个过程中,管理者发挥了应有的作用,而工人也成为"头等工人",或者说,发挥了自我潜能,实现了自我价值。正如泰勒所强调的,任何先进管理模式的首要目标都是造就一流的人才:在任务管理模式下,最出色的人将比以往更有把握、更快地被提拔到领导岗位上来。①泰勒进一步强调,"管理者和工人双方最重要的目标是培训和发掘企业中每个人的技能,以便每个人都能尽其天赋之所能,以最快的速度、用最高的劳动生产率从事适合他的等级最高的工作"。②

泰勒特别强调任务管理是一个合作概念。在美国国会听证会上所作的证词中,泰勒在说明任务管理不是什么之后,指出任务管理的本质是一场心理革命。他认为,"在科学管理中,劳资双方在思想上要发生的大革命就是:双方不再把注意力放在盈余分配上,不再把盈余分配看作是最重要的事情。他们将注意力转向增加盈余的数量上,使盈余增加到使如何分配盈余的争论成为不必要。他们将会明白,当他们停止互相对抗,转为向一个方向并肩前进时,他们的共同努力所创造出来的营利会大得惊人。他们会懂得,当他们用友谊合作、互相帮助来代替敌对情绪时,通过共同努力,就能创造出比过去大得多的盈余。完全可以做到既增加工人工资也增加资方的利润。这就是构成走上科学管理轨道第一步的伟大思想革命。正是沿着这条双方思想态度完全变革的路线,用和平代替斗争,用全心全意亲兄弟般的合作代替争吵和冲突,用向同一方面努力代替背道而驰,用互相信任代替相互猜疑,双方成为朋友而不是对头,我认为科学管理必须沿着这条路线发展。用这种新的看法、新的观点来代替老的看法、老的观点,正是科学管理的精华所在。如果这些新观点不能成为双方的指导思想,如果不能用合作与和平的新见解来代替旧的

---

① 弗雷德里克・泰勒.科学管理原理[M].马风才译.北京:机械工业出版社,2007:前言.
② 弗雷德里克・泰勒.科学管理原理[M].马风才译.北京:机械工业出版社,2007:5.

对立与斗争的观点,那就谈不上科学管理"①。

(2) 任务管理是一个体系概念

泰勒把管理定义为,"确切地知道要求他人做什么,并要求他人用最好、最经济的方法做"。尽管这一定义很简洁,但却蕴含了十分丰富的内容。虽然泰勒是以单个工人为对象进行科学管理研究的,但是,泰勒追求的是工厂整体生产率的提高,它不仅要求实现单个工人的生产率最大化,而且要求实现工厂整体的生产率最大化。泰勒指出:"在更复杂的制造企业中,事实也非常清楚,只有以最低的全部支出(包括人力、自然资源和以机器、建筑物形式存在的资本费用)完成企业的工作,才能为工人和雇主带来永久的最大化财富。"②需要强调的是,财富最大化只能是生产率最大化的结果。生产率最大化绝不仅仅是指个人生产率的最大化,而是指企业作为一个经营体系的生产率最大化。

相应地,任务管理是一个体系概念。具体地说,任务管理既不是指一种技术、一种方法或一种工具,也不是指对一种技术、一种方法或一种工具的应用。在科学管理研究的基础上,泰勒发现,任务管理是以下四种基本活动的组合:

第一,创建专业科学。这一工作由管理者而非工人承担。管理者绝不能像过去那样,凭借传统经验给工人布置他所要完成的"活计"。在任务管理模式下,管理必须将工人的"活计"分解成各个动作,并通过科学分析,确定最有效、最省力的动作及其组合,以及完成"活计"所需要的时间,进而在此基础上,确定每个工人每天必须完成的任务,并制定相应的工资制度。当然,创建专业科学需要管理者对工人的操作活动及其配套条件相当熟悉,同时还要能得到工人的真诚配合。泰勒强调指出,即使在最简单的"活计"中,也存在科学的成分,需要加以研究并创建科学,如砌砖、铲砂、搬运铁块等。

第二,选育头等工人。根据所要完成"活计"的要求和特点,精心选择适合这种"活计"的工人(这一点非常重要,泰勒曾经单列为任务管理要素之一),并努力把他们培育成"头等工人"。同时,解雇所有不愿或不能完成这种"活计"的工人。需要说明的是,泰勒曾经因为头等工人的概念遭到美国国会的质询,实际上,泰勒所说的头等工人是指适合从事某项工作的人,在经过专业化、标准化的教育和培训后,能够发挥自己的潜能,实现自我价值。这是泰勒对人力资源管理乃至对管理科学的重要贡献。彼得·德鲁克尤其赞赏泰勒的这一工作,认为泰勒是第一位将人和工作结合起来进行研究的人。

第三,及时给予奖励。对于采用新的标准化操作方法完成或超过标准工作定额的工人,完成部分必须按较高的工资率支付报酬,超过部分则要求每天给工人发放相应数额的奖金,这一方面是保护和激发工人的工作积极性,另一方面也是为了把"头等工人"和"专业科学"结合起来。在传统的经验管理模式下,许多貌似合理的工资制度,实际上并没有鼓励那些试图采用新方法完成工作定额的工人,也没有奖励那些超过工作定额的工人,这对保护和激发工人的工作积极性是不利的。例如,亨利·汤的利益分享制尽管考虑全面,但实际上工人要到最后才能计算和获得奖金,这就产生了激励的延迟效应。另

---

① 弗雷德里克·泰罗.科学管理原理[M].胡隆昶等译.北京:中国社会科学出版社,1984:239—240.
② 弗雷德里克·泰勒.科学管理原理[M].马风才译.北京:机械工业出版社,2007:4.

外,这种利益分享制仍然是"吃大锅饭",因为很难区分每个工人对最终利益的贡献。

第四,共同承担责任。在传统的经验管理模式下,管理者只是单纯地给工人分派"活计",几乎不给工人提供指导和帮助。即,管理者把方法、工具、产量、进度以及协调等工作几乎全部交给了工人,同时也把所有责任都推给了工人。在任务管理模式下,管理者和工人之间在工作和责任上几乎均等:工人们采用标准化操作方法完成"活计",并在这个过程中发现或创造新的操作方法,管理者将工人们发现或创造的新方法进行总结、提炼,以实现标准化操作方法的迭代,这是一个永不休止的过程。[①]因此,管理者必须明白,同时也要让工人明白,管理者和工人具有共同的目的,即实现财富最大化。当然,管理者也必须与工人建立个人的亲密关系,帮助工人更好地完成工作,实现自我价值。再次强调,"管理者和工人亲密无间的、个人之间的合作,是科学管理或任务管理的精髓"。[②]

总而言之,任务管理包含以下工作:研究和确定工人的操作方法、工具、产量、进度,以及对工人的操作方法、工具、产量、进度进行"整体打包"——设计任务,并设法指导和帮助工人完成任务。这些"研究和确定"的"各种工具和规则体系"才是管理,或者更准确地说,才是管理技术。换言之,其中任何一种活动或任何一个要素都是完成管理目的所必需的,但它们都不是管理或管理技术,只有它们在组合成一个有机系统以后才是管理或管理技术,正如泰勒在美国国会听证会上所作的证词那样。令人遗憾的是,泰勒在国会听证会上的这段证词通常被当成激愤之言,或者被视为矫情之语,并没有得到应有的重视。实际上,这段证词非常重要,极其准确地表达了泰勒的任务管理思想:管理是设计和完成任务的活动,这是一个体系意义上的概念。

为了更好地理解和把握泰勒的任务管理思想,必须澄清的一个认识是,管理者通过科学管理研究所得到的工人的操作方法、工具、产量、进度以及协调机制都不是管理,而是管理的成果,或者说是管理技术应用的成果。而为了得到工人的操作方法、工具、产量、进度以及协调机制而开展的活动,以及通过综合应用这些要素以实现财富创造最大化的管理目的的活动,才是管理,或者说是管理技术应用。

之所以强调这一点,是因为管理通常被视为提高效率的技术、方法或措施。但是,需要指出的是,尽管提高效率是管理的题中应有之义,但是,提高效率并不是管理目的,而是实现管理目的的手段。不能有利于实现管理目的的效率是无意义的。或者说,没有目的导向的提高效率的活动很有可能偏离正确的方向。因此,管理者采用某种技术、方法或措施不是管理,只有当管理者采用某种技术、方法或措施来实现管理目的时,这样的活动才是管理。例如,人力资源部门在招聘、选拔、教育、培训员工时,即使采用的技术、方法或措施十分先进,但如果不能有利于企业的业务经营活动,那也不是管理;另外,即使采用的技术、方法或措施有利于企业业务经营活动,但如果不顾工人是否愿意采用,就会导致管理者和工人之间的对抗,那也不是管理;即使工人愿意采用追求效率的技术、方法或措施,如果工人之间的活动不协调,或工人与机器设备之间不协调,即局部的高效率导

---

① 弗雷德里克·泰勒.科学管理原理[M].马风才译.北京:机械工业出版社,2007:64—65.
② 弗雷德里克·泰勒.科学管理原理[M].马风才译.北京:机械工业出版社,2007:2.

致整体的低效率,那也不是管理。研究如何使人们愿意采用某种方法或措施来完成某个特定任务的活动,也不是管理,只有当这种研究有利于整个体系生产率的提高时,这样的活动才是管理。正如泰勒所强调的,"过去,人是第一位的;未来,体系是第一位的"[1]。

(3) 任务管理是一个动态概念

泰勒曾经担心,将他的管理模式命名为"任务管理"可能会使工人感到"严厉",从而不利于工人接受"任务"。尽管从工人心理的角度看,泰勒的担心不是没有道理,甚至可以说,科学管理确实比任务管理更容易让人接受,事实上也是如此,但是,从管理的角度看,任务管理是一个最恰当的命名。这是因为,从管理的目的看,管理是为了实现财富创造最大化,为了实现这个终极目的,管理者和工人必须共同承担设计和完成任务的责任和义务,责无旁贷,义不容辞。简言之,任务来自于管理目的。这使得任务对管理者和工人而言具有了使命感。从这个意义上说,"任务管理"内涵明确,直指核心,恰如其分。

从另外一个角度说,任务管理的"严厉"并不意味着"任务不变"。事实上,任务管理是一个动态概念。其中,管理者给工人分派的"任务"有着不断变化的内涵。工艺技术的进步、工人技能的提高、人们观念的更新、生产系统的优化等,都意味着企业可以创造新的或更大的财富,这就要求企业生产系统承担新的或更大的任务,进一步地,每个工人也就需要承担新的或更大的任务,只有这样,任务管理才能实现管理的目的,即,使雇主的财富最大化,同时也使雇员的财富最大化。

泰勒发现,做同样一种工作,通常情况下可能有许多方法。也许在每一个行业,完成同样一个动作就有几十种,甚至上百种方法。同样的道理,用来完成同一类工作的工具可能也有很多种。那么,在各行各业通行的众多方法和工具中,总有一种方法和工具是最快和最好的。而这种最快和最好的方法和工具,只有通过对所有正在采用的方法和工具进行系统的科学研究和分析,同时结合准确、精密的动作研究和时间研究才能发现和形成。[2]这是一个动态的、永不休止的过程。例如,在机械制造行业,就需要对整个机械工艺逐步以科学方法代替单凭经验行事的做法。

如前所述,任务管理是一个体系概念,包括人员、方法、工具、动作、时间等多种要素,任何一个要素的变化都会使得工人所要完成的任务发生变化。即使这些要素在一定时间内是相对稳定的,工人在完成任务的过程中也会由于"学习曲线效应"而使得自己的经验、知识、技能更加丰富,从而产生更高效的方法。因此,任务管理的动态性表明,"最好、最经济的方法"是一个相对的概念,这就要求管理者必须不断地对"任务"进行科学研究,设计和分派给工人更合理的任务,同时,总结和提炼出更好、更经济的方法。

例如,在科学管理研究过程中,泰勒发现,在金属切割工作中,为了以最快的速度完成每项工作,高级技工每天要做各种各样的工作,他除了需要有关金属切割的丰富知识外,还需要有关如何以最快的方法做各种手工的丰富知识和经验。这些知识需要管理者不断地挖掘、总结从事这种工作的工人的经验、知识、技能,并在此基础上研究和设计标

---

[1] 弗雷德里克·泰勒.科学管理原理[M].马风才译.北京:机械工业出版社,2007:前言.
[2] 弗雷德里克·泰勒.科学管理原理[M].马风才译.北京:机械工业出版社,2007:15.

准化操作方法,然后要求工人按照标准化操作方法完成工作。

弗兰克·吉尔布雷斯也曾通过对砌砖的动作研究和工时研究而取得了显著成果。他认为,在每个手工作业工人面前都存在一种巨大的可能性,即在科学研究(包括动作研究和时间研究)的帮助下,工人能以更快的速度去完成一切手工作业。

需要指出的是,在工人的操作过程中,每个工人的经验、知识、技能都是不断积累的,因而管理者的研究和设计也应当与时俱进,这是一个循环往复以至无穷的过程。再用老师给学生布置作业来做比喻。一个高水平的老师会给学生布置经过努力能够完成并有利于学生掌握知识的作业,学生完成了作业、掌握了知识、提高了水平后,老师又会在此基础上给学生布置新的作业,如此循环往复。

总之,科学管理是一个认识、实践、再认识、再实践,以至无穷的过程,这也正是科学管理的"科学精神"的最佳体现。泰勒在辞世前的一次演说中强调:"我的理论决非万应灵丹,更非终极真理,科学管理的每个步骤,从来就是一种进化产物,而不是一成不变的刻板理论,随着管理实践的发展,我的理论必将被后人突破、修正甚至推翻。我随时准备着抛弃自己的任何理论和方法,而支持更新颖、更科学的管理理论和方法——这并不是我的悲哀,而是我的最大欣慰。因为这是科学发展的自然法则。"[①]

作为一个动态概念,任务管理要求管理者必须具有科学精神,树立追求真理的信念和捍卫真理的勇气,不断地追求卓越,崇尚创新,尊重实践,弘扬理性。科学精神源于近代科学的求知与求真精神和理性与实证传统,鼓励发现和创造新的知识,鼓励知识的创造性应用,尊重已有认识,崇尚理性质疑。科学精神更主要地体现为自然科学发展所形成的优良传统、认知方式、行为规范和价值取向。科学精神不承认有任何亘古不变的教条,科学有永无止境的前沿。科学精神强调实践是检验真理的客观标准,要求对任何人所作的研究、陈述、见解和论断进行实证和逻辑检验。科学精神强调客观验证和逻辑论证相结合的严谨的方法,科学理论必须经受实验、历史和社会实践的检验。

根据任务管理的动态概念,我们有必要澄清两点认识。第一,并不是只有可量化、可重复、可实证的活动才是科学管理的内容。的确,泰勒绝对当得起"科学管理之父"的至高荣誉,但是,正如泰勒本人所担忧的那样,科学管理中的"科学"一词或许让人敬而远之。例如,在斯图尔特·克雷纳眼里,泰勒是一个手拿秒表的科学家,并且把管理者也看成是一个拿着"秒表"、监督工人的工作机器。[②]这无疑是对泰勒管理思想的严重误解。

甚至有学者把管理学的"数量学派"或"管理科学学派""认祖归宗"于泰勒的科学管理。其实,将"数量学派"或"管理科学学派"作为泰勒科学管理的分支,这当然没有任何问题,但是,泰勒的科学管理并不等同于"数量学派"或"管理科学学派"。尤其严重的是,那些把管理科学看作"一个由数量模型和各种推导过程组成的系统"的研究者,往往给自

---

① 蒙筱逸."回到泰罗去"的历史审视和现实思考[J].广西师范大学学报,1995,增刊.
② 斯图尔特·克雷纳.影响世界的西方管理思想[M].董洪兰译.北京:中央编译出版社,2007:6.

已冠上"管理科学家"这样一个相当自命不凡的称号。①这意味着"科学管理"已经排除了那些宝贵但却无法量化的管理思想,从而导致科学管理远离普罗大众,这就完全违背了泰勒科学管理的初衷。正如来自"管理科学家"阵营内外的许多批评者所观察到的那样,仅仅聚焦于数量分析很难被称为一种完全的、真正意义上的管理科学观点。②

当然,这绝不意味着否定"数量学派"或"管理科学学派"的贡献。事实上,"数量学派"或"管理科学学派"因其严谨、实用的推导过程或数量模型做出了许多重要贡献,并证明了自身存在的价值。不仅如此,正如哈罗德·孔茨指出的,"数量学派"或"管理科学学派"的观点无疑对所有探索领域都有巨大价值。它要求研究者清晰界定问题或问题领域,允许人们以符号方便地代替那些未知的数据,它所具有的一套经过长期科学应用和抽象思维发展出来的逻辑方法论,成为解决或简化复杂问题的有力工具。③

第二,并不是不可以量化的活动就不是科学管理。科学管理是一个在科学精神的鼓舞下,不断追求最优化,以实现财富最大化的过程。泰勒明确指出,尽管他在《科学管理原理》中选择的是工厂中工人操作的实例,但是,"同样的原理能以同样的效力运用到所有社会活动中,这些活动包括家庭管理、农场管理、大小商人的商业管理、教堂管理、慈善机构管理、大学管理以及政府各部门的管理,等等"④。

例如,如果企业要进行新产品开发项目管理,那么,这也可以运用泰勒的科学管理原理吗?答案是肯定的。需要注意的是,运用泰勒的科学管理原理并不意味着一定要用"秒表",或者一定要"建模",或者一定要用"符号"表示不可量化的活动,等等。具体而言,作为一个新产品开发项目的管理者,第一,他必须清楚地知道新产品开发项目的运作内容、过程和特点等,并清楚地知道每个员工所应履行的岗位职能,所应配备的工作资源,所应遵循的工作守则,以及所有开发工具和工作条件的完善化和标准化。第二,他必须精心地选聘适合从事新产品开发项目的员工,并通过教育、培训、指导和帮助,使他成为新产品开发领域的一流员工。当然,也许他还需要解雇所有不愿或不能适应新产品开发模式与方法的员工。第三,他必须及时有效地奖励员工的有利于新产品开发项目顺利完成的行为,并对这类员工的经验、知识、技能进行总结归纳,以便将一流工人与新产品开发科学结合起来。第四,他必须与员工共同完成新产品开发的工作,或者说,他必须与员工共同承担完成新产品开发项目的责任,而不是将责任全部推给员工,自己只做一个单纯的监督者、考核者,他必须几乎整天和员工工作在一起,帮助员工,激励员工,为他们提供方便,帮助他们顺利完成工作,挖掘他们的工作潜能,促进他们更快地成长,实现自我价值。

---

① Koontz Harold. The Management Theory Jungle[J]. *The Journal of Academy of Management*,1961,4(3):174-188.
② Koontz Harold. The Management Theory Jungle Revisited[J]. *Academy of Management Journal*,1980,5(2):175-187.
③ Koontz Harold. The Management Theory Jungle[J]. *The Journal of Academy of Management*,1961,4(3):174-188.
④ 弗雷德里克·泰勒.科学管理原理[M].马风才译.北京:机械工业出版社,2007:前言.

最后还需要说明的一点是,管理是一个未来指向的活动,总是"明天会更好"。换言之,管理者可以通过科学研究得到关于工人操作的最优方法和工具。这种所谓"最优",既是现有科学研究水平上的"最优",也是管理者当前认识水平上的"最优",但未必是真实的"最优"。一旦科学研究水平提高,以及管理者认识水平提高,也许会发现,尽管管理者当时已经尽力做到"最好",但实际上他还可以做得"更好"。在这种情况下,科学管理思想中蕴含的科学精神至关重要。科学通过求真,可以达到求美、求善,科学把追求真善美的统一作为自己的最高价值准则,这是科学精神的最高层次。

(4) 任务管理是一个层级概念

要真正理解和掌握任务管理的层级概念,就必须自始至终从管理的终极目的出发,任何时刻都不可偏离。否则,就会犯"见木失林"的错误。如前所述,泰勒在《科学管理原理》中开宗明义:"管理的主要目的应该是使雇主的财富最大化,同时也使每一位雇员的财富最大化。"从这一目的出发,我们就可以判定,任何单一的策略、措施、方法、工具等都不是管理。这从泰勒在美国国会所作的证词中亦可验证。当时,泰勒用一连串排比句说明了什么不是科学管理,以此来阐明什么是科学管理。无论是对单个动作而言,还是对单个工人而言,抑或是对单个部门而言,其效率最大化都不意味着能够实现财富最大化。事实上,只有在企业整体层面追求效率最大化才能实现财富最大化。当然,企业整体层面的效率最大化以职能部门和生产单元的效率最大化为基础,职能部门和生产单元的效率最大化又以单个动作或单个工人的效率最大化为基础。这意味着,任务管理是一个包含多个层级的概念。

对企业管理者而言,最高层级或第一层级是企业层级的任务管理。在企业层级,或者说,在包括管理者、工人、机器设备、规章制度等一切影响劳动生产率的要素在内的工厂层级,工厂承担着最大限度地创造财富的任务。泰勒在这方面的研究成果主要反映在《工厂管理》一文中。[①]泰勒在该文开篇就举了一个例子:两家相互竞争的化学品制造厂被认为最好合并为一家,但由于工厂管理者的经历、能力、风格不同,导致两家企业各有其特点,进而彼此都认为对方存在缺陷。在双方合并之后,彼此也发现,从某些方面来讲,原先关于对方的判断并没有错。但等到他们把账册比较后却发觉,由从事制造业出身的那位主管的单位生产成本比对方低 40% 以上,而经商出身的那位则坚持高质量,加上在推销、采购以及经营管理方面的优越业绩,竟把差额弥补回来了。两家工厂合并的结果,彼此互相尊重,而且双方各自损失的那 40% 从此被补足了。[②]

泰勒发现,在许多事例中,即使不是在大多数事例中,工厂管理的好坏,与公司的成败之间并无明显关联。很多失败的公司,其下属工厂的管理并不差;许多获得巨额利润的公司,其下属工厂的管理并不是行业内的最优水平,但是,工厂之间的协同效应却很显著。这说明,工厂管理者仅仅追求局部最优并不一定带来整体最优。在有些情况下,整体运作效果较好的公司并不意味着每一个环节都是最优的,关键还在于构成系统的要素

---

① 弗雷德里克·泰罗.科学管理原理[M].胡隆昶等译.北京:中国社会科学出版社,1984:29.
② 弗雷德里克·泰罗.科学管理原理[M].胡隆昶等译.北京:中国社会科学出版社,1984:32.

之间的协同效应。有些人把科学管理等同于提高单个动作、单个工人、单个环节、单个部门的效率,实际上这是一种严重的误解。高德拉特等在其著名的企业管理小说《目标》中提出了"制约因素法"。①该方法主张,不是工人能干多少就让他干多少,而是要尽可能地开发工厂系统的潜能,而工厂系统的潜能是由工厂系统的制约因素决定的。因此,管理者的首要任务是要找到工厂系统运作的瓶颈。这是因为,瓶颈环节损失一小时,就是工厂系统损失一小时;而非瓶颈环节节约一小时,对工厂系统并无价值。该书甚至还有一个颠覆人们认知的实例:书中主人公通过降低某个工序的生产率而提高了工厂系统的生产率。

中等层级或第二层级是职能部门的任务管理。需要强调的是,职能部门隶属于企业,作为一个具有清晰边界和明确职能的组织,其运作的目的不在部门之内,而在部门之外,在企业之中。正如彼得·德鲁克所指出的,任何一个组织的存在和运行都不应以自身为目的,其目的应自身之外。试想,如果不是企业需要某个职能部门履行特定的职能,完成特定的任务,做出特定的贡献,那么企业还有必要设立这个职能部门吗?职能部门之于企业,犹如人体器官之于人体,人体器官必须服务于人体才有存在和运行的必要。

不妨以人力资源部门为例。众所周知,人力资源管理是企业的重要职能活动。随着人力资源管理在企业中的地位和作用不断上升,已经出现诸如人力资源战略或战略性人力资源管理的说法。但是,作为世界著名管理咨询专家、人力资源管理领域的权威、商业畅销书《执行》的作者,拉姆·查兰却在一篇文章中呼吁:"是时候拆分人力资源部了!"②既然人力资源管理职能如此重要,为什么拉姆·查兰却要求企业拆分人力资源部?由于拉姆·查兰的管理咨询服务对象一般都是大型公司,因此,这些大型公司中从事人力资源职能管理工作的人员的敬业精神、专业能力,以及分析技术和方法的先进性,不应受到怀疑。

拉姆·查兰之所以号召拆分人力资源部,是因为人力资源部未能从企业整体视角帮助企业更好地完成业务经营活动。事实上,拉姆·查兰要求拆分人力资源部,但是他并未要求取消人力资源管理职能,而是建议由首席执行官(CEO)直接负责人员招募、业务培训活动,把员工薪酬、福利管理这样一些活动划归首席财务官(CFO)。由此可以清楚地看出,人力资源部职能管理要能帮助企业实现其经营目的,最终实现管理的终极目的——财富创造最大化。人力资源部门如果只顾自己"头顶一方天",而不是服务于企业的业务经营活动,那么,人力资源部门就意味着没有对企业做出贡献,或者说没有为企业创造价值,既然如此,人力资源部门被拆分也就不足为怪了。

基础层级或第三层级是员工个体的任务管理。这是泰勒在阐述科学管理原理时着墨最多、讲解最详细的内容。泰勒在《科学管理原理》一书中强调,在现代科学管理制度下,最基础、最突出、最独特的观点是任务观念。③毫无疑问,人是工厂生产活动中最重要、

---

① 艾利·高德拉特等.目标[M].齐若兰译.北京:电子工业出版社,2009.
② Charan Ram. It's Time to Split HR[J]. *Harvard Business Review*, 2014, (7-8):34-35.
③ 弗雷德里克·泰勒.科学管理原理[M].马风才译.北京:机械工业出版社,2007:29.

最具有主观能动性的因素之一。泰勒的任务管理在基础层级上正是针对工人来讲的。管理者必须在给工人分派工作之前,就能通过计划确定每个工人的任务。每项任务必须详细说明工人"做什么""如何做",以及完成任务的时间。这样,工人在确认自己的工作之前,还能收到具体、明确的书面作业指南,以便清楚地了解他所要完成的任务以及相应的作业方法。按照这种方式,管理者预先安排好的工作就构成了工人必须完成的一项任务。

当然,管理者给工人分派的任务并不是由工人单独完成的,而是由管理者和工人共同努力完成的。了解并记住这一点非常重要。这一点也是科学管理或任务管理与传统的经验管理模式的重要区别之一。泰勒甚至把管理者与工人之间建立亲密无间的个人关系,以促进任务的完成,称为科学管理或任务管理的精髓。这主要是为了改变经验管理模式中,管理者只是把"活计"交给工人,并由工人自主决定如何完成的传统做法。

一般地,工人的任务以产量定额或工时定额的形式规定。如果工人在规定时间内顺利完成任务,那么就能得到正常工资,另外还能得到一定比例的额外报酬,以奖励工人的行为。由于工人的任务定额是经过科学分析、精心设计出来的,通常以"头等工人"的产量为参考而制定标准,因而往往具有较强的挑战性,需要工人经过努力才能完成。因此,管理者必须与工人建立个人之间的亲密关系,给每个工人提供操作指导,帮助他们顺利完成任务,进而成为他们所在活动领域的"头等工人"。

需要强调的是,任务管理是实现财富最大化目的的最佳方式,但这绝不能以损害工人的身体和心理健康为代价。一直以来,许多人都在批评泰勒把工人当作"机器",根本不关心工人的身体健康和情绪状态;所谓的任务管理不过是一种"机械主义"观点,根本就没有普遍应用的价值。例如,斯图尔特·克雷纳就曾批评泰勒把工人看成仅仅完美地完成工作而没有思想的机器人。[1]在英国,采用泰勒的科学管理的尝试遭到了来自工会的激烈反对。甚至到了1971年,"泰勒制"仍然被英国工会的某些人称为"肮脏的字眼"。[2]

实际上,在任务管理模式中,关心并提高工人的身体和心理健康水平是题中应有之义。如果通读泰勒关于科学管理研究的论著就可以发现,泰勒作为一个清教徒,极其关心工人。他对工人寄予很多的期望,甚至饱含深厚的感情。泰勒表示,"我十分同情那些超负荷工作的人们,不仅如此,我尤其同情那些不能得到正常收入的人们"[3]。泰勒强调,在任务管理中,每项任务都是这样制定出来的:胜任这一工作的工人能够常年以这种速度操作,并感到身心愉快,变得富有而不感到劳累。[4]哈罗德·孔茨指出,凡是认为古典管理学者不重视人或者把人视为"毫无生气的工具"的观点,不过是蒙昧无知的庸俗见解。[5]

---

[1] 斯图尔特·克雷纳.影响世界的西方管理思想[M].董洪兰译.北京:中央编译出版社,2007:6.
[2] H.波拉德.管理思想的发展[M].曹俊喜译.北京:中国人民大学外经所,1984:13.
[3] 弗雷德里克·泰勒.科学管理原理[M].马风才译.北京:机械工业出版社,2007:9.
[4] 弗雷德里克·泰勒.科学管理原理[M].马风才译.北京:机械工业出版社,2007:29.
[5] 哈罗德·孔茨,西里尔·奥唐奈.管理学:管理职能的系统分析方法和随机制宜的分析方法(第6版)[M].中国人民大学工业经济系外国工业管理教研室译校.贵阳:贵州人民出版社,1982:30.

总之，尽管泰勒花了大量篇幅讨论员工个体的任务管理，但在事实上，任务管理是一个层级概念。泰勒指出，在由管理者和工人组成的合作体的意义上，他们共同承担着进行科学管理的任务。泰勒认为，通过采用任务管理模式，不仅可以带来管理者和工人效率的提高，而且可以合理分配经过双方共同努力实现的利润。更重要的是，采用任务管理模式可以保证全体第三方的利益。① 泰勒乐观地表示，"这意味着增加财富，减少贫穷。受益者不仅是这些工人，而且还有与他们近邻的整个社区"②。

 ## 本章结语

泰勒对管理思想的最重要的贡献是他的"任务管理思想"。任务管理思想的卓绝之处就在于，它是一种合作思想、一种系统思想、一种动态思想、一种层级思想。从管理思想的演变历程看，任务管理思想的形成是管理思想发展史上的一次革命。从任务管理思想的丰富内涵、理论价值和实践意义看，任务管理思想堪称管理思想史上的最高峰。

纵观现代管理思想发展史，泰勒无愧于"科学管理之父"的至高荣誉。我们完全可以说，泰勒是现代管理学的开山祖师，因此，也只有泰勒才当得起这份荣誉。如果把现代管理思想流派纷呈的状况比喻为星空，那么，泰勒是星空中"最亮的一颗星"，能与之争辉的大概也只有彼得·德鲁克、迈克尔·波特寥寥数人而已。

在对人类已有管理思想的继承方面，泰勒毫无疑问是一个集大成者。不仅如此，泰勒还在许多方面做出了开拓性的贡献。例如，泰勒关于系统化管理的概念，他的管理技术观，他对管理与财富创造、社会发展、文明进步之间关系的认识，都是开创性的。当然，在这些方面，也许有人在泰勒之前已经播下了种子，但是，正是泰勒使得这片播下传统管理种子的古老土地，成为科学管理的广袤、丰饶的现代农场。

需要澄清的是，以今天的眼光看，在《科学管理原理》中，泰勒的观点和方法显然存在许多局限性，但这并不表明泰勒的任务管理思想就失去其巨大的价值。例如，泰勒并没有把组织作为研究对象。的确，泰勒是在工厂中开展他的科学管理研究的，他的科学管理研究是以工厂已经存在为既定前提的。这使得泰勒的科学管理忽略了组织作为管理对象的研究内容，导致管理成为一种内部管理，而忽略了组织为什么存在的问题。这一工作由切斯特·巴纳德、彼得·德鲁克等人完成了。需要指出的是，尽管泰勒没有把组织作为研究对象，但他的任务管理思想完全适用于组织管理研究。或者说，关于组织管理的研究成果正反映了泰勒的任务管理思想的巨大价值。尤其是彼得·德鲁克举起任务管理思想的大旗，形成了堪称管理思想另一座高峰的"整体管理思想"。再如，泰勒从事科学管理研究的主要方法是时间研究和动作研究，在知识经济时代，泰勒的时间研究和动作研究显然就不再适用了，但是，这并不意味着泰勒的任务管理思想已经过时。恰

---

① 弗雷德里克·泰勒.科学管理原理[M].马风才译.北京：机械工业出版社，2007：107.
② 弗雷德里克·泰勒.科学管理原理[M].马风才译.北京：机械工业出版社，2007：110.

恰相反,泰勒强调管理者和被管理者共同承担实行科学管理的责任的观点,不仅没有过时,反而随着时代的变化而更加突显其卓越而独特的价值。泰勒开展时间研究和动作研究的目的在于"让人适合工作,让工作适合人"。这一目的永远也不会改变,需要改变的是达到这一目的的方法。这表明,泰勒的任务管理思想不仅没有因为时代的进步而显得暗淡,反而日益闪烁着科学与人文的光辉,照耀着管理理论研究与实践探索的前进之路。

第2讲

亨利·法约尔管理思想

亨利·法约尔 1841 年 7 月 29 日出生于土耳其的伊斯坦布尔。他的父亲随军到土耳其服役,期满后返回法国,幼年法约尔随同回国,被送到一所教会学校接受启蒙教育。1856 年,法约尔被送到瓦朗斯皇家高中读书。1858 年,法约尔由瓦朗斯皇家高中转入圣艾蒂国立矿业学院学习。1860 年,法约尔顺利毕业,并取得了矿业工程师资格,受雇于科芒特里煤矿公司,任采矿工程师。进入公司后不久,他就表现出卓越的才能,在防治煤矿火灾上做出了突出的贡献。1866 年,法约尔被提拔为科芒特里煤矿矿长。1872 年,法约尔担任由多个煤矿组成的合伙公司的主管。1888 年,原来的合伙公司改组为科芒特里—福尚堡股份有限公司,法约尔担任公司总经理,直到 1918 年退休,法约尔在总经理的岗位上长达 30 年之久。退休以后,法约尔并未停止关于管理的思考和研究,反而频繁地参加或主持各类管理研讨会。从 1918 年退休到 1925 年去世,法约尔对自己一生中的管理经验加以总结提炼,致力于创建一般管理理论框架,其成果主要反映在他后来出版的《工业管理与一般管理》中。

2.1 法约尔管理要素观

法约尔把企业的全部活动划分为六个方面,包括技术活动、商业活动、财务活动、安全活动、会计活动和管理活动。法约尔指出,不论企业规模大小,经营是复杂还是简单,这六个方面的活动(或者说职能)总是存在的。其中,管理活动对企业而言尤其重要。这是因为,"前五种职能都不负责制定企业的总经营计划,不负责建立社会组织、协调和调和各方面的力量和行动。这些活动并不属于技术职能的权限,也不属于商业、财务、安全以及会计职能的权限,它们组成了另一种职能,即管理"[1]。法约尔强调,"管理职能与其他五个基本职能显然不一样",但它是企业的一种重要而不可或缺的职能。

在通常情况下,提到法约尔的"管理",人们总是想起他的"管理五要素",即计划、组

---

[1] 亨利·法约尔. 工业管理与一般管理[M]. 迟力耕,张璇译. 北京:机械工业出版社,2007:6.

织、指挥、协调和控制。其实,也难怪人们这样联想。这是因为,在《工业管理与一般管理》第一章"管理的定义"中,法约尔明确指出:"管理,就是实行计划、组织、指挥、协调和控制。"自此之后,人们在"管理五要素"的基础上进行扩展、变换,构建了管理学的知识体系。从这个意义上讲,法约尔的"管理五要素"功莫大焉。

然而,人们在理解和把握"管理五要素"时,往往犯了"见木失林"的错误,忽略了"管理"作为一种职能的本质和特征,以及"管理"在组织中的地位和作用。即,人们在构建管理学知识体系时,往往热衷于对"管理五要素"进行升格、增减、替代,提出了各种包含不同数量要素的"职能说",如"三职能说""四职能说""五职能说""七职能说""九职能说",而忘记了法约尔是在这样一种语境下阐述"管理五要素"的:"管理"作为企业的一种具有有机整体性质的职能,包含计划、组织、指挥、协调、控制五要素;只有当计划、组织、指挥、协调、控制这五要素相互联系、相互作用,构成一个有机整体时,才能称为"管理职能"或"管理活动"。换言之,计划不是管理,组织不是管理,指挥不是管理,协调不是管理,控制不是管理,以及其中的几个要素的组合也不是管理,只有这五要素的协同整合才是管理。

其实,在这方面,法约尔本人给我们做了绝佳的示范。人们在理解和把握弗雷德里克·泰勒的科学管理原理时,也常常会犯"见木失林"的错误。法约尔指出,对某些人来说,泰勒制是对工人从事劳动的指导,这种指导是建立在对时间和动作进行了认真细致的研究基础上的;而对另外一些人来说,泰勒制是标准化操作方法,是簿记和报酬的方法,等等。但是,法约尔强调,泰勒制最主要的是指"科学管理或职能管理"。[①]或者说,泰勒制是关于管理者如何进行管理的,任何单一的技术、方法、措施都不是科学管理。

同样,如果把法约尔的"管理"单纯地理解为"五要素",并把"五要素"升格为"五职能",进而建立起所谓的职能框架,每个职能都有自己的体系,枝枝蔓蔓,越分越细,以至于最后忘记了为什么要有计划、组织、指挥、协调、控制,那就根本不能把握法约尔的一般管理思想。简言之,"分而不合"导致"见木失林"。事实上,管理是为了实现某种目的而开展的一种系统化活动,是企业持续、稳定、健康经营所必需的一种综合性职能。加里·哈梅尔指出,法约尔关于"管理者是职能活动的综合者"的观点牢牢把握了管理的本质。[②]

管理在于保障组织运作,促进组织发展,实现组织目标。法约尔强调"领导"与"管理"的区别。所谓"领导",就是寻求从企业拥有的所有资源中获得尽可能大的利益,引导企业达到它的目标,就是保证六项基本职能顺利完成,而"管理"是这六项职能中的一项,由领导保证其得以顺利进行。换言之,领导通过履行管理职能来实现组织目标。对大企业来讲,其领导人必须具备的第一个条件就是,他应该是一个很好的管理者。[③]

计划是为探索企业未来制订企业行动计划。计划的作用就在于,"行动计划可以使企业更好地利用资源并为达到其目的而选用最佳方法。它使企业避免或减少犹豫和失误,防止不适当的改变目标。它有助于企业改进其人员的能力。这是一种宝贵的管理方

---

① 亨利·法约尔.工业管理与一般管理[M].迟力耕,张璇译.北京:机械工业出版社,2007:90.
② 斯图尔特·克雷纳.管理必读50种[M].覃果等译.海口:海南出版社,1999:70.
③ 亨利·法约尔.工业管理与一般管理[M].迟力耕,张璇译.北京:机械工业出版社,2007:99.

法。"相反,"缺乏计划或一个不好的计划是领导人没有能力的标志"。因此,"为防止企业遭受这种无能之害,就应该使计划成为硬性的,把好的计划典型使公众都能知道,把计划工作列入教育的内容中"。

组织是指建立企业的物质和社会的双重结构。法约尔指出,"组织一个企业,就是为企业的经营提供所有必要的原料、设备、资本、人员。大体上说,可以分为两大部分:物质组织与社会组织。在配备了必要的物质资源之后,人员或社会组织就应该能够完成它的六个基本职能,也就是说,进行企业所有的经营活动"。法约尔认为,"组织"是每个企业的管理者都应该完成的任务,这种任务随着企业规模的增大而变得日益复杂。

指挥就是使企业中的所有人员都能发挥作用。指挥的任务是,当企业中的社会组织已经建立,领导人就要让这种社会组织发挥作用。不仅如此,这种任务要分配给企业的各个层级的领导人,每个层级的领导人都要承担完成所在单位的任务的职责。对各个层级的领导人来讲,指挥的目的就是根据企业的整体利益,使所在单位里的所有人都能做出最好的贡献。①

协调就是连接、联合、调和所有的活动及力量,使企业的一切工作都要有机配合,协同进行,确保企业经营顺利进行,并且有利于实现企业经营目标。具体地说,协调就是使各个职能的社会组织机构和物资设备机构之间保持一定的比例,以便每个机构可靠地、经济地完成自己的任务。尽管协调是管理的要素之一,但是,协调并不是在管理的"真空"中,而是使企业的技术工作、商业工作、财务工作和其他工作,都注意本工作对企业所有职能应承担的责任,以及对它们带来的后果。法约尔强调,协调就是让事情和行动都有适当比例,就是要让方法适应于目的。②尤其在企业部门"各自为政"、"各谋其利"的情况下,协调显得更加重要。

控制就是要求一切都必须按照已经制定的规章和下达的命令进行。控制就是检查企业的各项工作是否与既定计划相符合,是否与已下达的指示及已确定的原则相符合。控制的目的在于指出工作中的缺点和错误,以便加以纠正并避免重犯。控制的内容是对人、物、事以及行动的控制。从管理角度看,企业应该制定并执行计划,在必要的情况下及时修订计划;控制应确保企业社会组织完整、人员岗位职责清晰、指挥工作符合原则和协调会议定期举行;等等。控制工作渗透于企业的技术活动、商业活动、财务活动、安全活动、会计活动中。即使是企业内部控制,其目的也是为了有助于各部门的工作顺利进行,进而有助于企业运营的顺利进行。为了实现有效控制,控制应在有限的时间内及时进行并且应当伴随奖惩措施。③

需要强调的是,法约尔提出"管理五要素",是为了便于分析和表述,或者说,是管理研究和管理教育的需要。但是,从管理职能的履行看,"管理五要素"必须协同整合,构成一个有机整体,才能真正发挥作用,从而实现组织目标。例如,研究"人"可以通过研究人

---

① 亨利·法约尔.工业管理与一般管理[M].迟力耕,张璇译.北京:机械工业出版社,2007:133.
② 亨利·法约尔.工业管理与一般管理[M].迟力耕,张璇译.北京:机械工业出版社,2007:143.
③ 亨利·法约尔.工业管理与一般管理[M].迟力耕,张璇译.北京:机械工业出版社,2007:149—150.

的头、身、手、脚来进行,但是,无论如何研究头、身、手、脚,也无论得到什么样的研究结论,只有将头、身、手、脚综合起来才能得到真正意义上的、有生命力的"人"。

2.2 法约尔一般管理思想

亨利·法约尔的核心管理思想是一般管理思想,主要反映在其代表作《工业管理与一般管理》中。该书并不是即兴创作的结果,而是在之前发表或出版的论著的基础上精炼而成的;他的一般管理思想也不是一时心血来潮的结果,而是经过长期理论思考与研究、实践应用与检验的结果。今天,人们在提到法约尔及其著作时,往往想到的就是"管理五要素"和"管理的十四项原则",并且认为这些不过是人所共知的常识而已。实际上,无论是从历史视角看,还是从现实视角看,法约尔的一般管理思想都具有巨大的理论价值和实践价值。一般管理思想的内涵十分丰富,远非"管理五要素"和"十四项管理原则"所能涵盖。

2.2.1 管理普遍存在于各种类型的组织

在工业革命以前,几乎没有人认识到,"管理"作为人类的一种活动是独立存在的。在工业革命以后,更准确地说,是在工厂制度诞生以后,工厂主面临着现在所谓的管理意义上的"问题",这才使人们开始有意识地关注"管理"。

当然,关于管理的认识也不是在一夜之间形成的。事实上,人们认识到管理在工业企业中的地位和作用经历了一个渐进的过程。总体来讲,在工业革命之前,一些经济学家就已经认识到了"人的要素"对提高生产力的作用。

在英国工业革命发生之前,经济理论关注生产的两个要素:土地和劳动力。随着教会对商业管制的放松,资本的力量日益显现出来,进而被作为生产的投入要素之一。至此,土地、劳动力和资本作为生产力的三要素成为人们的基本共识。

如果进一步分析就会发现,所谓生产力的三要素都是"物"的要素,而不涉及"人"的要素——劳动力是劳动者投入生产过程的"物性"要素。但是,显而易见的是,生产力三要素不会自动地组合起来发挥作用,实现这一组合的只能是"人"。理查德·坎蒂隆是第一位从经济角度使用"企业家"这一词汇的人,他在工业革命之前撰写的《论商业的本质》一文中,把以某种特定成本购买或制造某种产品并以某种不确定价格销售这些产品的人称为"企业家"。[①] 坎蒂隆的论文对经济学家弗朗斯瓦·魁奈、亚当·斯密等人都产生了深刻的影响。

在各种关于企业家的研究中,法国经济学家让·萨伊的观点影响最大。萨伊出生于英国工业革命爆发初期,他的观点明显受到英国工业革命的影响。正是通过对工业革命后的经济活动的详细考察,萨伊发现并肯定了企业家在经济活动中的地位和作用。萨伊

---

① 丹尼尔·雷恩,阿瑟·贝德安.管理思想史[M].孙健敏等译.北京:中国人民大学出版社,2012:32.

认为,企业家必须雇用劳动力、购买原材料、寻找消费者、开发新产品等,因此,企业家不仅成为其他人的管理者,而且在将土地、劳动力、资本三种要素结合起来时又承担了一种额外的风险,因此,企业家成为生产力的第四种要素,并且因为进行管理而获得了除个人投资回报之外的回报。需要强调指出的是,萨伊明确提到了企业家的管理活动。

阿尔弗雷德·马歇尔在其名著《经济学原理》中,也把土地、劳动力、资本和组织作为人类活动的最重要的因素。其中,土地和劳动力是自然赋予人类经济活动的最原始资源,资本和组织是人类改造自然的劳动成果,能提高人类的生产效率。马歇尔强调指出,企业管理既是一门专业的技术,也是一门高超的艺术。理想的管理者必须具备多种才能:预测生产和消费的变化趋势,判断哪些商品能够满足新的实际需求,搜寻改进现有商品的生产计划的机会,了解行业中使用的原料、机械的状况及其走势,培养并授权次级管理者并充分信任他们,善于作出决策并勇于承担风险。尤其重要的是,马歇尔更加明确地强调了管理者及其管理活动的重要性:如果企业家无法领导和控制企业经营活动,就应当物色有才能的人担当合伙人,或是将公司改造成股份公司,让最有才干的人担任管理者。①

丹尼尔·雷恩在《管理思想史》中考察了管理思想的演变历程后指出,管理是生产力的第四要素。②丹尼尔·雷恩考察了早期工厂的产生与发展历程,总结了早期工厂中存在的管理问题:一是劳动力问题,包括工人的招募、培训、考核和激励等;二是管理者问题,包括管理者的培养、选拔、任用和晋升等;三是管理职能问题,包括计划、组织和控制等。事实上,这些问题至今仍然存在,只不过它们在不同的时期有着不同的表现形式和影响方式,以至于斯图尔特·克雷纳这样认为:管理没有终极答案可寻,只有永恒的问题存在。③

法约尔明确指出,管理不仅存在于工厂中,也普遍存在于其他各种类型的组织中。法约尔大学毕业后就在企业工作,并担任一个大型企业的总经理长达30年之久,他深切地感受到,管理对于企业具有十分重要且不可或缺的作用。但是,作为一个资深的、声名显赫的成功企业家,法约尔并没有将眼光局限于企业。法约尔发现,并不仅仅是企业需要管理职能,其他各种类型的组织也都需要管理职能,这样才能卓有成效地运作。换言之,管理不仅存在于企业中,也存在于其他各种类型的组织中,如政府、学校、医院、军队、教会等。

法约尔以法国政府为例说明了管理的必要性和重要性。第三共和国时期,法国政府动荡不定,权力不稳,严重影响了国家运行。法约尔对此痛心疾首,认为法国政府是在玩"危险的游戏"。法约尔出版了一本也许鲜为人知的书——《国家在管理上的无能——邮政与电讯》,该书讲述了法约尔关于国家管理的研究报告的内容。法约尔发现,"领导层中只有一个不稳定的、无能力的副部长,没有长期行动计划,没有资产负债表,国会议员

---

① 阿尔弗雷德·马歇尔.经济学原理[M].周月刚,雷晓燕译.北京:中国城市出版社,2009:169.
② 丹尼尔·雷恩,阿瑟·贝德安.管理思想史[M].孙健敏等译.北京:中国人民大学出版社,2012:32.
③ 斯图尔特·克雷纳.管理百年[M].邱琼,钟秀斌译.海口:海南出版社,2003:4(前言).

过分的、不妥当的干预,没有任何鼓舞热情的激励,没有任何对已完成的服务的奖励,缺乏责任心"①。

法约尔不但致力于一般管理理论的研究,而且还热心于一般管理理论的应用。在力所能及的范围内,他尽力推动政府管理机制的改进。他曾受邀在高等军事学校作过管理知识系列讲座,还曾接受国家邮电次长德尚的邀请,对邮电部门进行了一次全面调查并提出改革建议。1921年,他出版了《论邮电部门行政改革》,同年,《国家在管理上的无能——邮政与电讯》一文在《政治与国会评论》上发表。迫于国会不断倒阁的压力,法国政府试图借助法约尔理论之力重新振作起来。1922年7月,法国政府向国会提交了一个议案,要求根据法约尔的理论,重组邮政、电报、电话部门。1925年,他受邀对政府专营的法国烟草工业进行组织结构调查。由此也可以看出,法约尔不仅是一般管理理论的创始人,还是公共管理研究的开拓者。他对法国政府的改组期望,第四共和以后在戴高乐将军主持下变成了现实。

法约尔的理论研究和实践探索结果表明,管理不仅存在于工厂组织中,也存在于其他各种类型的组织中。换言之,即使在政治组织、宗教组织中,管理也发挥着十分重要的作用。由于管理是随着工厂制度的诞生而为人们所认识和重视的,因而人们往往认为管理只存在于工厂组织中。实际上,工厂以外的各种组织中都存在管理活动。法约尔挑去了"蒙在各种组织管理头上的面纱",从而开辟了关于一般管理理论研究的独立领域,这在管理思想史上是一个开创性的贡献。

2.2.2 存在适用于各类组织的管理原则

1908年,在冶金工业协会周年庆典上,法约尔作了题为《论管理的一般原则》的演讲,奠定了其后来创作《工业管理与一般管理》的重要基础。法约尔认为,一种社会组织的健康状况和常规活动往往取决于某些条件,人们就将这些条件不加区别地称为原则、法则或规则。②如果没有原则,社会组织中的人们不仅缺少方向指南和行为规范,也缺少路径选择和结果评价的标准。在法约尔看来,所有加强社会组织或有利于其发挥作用的管理制度和实施程序都属于原则,至少只要经验证明其够得上这个高度评价时,它就属于原则。从这个意义上说,原则是所有各类组织都不可缺少的,具有规范性和指导性。

《工业管理与一般管理》一书第二部分第一章的标题是"管理的一般原则",法约尔正是针对各种类型的组织来讲述"管理的一般原则"的。需要说明的是,法约尔常常以企业为例来讲述管理原则,但这并不意味着这些管理原则只适用于企业,事实上,它们适用于各种类型的组织。这是因为,管理职能只是作为社会组织的必要手段和基本工具,管理原则又是为履行管理职能而产生、完善,并为履行管理职能提供服务的。

以法约尔在书中所总结的第一原则——劳动分工原则为例。劳动分工的目的是提高效率,即用同样多的投入获得更多的产出,或者是用较少的投入获得同样多的产出。

---

① 亨利·法约尔.工业管理与一般管理[M].周安华等译.北京:中国社会科学出版社,1998:6.
② 亨利·法约尔.工业管理与一般管理[M].迟力耕,张璇译.北京:机械工业出版社,2007:21.

法约尔认为，劳动分工属于自然法则。表现在动物界，动物越是进化，就越具有担负不同功能的、高度分化的器官，这种高度分化的器官绝对不能以自身为目的，而必须使动物更加适应自然环境的变化；表现在人类社会中，人类社会越是发展，就越是有新的机构产生，分担原来由大型机构承担的复合职能，这种新的机构自然不能以自身为目的，而必须使人类社会更加进步。①法约尔强调，社会组织越重要，职能和机构的关系就越紧密。

再以纪律原则为例。众所周知，纪律是军队战斗力的主要来源。同样，纪律也是企业竞争力的主要来源。在企业中，纪律实际上就是企业和员工之间达成的协议，它通过员工的服从、勤勉、积极、忍耐和尊重等行为表现出来。如果没有纪律，任何一个企业都不可能顺利发展以至繁荣。不仅如此，对任何一个组织而言，纪律都是绝对必要的，即纪律原则适用于所有类型的组织。进一步地，法约尔强调指出，无论哪种社会组织，"纪律都是领导人造就的"。即，任何一个社会组织的纪律状况都主要取决于其领导人的道德状况。②

法约尔总结了他在其管理生涯中经常使用的一些管理原则：劳动分工、权力与责任、纪律、统一指挥、统一领导、个人利益服从整体利益、人员报酬、集中、等级制度、秩序、公平、人员的稳定、首创精神、人员的团结。当然，法约尔强调指出，根本不存在绝对的管理原则，相反，"原则是灵活的，是可以适应于一切需要的"，关键在于，在使用原则的过程中必须掌握尺度，即"应当注意到各种可变的条件，同样也应当注意到人的不同以及注意其他许多可变的因素"。法约尔认为，这是一门很难掌握的艺术，它要求智慧、经验和判断。③

法约尔指出，上述十四项管理原则是他在管理实践中总结出来的，也是他经常使用的。当然，这些管理原则是否具有普遍适用性还有待于实践的检验。但是，无论如何，管理原则对任何组织都是必要的。无论是商业、工业、政治、宗教、军事还是慈善组织，每一种组织都需要管理，这已经成为一个基本共识。既然需要管理，那就需要依据一些原则，即依据一些被接受、被证实的道理，原则就代表了某个时刻的这些道理的总和。④

法约尔试图解除人们心中的一个疑问：我们已经有了道德准则、教会戒律、《圣经》十诫，为什么我们还需要管理原则？法约尔指出，对于管理者来说，仅仅具有这些是不充分的，还需要一个专门的原则。这是因为，道德准则与教会戒律一般只是为了个人或一些不属于这个世界的利益，而管理原则一般是为了团体的成功或经济利益的满足。如果目的不一样，那么手段也应该不一样。由于没有同一性，因而也就不存在矛盾。⑤

总之，管理原则是重要的。管理的一般原则不仅适用于工业企业，也适用于其他各种类型的组织。法约尔用诗一般的语言强调了管理原则的重要性：没有原则，人们就处于黑暗和混乱之中；没有经验和尺度，即使有最好的原则，人们仍将处于困惑不安之中。

---

① 亨利·法约尔. 工业管理与一般管理[M]. 迟力耕，张璇译. 北京：机械工业出版社，2007：22.
② 亨利·法约尔. 工业管理与一般管理[M]. 迟力耕，张璇译. 北京：机械工业出版社，2007：24.
③ 亨利·法约尔. 工业管理与一般管理[M]. 迟力耕，张璇译. 北京：机械工业出版社，2007：21.
④ 亨利·法约尔. 工业管理与一般管理[M]. 迟力耕，张璇译. 北京：机械工业出版社，2007：43.
⑤ 亨利·法约尔. 工业管理与一般管理[M]. 迟力耕，张璇译. 北京：机械工业出版社，2007：43.

原则是灯塔,它能使人辨明方向;它只能为那些知道通往自己目的地道路的人所运用。①

2.2.3 需要创建被普遍接受的管理理论

法约尔是第一个明确提出"需要创建被普遍接受的管理理论"的人。在长期的管理工作中,法约尔认识到,具有一定管理经验的领导人,应该能够形成、扩展、优化管理工作中的知识体系,并传播给那些准备从事组织管理工作的人。法约尔进一步指出,每一个组织中的领导人都有责任和义务努力做好这件事,并积极进行交流、研讨,以便在此基础上创建被普遍接受的管理理论。在这方面,法约尔可谓身体力行。皮埃尔·莫兰认为,法约尔如果不是第一个也应该是最早创建一般管理理论的人之一,至少可以说,他为创建一般管理理论铺下了第一块基石;他把一般管理定义为:"制定组织的总体经营计划,建立社会组织,协调和调和各方面的力量和行动";他准确地抓住了一般管理理论的原始特性和核心目标;其他职能(如技术、商业、财务、安全、会计)的综合、优化及其效果对社会、经济、技术的影响。②

在此之前,虽然许多学者已经认识到管理之于各类组织的重要性,甚至把管理作为生产力的要素之一。但是,尚未有人从管理理论的高度来看待和研究管理。即使是被誉为"科学管理之父"的弗雷德里克·泰勒也没有创建管理理论,甚至没有意识到管理理论的重要性。尽管弗雷德里克·泰勒通过对工人的操作进行以动作研究和时间研究内容的科学管理研究,并得出了具有巨大指导意义的科学管理原理,形成了堪称现代管理学"内核"的任务管理思想,但是,他并未创建被普遍接受的管理理论,他只是强调:第一,在绝大多数情况下,"创建专业科学"(development of the science)在科学管理的四个要素中是最重要的;③第二,即使在砌砖、铲砂、搬运铁块这样的活动中也存在科学,需要人们进行深入细致的研究。④

法约尔首先指出,在任何一个企业里,它的人员都应该能够履行技术、商业、财务、安全、会计、管理这六项职能,尤其是在大型企业中,高层人员必须具备的能力是管理能力,因此可以肯定,单一的技术教育适应不了企业的一般需要,甚至适应不了工业企业的一般需要。⑤但是,从社会视角看,第一,工业学校致力于讲授技术知识,却几乎从不讲授有关商业、财务、管理等方面的知识,管理甚至没有被列入高等土木工程学校的教育大纲。第二,即使有学校愿意讲授管理方面的知识,也因为缺乏相应的教材而无能为力。人们不知道关于管理的教材到底应该讲哪些内容。说到底,还是由于缺乏一种被普遍接受的管理理论。

之所以出现这样的现象,既不是因为人们没有认识到管理能力的重要性——企业当然重视那些既有必要的技术能力又有相应的管理能力的人,甚至认识到,"一个管理能力

---

① 亨利·法约尔.工业管理与一般管理[M].迟力耕,张璇译.北京:机械工业出版社,2007:43.
② 亨利·法约尔.工业管理与一般管理[M].周安华等译.北京:中国社会科学出版社,1998:3.
③ 弗雷德里克·泰勒.科学管理原理[M].马风才译.北京:机械工业出版社,2007:65.
④ 弗雷德里克·泰勒.科学管理原理[M].马风才译.北京:机械工业出版社,2007:49.
⑤ 亨利·法约尔.工业管理与一般管理[M].迟力耕,张璇译.北京:机械工业出版社,2007:16.

出众而技术能力平常的人优于一个技术能力出众而管理能力平常的人";也不是因为管理能力只能从业务实践中得到——实际上,管理能力可以而且应该像技术能力一样首先在学校里学习,然后在车间里得到,而是因为缺乏被普遍接受的管理理论。[①]

当然,法约尔也发现,"并不缺少个人提出的理论。但是,由于缺少被普遍接受的理论,每个人都自以为拥有最好的方法。在工厂、军队、家庭和国家中,我们到处可以看到在同一原则的名义下极为矛盾的实际做法"[②]。

法约尔对这一现象也有自己的分析。他认为,出现这种现象的主要原因在于,管理是"软"的而技术是"硬"的。由于缺乏被普遍接受的管理理论,因而也就难以衡量管理的好坏;相比而言,技术优劣却有一个公认的衡量标准。法约尔发现,"在技术领域内一个领导人不可能违反某些已确定的规则而不失去自己的威信,而在管理领域内,他可以泰然自若地做一些特别令人恼火的事"。在管理领域内,"对所使用的方法,并不能以方法本身来评价,而只能由其结果来评价,但这种结果往往很遥远,一般来说很难和它的原因联系起来"。

法约尔认为,上述各种现象及其原因都表明,需要创建被普遍接受的管理理论。这是因为,"如果存在一种得到公认的理论——已为普遍的经验所检验过的一套原则、规则、方法和程序,那么情况就完全不同了"。事实上,原则并不缺乏,但仅仅宣布原则是不够的,因为一项原则如果没有实现的具体方法就不会产生作用;方法也不缺乏,而且数不胜数,层出不穷,但由于好的方法与坏的方法交织在一起,并且同时存在于家庭、车间和国家中,令人莫衷一是,这正是由于缺乏被普遍接受的管理理论才导致的结果。

需要强调的是,创建理论是管理学研究的核心。管理学要想进入科学的殿堂,就必须创建被普遍接受的管理理论。但是,在这个过程中,人们常常把管理理论的严谨性和实用性对立起来,以至于产生了两种极端的倾向,严重影响了管理思想的发展。也许可以作为例证的是,管理学术界近几十年来都没有出现过大师级的管理思想家了。

一种极端倾向是盲目追求理论的严谨性而导致"科学主义"。众所周知,在人类管理实践中,许多管理问题确实可以运用严谨、理性的科学方法来解决,在这方面,最典型的是"数量学派"或"管理科学学派"。该学派由应用数学、运筹学、博弈论等领域的专家、学者组成。他们认为,管理是一个"数学模型和程序的系统",因此,任何管理问题以及相应的决策制定都可以"通过数学符号和建立模型来表达"。由于该学派的研究几乎都是关于优化问题的,因此,"数量学派"在决策理论领域的应用最为广泛。

尽管"数量学派"或"管理科学学派"的确做出了许多杰出的贡献,任何人都无法忽视数学模型以及分析程序的巨大作用,但是,正如哈罗德·孔茨所指出的,数学模型及分析程序本质上只是管理分析工具,而不是管理思想。哈罗德·孔茨在介绍"数量学派"或"管理科学学派"时特地加上了引号,因为他认为这个群体并没有真正从事一种完全意义上的管理科学,他们在很大程度上只是在运用精致的数量模型和符号而已。在本质上,

---

[①] 亨利·法约尔.工业管理与一般管理[M].迟力耕,张璇译.北京:机械工业出版社,2007:17.
[②] 亨利·法约尔.工业管理与一般管理[M].迟力耕,张璇译.北京:机械工业出版社,2007:17.

管理是人类的实践活动,并不是所有的实践活动都可以通过"数学符号和建立模型来表达"。因此,奉行"科学主义"反而会使管理理论越来越偏离"科学的殿堂"。最近几十年来,管理学界一直在反思,为什么管理理论与管理实践脱节越来越严重,以至于管理理论研究成为学术圈"自娱自乐的游戏"。

另一种极端倾向是单纯追求理论的实用性而导致"经验主义"。日益严重的实用主义倾向使人们对管理理论产生了许多错误的认识。实际上,在法约尔所处的时代并不缺少理论,只是这种理论是个人化的、经验性的,不具有普遍适用性。即使出现了一些较有影响的管理理论,也处于"丛林"状态。20世纪60年代,管理理论界出现了管理过程学派、经验学派、人际行为学派、社会系统学派、决策理论学派、数量学派六个学派;[1] 20世纪80年代,管理理论界"丛林"现象未见改观,反而从六个学派增加到十一个学派了:经验学派、人际关系学派、群体行为学派、协作型社会系统学派、社会技术系统学派、决策理论学派、系统学派、数量学派或管理科学学派、权变学派、管理角色学派、运营理论学派。[2] 哈罗德·孔茨一直寄希望于"走出管理理论丛林",并提出了许多具体的建议,殷殷之心,拳拳可鉴。当然,哈罗德·孔茨也坦承,"走出管理理论丛林"需要人们付出更多的努力。

但是,令法约尔和哈罗德·孔茨失望的是,现在,人们不但认可现实中存在多种多样的管理理论的现象,而且把开发更多的管理理论作为管理学研究的方向。例如,亨利·明茨伯格认为,"我们不是在理论和实践之间进行选择,而是在不同的理论之间,选择一些最能激活实践的理论。这是需要管理者们认真对待和学习的问题"[3]。有的学者甚至认为,"管理学很多观点互相矛盾本身就是这个学科的天然属性","管理学如同中医,是一种有用的'伪科学'"[4]。

目前,在学术界有一种似是而非的认识:理论是个性化的,每个公司都应有自己的理论。例如,《哈佛商业评论》上有一篇文章的标题就是《你的公司有理论吗?》[5]。作者托德·岑格不仅主张每一个公司都应有自己的理论,而且主张每一个公司在不同发展阶段也应有自己的理论。这与法约尔致力于创建被普遍接受的管理理论的行为格格不入,是对管理思想发展的一种反动。实际上,托德·岑格把思维方式或分析框架当作理论了,是对管理理论的矮化。这应该值得管理学术界和实践界提高警惕。

另外,必须提及的是,彼得·德鲁克于1994年在《哈佛商业评论》发表一篇文章,题目是"The Theory of the Business"[6],一般都将其翻译为"企业的经营理论",[7] 主要观点

---

[1] Koontz Harold. The Management Theory Jungle[J]. The Journal of Academy of Management,1961,4(3):174-188.
[2] Koontz Harold. The Management Theory Jungle Revisited[J]. Academy of Management Journal,1980,5(2):175-187.
[3] 亨利·明茨伯格.什么样的理论是好理论?[EB/OL]."领教工坊"微信公众号,2016-08-11.
[4] 杨斌.为什么学了很多新管理,却依然管不好公司?[EB/OL]."中欧商业评论"微信公众号,2016-05-24.
[5] Zenger Todd. What Is the theory of Your Firm[J]? Harvard Business Review,2013,(6):73-78.
[6] Drucker Peter F. The Theory of the Business[J]. Harvard Business Review,1994,(9-10):95-104.
[7] 有的将该文题目翻译为"事业理论",也有的将其翻译为"经营之道"。

是每个企业都应该有自己的经营理论,包括三个方面的内容:一是关于外部环境的假设,二是关于内部实力的假设,三是关于企业使命的假设。实际上,这篇文章题目应该被翻译为"企业的经营观",主要观点是,每个企业的战略决策者都应该有关于经营决策的观念。从"theory"的词义看,该词确有"观念""概念"的意思;从该文正文看,所表述的的确是企业战略者对企业经营决策的观念,包括对外部环境、内部实力和企业使命的假设。

当然,构建理论既是一项创造性的工作,又是一项艰巨的、极具挑战性的工作。[①]过去,人们通常认为经验是获得管理能力的唯一途径,这使得人们很难在短时间内提高管理能力,那些技术人员、新进入公司的人除了实践以外根本无法获得管理能力。这无疑限制了企业各级人员的管理水平的提高。而那些有丰富管理经验的人又没有著书立说的习惯。法约尔发现,绝大多数高层管理者"既没有时间也没有意愿来写作"。[②]

需要澄清的另外一个认识是,一些学者把理论的严谨性与实用性对立起来,并且认为,即使我们做到了严谨,也不意味着得到了一个好的理论;同样,实用的理论也不意味着是一个好的理论。[③]事实上,正如库尔特·勒温所指出的,"没有什么比一个好的理论更具有实用性的了"。[④]有学者认为,"目前西方管理学界所发展的理论对中国的本土管理具有重要的解释和指导意义。理论无国界,只要是理论,对实践就是有指导和解释意义的,没有本土与西方的理论之说"[⑤]。

例如,对企业而言,"制订行动计划是完全必要的","没有人会否认行动计划的效用"。"那些没有制订计划的企业经常处于行动缺乏连贯性和没有理由地改变目标的危险之中"。但是,对管理者来讲,"制订行动计划是每个企业最重要也是最艰难的工作之一"。这是因为,制订行动计划是一项创造性的工作,它涉及企业所有的部门和所有的职能,既要相当灵活,能顺应人们的认识而适当调整,这些调整由于环境的压力或其他某种原因而成为必要;又要力求精确,在那些影响企业命运的未知因素所允许的范围内,拟定最近将来的管理路线,而以一个简单的一般方针来规定遥远未来的活动。人们只能通过与类似企业的较好的计划作比较来事先确定这些特征。所以,应该在每种不同的情况下,在企业的实践中去寻找可比的因素,去寻找典型,像一个建筑师要完成一个建筑物一样。但建筑师具有比管理者更好的条件,他可以求助于画册与建筑学讲义,而行动计划则没有可求助的画册,也没有预测的教材,因为管理学说尚有待于人们去创立。[⑥]

2.2.4 管理教育既是必要的,也是可能的

法约尔认为,在创建管理理论的基础上,还必须进一步解决管理教育的问题。[⑦]管理

---

① 任兵.关于理论、实践、知识开发范式的争论[EB/OL]."南开管理评论"微信公众号,2015-10-23.
② 亨利·法约尔.工业管理与一般管理[M].迟力耕,张璇译.北京:机械工业出版社,2007:17.
③ 吕力.管理学研究的技术、艺术与哲学——从好的理论到好的理论体系[EB/OL]."南开管理评论"微信公众号,2016-03-26.
④ 托德·岑格.没有理论,不配谈战略?![EB/OL]."哈佛商业评论"微信公众号,2015-05-18.
⑤ 任兵.理论无国界,问题有时空[EB/OL]."南开管理评论"微信公众号,2015-08-21.
⑥ 亨利·法约尔.工业管理与一般管理[M].迟力耕,张璇译.北京:机械工业出版社,2007:58.
⑦ 亨利·法约尔.工业管理与一般管理[M].迟力耕,张璇译.北京:机械工业出版社,2007:17.

教育的必要性表现在，在以往的管理实践中，人们不但凭借自己的经验做事，而且还自以为掌握了最好的方法，以至于在面临同一问题时常常会有相互矛盾的指导原则，或者在同一原则下常常会出现多种不同的甚至相互冲突的方法。

如果不树立关于一般管理理论的意识，人们就不会养成运用一般管理理论的习惯，这就是人们通常凭借自己的经验行事的重要原因之一。在法约尔所处的时代之前，在各种类型的组织中，一般人并没有理解管理的地位和作用，甚至没有意识到作为一种独立活动的"管理"的存在。在企业组织中，常常出现这样的现象：专业的技术知识"会被有缺陷的管理程序毁掉"。也正因为如此，法约尔强调指出，"对企业来说，一位管理能力出色而技术知识平庸的领导人往往比一位技术能力出色而管理能力平庸的领导人要有用得多"。在法约尔看来，一家企业的经营业绩在更高程度上取决于其领导人的管理能力，而不是技术能力。

当然，在法约尔所处的时代之前，也有一些先行者意识到管理教育的重要性。其中，英国的安德鲁·尤尔堪称管理教育领域的拓荒者。尤尔是格拉斯哥安德森学院的化学与自然哲学教授，被誉为管理教育领域的先驱。[①]在尤尔所处的年代，大量工厂的诞生导致对管理者的庞大需求，这使得尤尔教过的许多学生都转变为管理者。尤尔敏锐地观察到了这一现象，认为管理教育应当成为工业教育的重要内容之一。他在《制造业的哲学》一书中讨论了管理问题，并指出，工厂管理者必须制订计划，其核心内容就是"安排和连接"制造过程，以实现整个工厂的协调运行。尤尔认为，在每个工厂，都存在"三种行为原则，或者说三种有机系统：机械系统、道德系统和商业系统"。机械系统是指生产技术和生产过程，道德系统涉及人员状况，商业系统管理者的任务就是使这三种系统成为一个和谐的整体。

尤尔的影响是广泛的。他曾这样说过，他的学生"作为工厂的所有者和管理者遍布联合王国"。不仅如此，尤尔关于管理教育的思想还影响了管理教育领域的许多后来者，对管理教育的发展产生了巨大的作用。其中，法国工程师查尔斯·杜宾就是一个杰出的代表。杜宾是巴黎艺术与职业学院的数学与经济学教授，对法国工业教育做出了巨大的贡献。杜宾访问过英国，并且观察了尤尔在培养工厂管理人才方面取得的成绩。此后，杜宾投身于法国的工业教育，并面向"工匠和技工"讲授管理知识。

尽管法约尔关于管理教育观点的产生很有可能受到了杜宾的影响，但是，这一观点仍然是独特的、超前的。一方面，法约尔是站在社会需求的角度来看待管理教育的，这是法约尔与尤尔、杜宾等人观点不同的地方。尤尔、杜宾等人更多的是向他们的学生传授管理知识，这当然是可贵的、值得肯定的，但同时也有局限性：一是缺乏一个被普遍接受的理论，二是仅靠少数人的力量是无法掀起管理教育浪潮的，管理知识传播的效率很低。另一方面，法约尔是从创建管理理论的角度出发来讨论管理教育的。尤尔、杜宾等人作为教授，在传授管理知识方面做出了巨大的贡献，但是，他们并没有创建一个被普遍接受

[①] 丹尼尔·雷恩，阿瑟·贝德安.管理思想史[M].孙健敏等译.北京：中国人民大学出版社，2012：54.

的管理理论,这导致他们所讲授的管理知识是零散的、不系统的,缺乏管理理论的一般性和广泛适用性。

法约尔认为,作为一个管理者所需要的知识完全不同于作为一个工程师所需要的知识。在他看来,管理并不仅仅是设计系统、优化方法以提高生产速度,而是包含了与制造、流通以及产品销售有关的所有活动。因此,作为管理者,必须能够制订计划、整合资源、配备人员、组织生产,以及履行其他很多职责,而工程技术学校从未讲授过这些技能。[1]

需要说明的是,管理教育并不是为了把所有学员都培养成好的管理者,如同技术教育不是为了把所有学生都培养成优秀的技术人员一样。管理教育就是要起到像技术教育那样的作用,使管理能力成为组织成员的一种基本能力。这是因为,在企业中,处于组织不同层级的成员实际上都需要管理能力。现实的情况是,管理初学者既没有学习必要的管理理论,又没有掌握基础的管理方法,所以许多人在这方面自始至终都无法获得成长以至成熟。而管理教育的目的就是引导年轻人理解、总结并运用他们的经验。

法约尔对管理教育的认识是独特的,对管理教育的重视也是无与伦比的。法约尔认为,管理教育不应只是高等学校的事,事实上,"管理教育应该普及:在小学里是初级管理理论,在中学里是中级管理理论,在大学里是高级管理理论"[2]。

法约尔之所以提倡在人的不同受教育阶段都要接受管理教育,是因为他认为管理是组织中所有人的事,而不仅仅是所谓的管理者的事。法约尔在《工业管理与一般管理》一书中多次提到了这一观点。1900年,法约尔在国际矿业和冶金大会上发言时明确指出:"一家企业中的所有员工都或多或少地参与管理职能……(而且)偶尔有机会来施展自己的管理才能并因此受到注意。(那些)尤其有才能的人能够从最低职位晋升到该组织层级结构中的最高层。"[3]法约尔的这一观点产生了广泛的影响,西方商界的格言"管理是每个人的事"[4]可以作为例证。

在法约尔的管理生涯中,他也是努力践行这一观点的。例如,在科芒特里煤矿公司从事管理工作时,法约尔将用木材加固矿井巷道(从而使巷道的墙壁和顶部不会坍塌)的责任授予矿工,而不是交给专业人士来完成。[5]这种管理行为的内在逻辑是,由于每个人都承担责任,那么他就应该拥有相应的权力,这样他才能做出相应的贡献。这正是他提出的十四项管理原则中的"权力与责任原则"。早在1861年,法约尔还在科芒特里煤矿公司担任采矿工程师时,他发现,由于一匹马在圣埃蒙德煤井摔断了腿,所有的工作就不得不停止。由于煤矿经理不在,所以找不到另外一匹马来替代,而且马厩管理员拒绝提

---

[1] Person Norman M. Fayolism as the Necessary Complement to Taylorism[J]. *American Political Sciences Review*,1945,39(1):73.
[2] 亨利·法约尔.工业管理与一般管理[M].迟力耕,张璇译.北京:机械工业出版社,2007:19.
[3] Wren Daniel A., Arthur G. Bedeian and John D. Breeze. The Foundations of Henri Fayol's Administrative Theory[J]. *Management Decision*,2002,40:908.
[4] Management is everyone's business.
[5] Reid Donald. Fayol:From Experience to Theory[J]. *Journal of Management History*,1995,(1):21-36.

供替代马匹,因为他没有权力这样做。[①]诸如此类的事促使法约尔形成了"管理是每个人的事"的观点。

法约尔对于管理教育的未来前景是非常乐观的,即他认为在各级各类学校中开展管理教育已经具备充足的基础条件,是完全可能的。这是因为,人类在悠久的发展历史中已经积累了丰富的经验,并产生了大量建立在经验基础上的见解和主张,如果能够进行比较和分析,就可以取得明确的、一致的、被普遍接受的认识,并在此基础上创建出一般管理理论,进而可以在各种场所、通过各种途径、采用各种方法讲授一般管理理论。

2.3 法约尔杰出贡献

如果仅仅把法约尔的贡献理解为他提出了"管理五要素"和"管理的十四项原则",并在此基础上给予法约尔廉价的褒奖,那么,这显然对法约尔是不客观、不公正的;相反,如果我们用现代的眼光来审视法约尔的著作以及其中的观点,并对其提出超越时代的要求,那么,这显然对法约尔也是不客观、不公正的。进一步说,如果我们没有真正理解法约尔一般管理思想的杰出贡献,就盲目地把他捧上诸如"现代管理之父""现代经营之父""现代组织之父"之类的"神位",那么,这同样是不负责任的,也是没有任何实际意义的。法约尔之所以能够与"科学管理之父"弗雷德里克·泰勒并称为古典管理理论研究领域的"双子星",还在于法约尔的一般管理思想对管理理论与实践的发展做出了不可磨灭的杰出贡献。

2.3.1 提出了不同于以往的现代管理概念

法约尔在《工业管理与一般管理》第一章"管理的定义"中开宗明义:在任何企业中,管理职能都是不可缺少的职能,它不同于技术职能、商业职能、财务职能、安全职能、会计职能,对企业经营具有十分重要的作用。法约尔根据自己长期的管理经验,提出了"管理五要素",并把管理定义为"计划、组织、指挥、协调和控制"。

法约尔的《工业管理与一般管理》的法文书名是 *Administration Industrielle Et Generale*,他使用的是"行政管理"的英文单词"administration",这也导致一些学者把法约尔尊奉为"行政管理理论"的先驱。然而,《工业管理与一般管理》1949年出版的英译本"序言"指出,法约尔不应该在书名中使用"administration"一词,而应该使用"management",因为使用"administration"可能导致人们对《工业管理与一般管理》这本杰作产生许多误解,甚至可能是该书直到1929年才有英译本的原因。但是,迈克尔·费尔斯指出,人们不应责怪法约尔,因为在法语中根本没有与"management"对应的单词。[②]

但是,必须指出的是,法约尔的"管理"与传统意义上的"行政管理"相比有着迥然不同的含义。皮埃尔·莫兰注意到了"administration"和"management"的区别。他指出,

---

[①] 丹尼尔·雷恩,阿瑟·贝德安.管理思想史[M].孙健敏等译.北京:中国人民大学出版社,2012:163.
[②] Fells Michael J. Fayol Stands the Test of Time[J]. *Journal of Management History*, 2000, 6(8):345-360.

当《工业管理与一般管理》流传到英国时,翻译者在翻译书名时曾经有点犹豫:法约尔所用的"administration"的词义是否与"management"相同?①"administration"的基本词义是"行政管理"。尽管"administration"也常常被用来指企业、学校、医院的管理,但基本上都是指自上而下的管理,更强调实施、执行,其主要目的是获得某种秩序。

而在《工业管理与一般管理》一书中,法约尔使用的"administration"有着非常复杂的含义。法约尔关于"administration"的论述既可用于工业企业,也可用于非工业企业,如服务业企业;既对所有经济性生产活动有指导价值,又对其他所有非经济性组织活动有指导价值。正如法约尔在书中指出的,"在领导工业、商业、政治、宗教等各种类型的组织时,管理都起着非常重要的作用"②。因此,法约尔所用的"administration"一词的含义应该是"management"的含义,而不是"administration"的基本词义所能包括的。

总之,与传统的管理概念相比,法约尔的管理概念有着不同的内涵。尽管法约尔的管理思想在他生前并未像泰勒那样成为"管理新潮",甚至在他去世后的一段时期内,仍然没有得到广泛的认可,更没有产生类似"科学管理运动"那样的巨大影响,但是,当他的书有了英译本以后(尽管比较晚),越来越多的人逐渐认识到法约尔管理思想的巨大价值。特别是经过一些管理学者的发掘以后,法约尔的管理概念就被广泛而持久地接受了,并成为现代管理学的核心概念,也奠定了法约尔作为现代管理学派之一——管理过程学派"鼻祖"的地位。法约尔的管理概念具有不同于以往的内涵,主要表现在以下几个维度上:

首先,在管理的主体维度上,法约尔的管理概念具有突破性,即人人都是管理者。法约尔认为,"管理"既不是一种独有的特权,也不是企业领导人的个人责任,它与别的基本职能一样,是一种分配于企业领导人与整个组织成员之间的职能。③这意味着,在现代组织中,人人都是管理者。这一概念颠覆了以往的"只有有职权的人才是管理者"的观念。这一概念在西方商界得到了广泛的接受,以至于西方有一句商业格言:"管理是每个人的事。"

需要特别强调的是,法约尔认为,管理职能只是作为社会组织的手段和工具。其他职能涉及原料和机器,而管理职能只是对人起作用。④法约尔在1898年7月29日的日记中写道:"在企业管理中,关于(如何管理)人的问题占全部问题的一半以上。"⑤人们常把企业的社会组织比作一架机器、一棵植物或一个动物。"管理机器""管理机构"这些词为人们提供了一个服从于领导、本身各部分紧密连接、为达到同一目标而一致行动的机构的概念。⑥

法约尔与泰勒的管理概念既有相同之处,也有不同之处。相同之处在于,泰勒也强

---

① 亨利·法约尔.工业管理与一般管理[M].周安华等译.北京:中国社会科学出版社,1998:3.
② 亨利·法约尔.工业管理与一般管理[M].迟力耕,张璇译.北京:机械工业出版社,2007:3.
③ 亨利·法约尔.工业管理与一般管理[M].迟力耕,张璇译.北京:机械工业出版社,2007:7.
④ 亨利·法约尔.工业管理与一般管理[M].迟力耕,张璇译.北京:机械工业出版社,2007:23.
⑤ 丹尼尔·雷恩,阿瑟·贝德安.管理思想史[M].孙健敏等译.北京:中国人民大学出版社,2012:172.
⑥ 亨利·法约尔.工业管理与一般管理[M].迟力耕,张璇译.北京:机械工业出版社,2007:81.

调,管理者和被管理者共同承担责任,甚至他们的责任是均分的。不同之处在于,一方面,在泰勒的管理概念中,管理者和被管理者的角色是清晰的,他们各自承担不同的责任。例如,每个工人都必须认真干活,努力发现更好的操作方法,然后由管理者进行系统的比较、分析、研究,总结、提炼出最佳的、标准化的操作方法,而后者只能由有知识、有才能的管理者来做。另一方面,泰勒所谓的责任是指工人有完成自己的特定任务的责任,管理者有指导、帮助工人完成任务的责任。而法约尔是在企业经营的意义上来讨论每个员工(包括管理者和被管理者)的责任,即一旦企业任何环节出现问题,每个员工都有责任(以及相应的权力)解决这个问题,以维持和促进企业的正常运行,而不论这个问题是否在自己的岗位职责范围内。简言之,泰勒是在工人所要完成的任务的意义上来讨论责任的,而法约尔是在企业经营的意义上来讨论责任的。两者的本质内涵是相同的,但表现形式和所在层面有所不同。

法约尔的观点也得到了一些学者的赞同,并在实践中得到了广泛的应用。在企业界,参与式管理成为一种流行的管理方式。二战以后,参与式管理逐渐打破了传统的权威式管理占据统治地位的格局。参与式管理方式的出现可以追溯到 20 世纪 50 年代的"工作—生活质量运动"(quality of work-life)的兴起。管理者及有关的研究者注意到了员工在工作中的健康、安全,特别是工作满意度问题。20 世纪 60—70 年代,西方国家纷纷通过立法和政府成立有关组织的方式来关注和改善员工工作与生活质量。员工参与管理是提高工作满意度,改善工作与生活质量,从而提高生产力的一种管理手段。

维克托·弗鲁姆认为,参与式管理是指组织中的员工参与决策制定与实施的过程。道格拉斯·麦格雷戈认为,在适当的条件下采取参与式管理,鼓励人们把创造力投向组织目标,使人们在与自己相关的事务的决策上享有一定的发言权,为满足他们的社会交往需要、尊重需要和自我实现需要提供了机会。麦格雷戈将员工参与式管理定义为:为发挥员工所有的能力,并为鼓励员工对组织成功做出更多的努力而设计的一种员工参与管理的过程。参与式管理隐含的逻辑是:通过员工参与影响他们的决策、增加他们的自主性和对工作与生活的控制,员工的积极性会更高,对工作会更满意,对组织会更忠诚,从而使生产力水平更高。

1961 年,伦西斯·利克特在研究领导方式时,借鉴人际关系学派的研究成果,把领导风格划分为四种类型:专制权威式、开明权威式、民主协商式、民主参与式。利克特认为,每种领导风格都有一定的适用条件,但在一般情况下,民主参与式是最有效的领导风格。这是因为,有效的领导者是注重于面向下属的,他们依靠信息沟通使所有各个部门像一个整体那样行事。群体的所有成员(包括主管人员在内)形成一种相互支持的关系,在这种关系中,他们感到在需求价值、愿望、目标与期望方面有真正共同的利益。由于民主参与式领导风格更加重视对员工的激励方法,因此,利克特认为它是领导一个群体的最为有效的方法。

法约尔的观点还得到心理学研究成果的支持。20 世纪 30 年代,美国心理学家埃尔顿·梅奥在霍桑实验结果的基础上提出了"社会人"假设,认为人的工作以满足社会交往需要和尊重需要为动机。秉持"社会人"假设的管理者接受并采用"参与式管理"的形式，让员工在不同程度上参加企业决策制定和实施的过程。

彼得·德鲁克也认为，管理并不是一个单纯的、基于权力的、自上而下的过程，它要求每个人都要承担为组织创造成果而做出贡献的责任。德鲁克在讨论"谁是管理者"的问题时，曾经用"三个石匠"的故事来说明他的管理概念：在回答"你在干什么"的问题时，第一个石匠说"我在挣钱养家"，第二个石匠说"我在用最好的技术砌墙"，第三个石匠说"我在建大教堂"。德鲁克认为，只有第三个石匠才是真正的管理者，因为他知道他接受的任务和承担的责任是什么，因而能够通过自我管理来完成任务和履行责任。

其次，在管理的时间维度上，法约尔指出，"管理应当预见未来"①。即，管理并不仅仅是为了寻求"当前问题"的解决方案，而是对"未来行动"的选择。正是在这种观念指导下，法约尔才把计划作为管理的首要职能。法约尔强调指出，"行动计划，同时指出了所要达到的结果，所遵循的行动路线，所要通过的阶段以及所使用的手段"②。

管理的未来指向性也导致了管理设计学派的诞生。管理设计学派的鼻祖应该是诺贝尔经济学奖获得者赫伯特·西蒙，他认为，管理学是一种设计科学，它所研究的是"事物应该是什么样"，进而研究"如何创造出人工物"。西蒙认为，凡是将现在情形改变成向往情形为目标而构想行动方案的人都是在设计，都是在"创造人工物"。③这意味着管理学需要的是面向未来的行动方案，而不是作为后见之明的理论解释。

法约尔认为，未来行动计划描绘的是一种未来的前景，它是按照人们已有的概念以某种清晰度表示出一些未来事件，包括在一段时间内企业发展的预测与准备。④ 现代企业战略理论的开创者伊戈尔·安索夫极力推崇法约尔的管理概念。他指出："大多数现代经营实践的最新分析，都被他在想象的天地里正确地一语道中。"⑤正是在法约尔"计划观念"的基础上，提出了企业战略的概念，并创建了流行一时的战略规划学派。随着战略概念的流行，以及战略管理理论研究热潮的兴起，人们往往把战略管理视为决定企业生死存亡的重要工作。也正因为如此，管理思想史学家丹尼尔·雷恩将法约尔称为战略学家。⑥

最后，在管理的空间维度上，法约尔强调管理是一种组织整体层面上的系统活动，而不是针对组织系统中某一要素的活动。例如，法约尔认为，制订行动计划是每个企业最重要（也是最艰难）的工作之一，因为它涉及所有的部门和所有的职能，特别是管理职能。⑦换言之，尽管管理职能是区别于企业中技术职能、商业职能、财务职能、会计职能、安全职能的职能活动，但是，管理需要对这些职能活动进行事前的统筹安排，以便这些职能

---

① 亨利·法约尔.工业管理与一般管理[M].迟力耕,张璇译.北京：机械工业出版社,2007：54.
② 亨利·法约尔.工业管理与一般管理[M].迟力耕,张璇译.北京：机械工业出版社,2007：55.
③ 赫伯特·西蒙.人工科学[M].武夷山译.上海：上海科技教育出版社,2004：111.
④ 亨利·法约尔.工业管理与一般管理[M].迟力耕,张璇译.北京：机械工业出版社,2007：55.
⑤ 斯图尔特·克雷纳.管理必读50种[M].覃果等译.海口：海南出版社,1999：71.
⑥ Wren Daniel A. Henri Fayol as Strategist: A Nineteenth Century Corporate Turnaround[J]. *Management Decision*, 2001, (39)：475-487.
⑦ 亨利·法约尔.工业管理与一般管理[M].迟力耕,张璇译.北京：机械工业出版社,2007：45.

活动协同运作,同时,管理也需要对相应的职能部门配备资源,包括人力资源、物质资源和财务资源。当企业领导人进行这些工作时,他就是在制订行动计划,就是在履行他作为管理者的职责。

因此,在法约尔看来,尽管管理是组织中的一项独立的职能,但是,管理职能从来就没有自己的"圈子",也不是"闭门造车",而是通过对其他职能活动的勾连和整合而显示自己的存在的,也正是在这个过程中,管理获得了自己存在的正当性。

法约尔的这个观点得到许多学者的支持。彼得·德鲁克也是法约尔的管理概念的支持者。德鲁克明确指出,现代管理概念迥然不同于传统管理。在德鲁克所有的管理著作中,他都使用"management"一词来表示"管理"。

在德鲁克看来,现代管理首先出现在企业,始作俑者是美国铁路公司。[1]美国铁路公司规模庞大,远非当时的纺织工厂所能比拟,而且业务高度分散,分布于许多地区,无法通过委派管理者巡查和监督几百个车站与几千英里铁路的方法来进行管理,这也明显不同于纺织工厂只在一个地区从事生产的情况。丹尼尔·雷恩认为,美国铁路公司要求用一种不同于以往的、系统化的方式进行管理,管理的关键就在于通信技术和沟通方法的应用,从而突破了地理因素对企业经营活动的限制,使得跨区域生产、跨区域运输、跨区域销售成为可能。[2]由于该公司需要跨区域经营,即把人和货物安全正点地送达目的地,这需要大量的协调工作,即法约尔所说的"连接、联合、调和所有的活动及力量"。在这个过程中,上层管理者必须授权下层管理者,并且让下层管理者承担相应的责任,以便完成自己所在部门的任务,为企业整体经营做出贡献。

2.3.2 为管理学知识体系构建奠定了基础

现代管理学知识体系基本上反映在各种以"管理学"为名的教科书中。一个不争的事实是,现代管理学知识体系正是在法约尔提出的"管理五要素"的基础上创建起来的。法约尔在系统地总结其将近六十年的管理经验的基础上,提出了"管理五要素",并将之作为管理的定义,认为"管理就是实行计划、组织、指挥、协调和控制"。有一些著作虽然不是以"管理学"为名,但只要是讨论有关组织与管理的内容,就必然会讲到"计划、组织、指挥、协调、控制",例如卡斯特和罗森茨韦克的《组织与管理》。[3]甚至在以"组织学"为名的教科书中,在涉及管理工作时也几乎都要讲授"计划、组织、指挥、协调、控制"。[4]

管理学的职能框架经历了一个演化的过程。第二次世界大战以后,深入挖掘法约尔一般管理思想的价值成为管理学界的一股潮流。随着法约尔的《工业管理与一般管理》英译本的广泛传播,他的一般管理思想被哈罗德·孔茨、威廉·纽曼等人发扬光大,产生了广泛而深远的影响。尤其是法约尔的"管理五要素"不但具有深厚的实践基础——工

---

[1] 彼得·德鲁克.人与绩效:德鲁克管理精华[M].闾佳译.北京:机械工业出版社,2015:11.
[2] 丹尼尔·雷恩,阿瑟·贝德安.管理思想史[M].孙健敏等译.北京:中国人民大学出版社,2012:63.
[3] 弗里蒙特·卡斯特,詹姆斯·罗森茨韦克.组织与管理[M].李注流等译.北京:中国社会科学出版社,1987.
[4] 詹姆斯·吉布森,约翰·伊凡塞维奇,小詹姆斯·唐纳利.组织学:行为、结构和过程[M].王常生译.北京:电子工业出版社,2002:12.

厂诞生之初,人们就发现工厂面临计划、组织、指挥、协调、控制等方面的问题,而且具有很强的实用价值——通过计划、组织、指挥、协调、控制等工作,企业显著减少了资源浪费,降低了运作成本,提高了经营效益,同时,还因为简约而全面地反映了管理者的工作,逐步得到学术界的接受。

1955 年,哈罗德·孔茨将法约尔提出的"管理五要素"升格为"管理五职能",即计划、组织、人事、领导、控制,并在此基础上编写了第一本管理学教科书,标志着现代管理学知识体系的正式形成。①孔茨的"管理五职能说"的最大贡献是,创建了一个开放、统一、兼容并蓄的管理学知识体系,同时,充分吸收"管理理论丛林"中各学派的观点,力求反映现代管理学理论研究的最新成果,不仅为学校里的管理教育和企业里的管理培训提供了完整的管理学知识体系,也为实践领域提供了系统的现代管理学理论与方法。

孔茨自信地表示,管理学理论的任何一种新知识,无论来自行为科学或定量科学,或者来自实践的创造,都可以纳入这个体系之中。②孔茨的《管理学》出版后多次修订再版,成为一本畅销不衰的经典教材。自从孔茨的《管理学》出版并取得成功之后,几乎所有以"管理学"为名的教科书都是在管理职能框架下介绍管理学理论与方法。几十年来,管理学理论的发展基本上可以证明孔茨的自信是有其理由的。可以说,正是孔茨的《管理学》的广泛流行与巨大影响,确立了法约尔的一般管理理论在现代管理学领域的主导地位。

比较一下法约尔的"管理五要素"和孔茨的"管理五职能",可以发现有两个变化。第一,孔茨将"指挥"替换为"领导"。在把"指挥"作为管理要素之一时,法约尔给出了他的理由:一是属于管理责任的人员招聘、培训以及建立社会组织都与指挥密切相关;二是指挥的大多数原则也就是管理的原则,管理与指挥是难以分开的,仅从研究方便的观点来说,把这两种活动合起来更有利;三是这种组合有利于组成一个非常重要的职能,至少与"技术职能"一样能引起和保持公众的注意。③孔茨根据法约尔的"指挥职能"的内涵,将之替换为"领导",它处理的是管理者与被管理者之间的关系。在孔茨看来,即使计划、组织以及人事等几方面的工作可能都做得很好,也还是需要对人员辅之以有效的指导、沟通和激励。企业领导人在履行管理职能时,必须懂得怎样去激励员工并有能力把各种激励方法体现在各个职务和人际关系中,以便使人们会由于自己对企业的成就和部门的目标做出了贡献而感到满足。④

第二,孔茨取消了协调职能而增加了人事职能。一方面,孔茨增加了人事职能。所谓人事职能,是指管理者必须为组织机构配备人员,以保障组织机构的正常运行。人事职能通常包括人员的招聘、选拔、培养、任用、考评等方面。孔茨强调,由于企业的发展在

---

① 哈罗德·孔茨,西里尔·奥唐奈.管理学:管理职能的系统分析方法和随机制宜的分析方法(第 6 版)[M].中国人民大学工业经济系外国工业管理教研室译校.贵阳:贵州人民出版社,1982.
② 哈罗德·孔茨,西里尔·奥唐奈.管理学:管理职能的系统分析方法和随机制宜的分析方法(第 6 版)[M].中国人民大学工业经济系外国工业管理教研室译校.贵阳:贵州人民出版社,1982:2.
③ 亨利·法约尔.工业管理与一般管理[M].迟力耕,张璇译.北京:机械工业出版社,2007:6.
④ 哈罗德·孔茨,西里尔·奥唐奈.管理学:管理职能的系统分析方法和随机制宜的分析方法(第 6 版)[M].中国人民大学工业经济系外国工业管理教研室译校.贵阳:贵州人民出版社,1982:615.

很大程度上取决于它的人员质量,尤其是管理人员的质量,因此,必须把人员配备看作一个系统,看作整个管理系统中的一个子系统。^①另一方面,孔茨取消了协调职能。但是,这并不意味着协调不重要。恰恰相反,孔茨认为,协调是管理的核心。所有的职能,包括计划、组织、人事、领导、控制,本质上都是协调。^②其实,孔茨的这一做法与法约尔的观点并不矛盾。根据法约尔的观点,协调就是连接、联合、调和所有的活动及力量。^③那么,孔茨关于管理的职能,如计划、组织、人事、领导、控制等,正是为了连接、联合、调和所有的活动及力量。

1972年,威廉·纽曼与查尔斯·萨默合作出版了《管理过程:概念、行为和实践》。该书的作者之一威廉·纽曼毕业于美国芝加哥大学,是美国著名的管理学者,并兼任美国许多大企业及政府部门的顾问。在《管理过程:概念、行为和实践》一书中,作者以其丰富的管理经验,结合当时社会学、心理学、人类学等领域的研究成果,对管理过程的几个中心环节——组织、计划、决策、领导和控制,进行了全面的分析和论述。^④

事实上,关于管理职能,无论是名称还是数量,一直都是见仁见智的问题。例如,海尔斯就采纳了法约尔"管理五要素"中的"计划、控制和指导"职能,而没有接受"组织和协调",因为他认为"组织和协调"已经被间接地包含在其他要素中了。^⑤

纽曼和萨默还在述评当时已有的理论研究成果的基础上,分析了管理学职能框架的合理性和实用性。他们指出,基于心理学研究的行为科学学派注重的是描述而不是行动,力推科学管理运动的效率学派则是以工作为中心,而可能过于忽视人和社会的重要性,以数学建模为基本方法的管理科学学派则热衷于对整个过程的某个环节作出巧妙的解答,因此,我们面临的任务是把有关有价值的管理理念转化为可应用的系统。正是出于这样一个目的,把管理工作看作一种过程是非常有益的。他们进一步解释道,管理过程是操作性的,因为它是以操作和管理者所必须采取的行动来说明概念的;管理过程又是综合性的,它包括管理的主要任务;同时,它又具有普遍性,所有管理者都必须对过程的每一环节予以某种注意。自从把管理工作设想为一种过程以来,它已作为一个将我们讨论过的社会目的和管理行动联系在一起的纽带。如图2-1所示。^⑥

当然,管理职能框架经历了一个持续演化的过程。乔治·特里从1953年出版《管理的原则》开始,对法约尔思想进行进一步发掘,不断调整各种管理职能的概念内涵和相互关系,先主张六职能说,后来演变为计划、组织、激励、控制四职能说。卢瑟·古立克把法

---

① 哈罗德·孔茨,西里尔·奥唐奈.管理学:管理职能的系统分析方法和随机制宜的分析方法(第6版)[M].中国人民大学工业经济系外国工业管理教研室译校.贵阳:贵州人民出版社,1982:513.
② 哈罗德·孔茨,西里尔·奥唐奈.管理学:管理职能的系统分析方法和随机制宜的分析方法(第6版)[M].中国人民大学工业经济系外国工业管理教研室译校.贵阳:贵州人民出版社,1982:83.
③ 亨利·法约尔.工业管理与一般管理[M].迟力耕,张璇译.北京:机械工业出版社,2007:7.
④ 威廉·纽曼,查尔斯·萨默.管理过程:概念、行为和实践[M].北京:中国社会科学出版社,1995.
⑤ Hales C. P. What Do Managers Do? A Critical Review of the Evidence[J]. *Journal of Management Studies*, 1986, 23(1):88-115.
⑥ 威廉·纽曼,查尔斯·萨默.管理过程:概念、行为和实践[M].李注流等译.北京:中国社会科学出版社,1995:17.

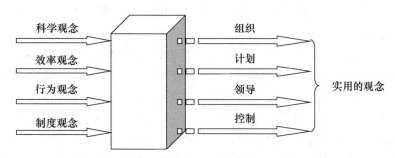

图 2-1 通过职能框架将各种流派的观念转化为实用的观念

约尔提出的"管理五要素"升格为管理职能,并加以系统化重构,提出了影响广泛的管理七职能(POSDCRB),包括计划(planning)、组织(organizing)、人事(staffing)、指挥(directing)、协调(coordinating)、报告(reporting)、预算(budgeting)。

周三多等人在《管理学:原理与方法》中,将创新作为管理职能之一。[1] 他们认为,组织、领导和控制是实现计划的重要职能,它们本质上属于管理的"维持"职能,其任务是保证系统按预定的方向和规则运行。但是,管理是在动态环境中生存的社会经济系统,仅有维持职能是不够的,还必须不断调整系统活动的内容和目标,以适应环境变化的要求,这就是不可缺少却常常被人们忽视的管理的"创新"职能。

2.3.3 促进了管理教育在全社会蓬勃开展

自工厂制度诞生以后,管理教育就已出现并不断发展。尤其是安德鲁·尤尔和查尔斯·杜宾等人作为管理教育的先驱,对早期工厂管理水平的提升做出了巨大的贡献。至法约尔所处的时代,欧美国家的工业化水平已经到了一个相对较高的水平,并引发了其他各种类型组织的发展,因而对管理教育产生了更强烈、更广泛的需要。或许是伟大的时代产生了伟大的人物,又或许是伟大的人物创造了伟大的时代,总之,在这样一个伟大的时代,法约尔在促进管理教育在全社会蓬勃开展方面,做出了伟大的贡献。

论及管理教育,不能不将法约尔与同时代的弗雷德里克·泰勒相比较。泰勒开展的科学管理研究,对美国工厂中劳动生产率的提升产生了重大影响。不久以后,这种影响很快就超越美国,在欧洲范围内受到广泛的关注,其光芒一度遮盖了法国的法约尔,以至于皮埃尔·莫兰为法约尔鸣不平:法约尔才是现代管理学的开创者,然而现在人们只知泰勒而不知法约尔,甚至在法国也是如此。[2] 尽管泰勒的科学管理研究及其成果对管理教育的发展起到了巨大的促进作用,泰勒本人也被美国商学院请上讲台,讲解他的科学管理原理,但是,由于人们对科学管理的理解仅仅局限于如何运用科学管理方法来提高工厂的劳动生产率,这使得当时出现一大批管理咨询人员打着"科学管理"的旗号,以"效率工程师"的身份来吸引和帮助工厂提高劳动生产率。因此可以说,泰勒在促进管理咨询

---

[1] 周三多,陈传明,刘子馨,贾良定.管理学:原理与方法[M].上海:复旦大学出版社,2018:383.
[2] 亨利·法约尔.工业管理与一般管理[M].周安华等译.北京:中国社会科学出版社,1998:序言,1—10.

领域发展方面的影响要远远大于管理教育领域。相比较而言,法约尔在管理教育领域的社会影响方面要大于泰勒。

第一,法约尔在其论著中特别强调了在全社会范围内开展管理教育的必要性与可能性。无论是在1916年发表的《工业管理与一般管理》一文中,还是在随后不久出版的《工业管理与一般管理》一书中,开篇第一部分的标题就是"管理教育的必要性与可能性"。这表明,法约尔是以管理教育为目的开展一般管理研究的。尽管法约尔一生都在企业工作,其中绝大部分时间都是在从事管理工作,并在总经理岗位上工作长达30年之久,但是,他并没有局限于面向企业的管理教育,而是以宽广的胸怀、宏大的视角来看待全社会范围内的管理教育。他指出,每个组织都需要管理,"无论是在商业、工业、政治、教会、军队,还是慈善机构中,在每一件事件上都会有一种管理职能被执行"①。"因此,管理教育应该普及:在小学里可以进行初级管理教育,在中学里管理教育的内容可以相对广泛一些,在高等学校里应当进行比较高级的管理教育。"②当然,法约尔也指出:"这种教育不是为了把所有学生都培养成好的管理者,如同技术教育不是为了把所有学生都培养成优秀的技术人员一样。我们只是要求管理教育起到像技术教育那样的作用。"法约尔在促进全社会开展管理教育方面可谓身体力行,鞠躬尽瘁。在1918年退休以后,法约尔创办了管理研究中心,并邀请各界人士参与研究,致力于创建并传播一般管理理论。与此同时,法约尔还积极投身实践,将一般管理理论应用于改进法国政府的管理工作,提高政府管理水平。这使得一般管理理论成为管理教育的种子,生根发芽。

第二,法约尔在其论著中首先使用了"一般管理"的概念,这一概念不仅是开创性的,而且特别有助于在全社会范围内开展管理教育。之所以说"一般管理"的概念特别有助于在全社会范围内开展管理教育,是因为越来越多的人认识到,管理不仅是企业的一种基本活动,而且随着社会经济的发展,管理已经是全社会范围内各种组织化活动的需要。正如彼得·德鲁克所指出的,管理在20世纪的兴起是人类历史上的重要事件。③德鲁克认为,在人类历史上,还很少有什么事比管理的出现和发展更为迅速,对人类具有更为重大和更为激烈的影响。管理发展之所以如此迅速,是因为以企业为代表的现代组织异军突起。德鲁克在《公司的概念》(1993年版)"序言"中指出,尽管人们常常称赞该书把管理开创为一门学科,但他本人更倾向于认为,该书还做了一些更重要的事:把组织确立为一个独立的实体,把对组织的研究确立为一门学科,其贡献和意义就在于,无论是医院、学校还是教会,抑或是政府机构,它们都需要管理,管理是组织中不可缺少的"器官"。④彼得·德鲁克发现,组织的兴起使得管理成为发展最迅猛的职业。组织的大规模兴起,以及组织对管理的需要,都对管理教育发出了呼唤。丹尼尔·雷恩也认为,管理对组织化活动至关重要,它能够促进组织的运作以满足人类的需要。⑤

---

① 亨利·法约尔.工业管理与一般管理[M].迟力耕,张璇译.北京:机械工业出版社,2007:5.
② 亨利·法约尔.工业管理与一般管理[M].迟力耕,张璇译.北京:机械工业出版社,2007:15.
③ 彼得·德鲁克.管理:任务、责任和实践[M].刘勃译.北京:华夏出版社,2008:序言.
④ 彼得·德鲁克.公司的概念[M].罗汉等译.上海:上海人民出版社,上海社会科学院出版社,2002:前言.
⑤ 丹尼尔·雷恩,阿瑟·贝德安.管理思想史[M].孙健敏等译.北京:中国人民大学出版社,2012:7.

第三,法约尔提出的"管理五要素"非常简明而又全面地涵盖了管理工作的内容,这不但引起那些拥有实践经验的管理者的强烈共鸣,而且得到了管理学研究领域众多学者的认可和接受。受法约尔的启发,哈罗德·孔茨认为,在创建管理理论并开展管理教育的过程中,首要的工作是要将那些与管理活动相关的知识组织起来。①基于这一认识,孔茨发现,管理职能包括以下方面:一是计划,即选择目标以及完成它们的途径;二是组织,即为人们设计一种角色结构;三是人事,即进行人员的选拔、培训、考核与评价,以便有效地履行组织角色;四是领导,即采取行动激励人们并使他们自愿地对群体目标的实现做出贡献;五是控制,即测量和修正人们的行动,以确保计划的实现。拉尔夫·戴维斯是美国管理学会发起人,也是美国管理学会章程起草人,并曾在20世纪40年代担任美国管理学会主席。他在读法约尔著作的英译本后,对法约尔的一般管理理论进行了简明、清晰的逻辑阐释,力求使其理论架构更加完整严密。他在法约尔的"管理五要素"的基础上提出了"有机职能"的概念,并把管理职能概括为计划、组织和控制三项,进而对管理过程进行了深入探讨。这也是"管理过程学派"名称的由来。②现在,由孔茨首先提出的管理职能框架历经演变,成为包含"计划、组织、领导、控制"的经典四职能框架。当然,无论是什么样的职能框架,人们对计划、组织、领导、控制都耳熟能详,甚至脱口而出。这不能不归功于法约尔提出的简洁明确的"管理五要素"。

如前所述,现在通行的管理学著作大多以管理职能框架为基础来介绍现代管理知识。无论管理学著作所讲述的内容是否为真正意义上的管理学,人们都不可否认,它们在促进管理教育在全社会的蓬勃开展方面发挥了巨大的作用,而这正是当年法约尔所希望实现的伟大愿景。

如果说哈罗德·孔茨是通过他的《管理学:管理职能的系统分析方法和随机制宜的分析方法》一书推广了法约尔的一般管理理论的话,那么,林德尔·厄威克则是通过对法约尔的一般管理理论进行系统化总结和逻辑化构建,奠定了法约尔的一般管理理论作为主流理论的地位。尽管厄威克是古典管理理论研究的集大成者,他的研究工作是建立在弗雷德里克·泰勒、亨利·法约尔、詹姆斯·穆尼等人的基础上,但是,我们完全可以这样说,法约尔的一般管理理论对他的影响是至关重要且无可替代的。他借鉴法约尔的"管理五要素",提炼出管理过程中的三种管理职能,包括计划、组织和控制;他根据法约尔的"管理的十四项原则",总结出基于组织环境分析的三项管理原则,包括预测、协调和指挥;他进一步认为,管理者在管理原则的指导下行使管理职能,是为了获得如下结果:秩序、稳定、主动性和集体精神。厄威克的系统化总结和逻辑化构建,给组织中从事管理工作的管理者和学校中学习管理知识的学生提供了了解管理过程与组织运作关系的基础。实践证明,经过厄威克总结的管理原则具有很高的指导意义和实用价值。厄威克指出,尽管管理学是一门不精确的科学,但是,管理知识数量众多,且随着理论研究与实践

---

① 哈罗德·孔茨,西里尔·奥唐奈.管理学:管理职能的系统分析方法和随机制宜的分析方法(第6版)[M].中国人民大学工业经济系外国工业管理教研室译校.贵阳:贵州人民出版社,1982:2.
② 席西民,刘文瑞.管理理论构建者[M].北京:中国人民大学出版社,2009:117—118.

探索的进步而不断增加,足以使之成为比一般人所认为的更具科学性和统一性的一门学科。①1937年的布朗委员会以及1945年和1950年的两届胡佛委员会等多届美国行政改革委员会在很大程度上接受了厄威克提出的行政组织管理原则。

2.3.4 促进了管理实践规范化和理性化

如果不对管理进行严格定义的话,那么我们就可以宽泛地说,管理活动自古有之。然而,很显然,正如弗雷德里克·泰勒所指出的,(在科学管理诞生以前)人类的管理活动只是一种基于经验的管理。②法约尔也发现,即使在欧洲国家的工业化已经达到较高水平的情况下,工业企业中的每个人都自以为拥有最好的方法,以至于到处都可以看到在同一原则指导下却出现互相矛盾的做法。③

但是,法约尔的一般管理理论有力地促进了管理实践的规范化和理性化。他的"管理五要素"和"管理的十四项原则",人们至今仍然耳熟能详。不仅如此,基于"管理五要素"发展起来的管理职能框架使得管理工作变得有章可循。从逻辑上说,计划就是决定做什么以及目标是什么,组织就是决定如何做以及由谁做,领导就是激发人的积极性和创造性,控制就是纠正偏离目标的行为,确保计划实现。这些职能构成了完整意义上的管理活动。

法约尔以管理职能为核心的一般管理思想极大地影响了通用汽车公司领导人阿尔弗雷德·斯隆。④斯隆不仅是美国通用汽车公司史上最伟大的经理人,也是世界工业史上最伟大的经理人之一。他被管理学领域"经验学派"的代表人物欧内斯特·戴尔称为"伟大的组织者"。⑤1917年起,斯隆就在通用汽车公司担任董事和副总经理,1946年起,斯隆担任首席执行官(CEO),开启了他辉煌的管理生涯。斯隆在其自传《我在通用汽车的岁月》中,强调了公司领导人的地位和作用,并把"管理"作为公司领导人必须履行的重要职能,这与法约尔的观点是一致的。⑥

一些学者认为,斯隆的贡献在于首先采用了事业部制的组织结构。⑦其实,这是不准确的。企业史学家阿尔弗雷德·钱德勒在《战略与结构》一书中指出,事业部制组织早就产生了,"每个营业单位负责人所负的责任都十分广泛。每个这样由负责人所领导的单位拥有各种必要的职能,完全有能力充分发挥积极性和进行合理发展"⑧。斯隆在管理领域的最大贡献是,借鉴政治领域中的分权模式,赋予各个事业部经营决策权,即每个事业部的管理者对事业部的所有经营活动负责,拥有自己的工程部、生产部和销售部,但是必须接受公司总部的监督,在公司的总体经营政策和财务预算框架下,追求特定市场的占

---

① 林德尔·厄威克.管理备要[M].孙耀君等译.北京:中国社会科学出版社,1995:38.
② 弗雷德里克·泰勒.科学管理原理[M].马风才译.北京:机械工业出版社,2007:24.
③ 亨利·法约尔.工业管理与一般管理[M].迟力耕,张璇译.北京:机械工业出版社,2007:17.
④ 斯图尔特·克雷纳.管理必读50种[M].覃果等译.海口:海南出版社,1999:72.
⑤ 欧内斯特·戴尔.伟大的组织者[M].孙耀君等译.北京:中国社会科学出版社,1991:69.
⑥ 艾尔弗雷德·斯隆.我在通用汽车的岁月[M].刘昕译.北京:华夏出版社,2017:388.
⑦ 斯图尔特·克雷纳.管理必读50种[M].覃果等译.海口:海南出版社,1999:72.
⑧ 阿尔弗雷德·钱德勒.战略与结构[M].孟昕等译.昆明:云南人民出版社,2002.

有率,并满足事先决定的营利率要求。斯隆在书中把这种管理体制称为"联邦式分散管理制"①。

斯隆的创举与法约尔的一般管理思想是一致的。在法约尔的概念中,"管理"既不是一种独有的特权,也不是企业经理或企业领导人的个人责任,它同别的基本职能一样,是一种分配于领导人与整个组织成员之间的职能。尽管斯隆在书中称,他是借鉴了政治领域的分权思想,但是,很难说斯隆的分权决策没有受到法约尔的影响。与亨利·福特将管理者视为"管家"相比,斯隆则要求各事业部的管理者承担更大、更多的责任,即管理者制定和实施事业部经营战略,设计和优化组织结构,建立和健全控制系统。这与法约尔将管理定义为"计划、组织、指挥、协调和控制"是相当吻合的。在斯隆的领导下,通用汽车公司成为一个大而强的公司,甚至成为美国力量和成功的一个象征。斯隆的前任查尔斯·威尔逊曾经说过,"对通用汽车公司有益的,对美国也有益",这使得通用汽车在当时名声大噪。②

法约尔的管理理论在许多方面体现了企业战略管理思想,美国著名的管理思想史学家丹尼尔·雷恩直接把法约尔视为一名战略学者。③由于长期担任大公司的总经理,法约尔更习惯于从企业组织整体视角来考虑问题。他在《工业管理与一般管理》中把管理划分为两种类型,一种是一般管理,另一种是行政管理。他认为,"一般管理的职责是以最优的方式利用各种资源,从而使企业实现它的目标。而制订行动计划、选拔员工、衡量绩效,以及促进和控制所有活动的顺利进行,则是行政管理的职责"。在法约尔的观念中,一般管理就是指普遍存在于各种类型组织中的管理,对单个组织而言则是总体管理;行政管理是指自上而下的管理,也可以理解为内部管理。显然,法约尔所说的一般管理其实就是战略管理,它要求管理者从企业组织整体角度来考虑其运作和发展问题。在法约尔看来,一般管理必须考虑的是公司业务及其未来发展趋势,它需要评估公司现在的资源和能力,以及通过仔细分析外部环境来发现未来的市场机会。④

法约尔十分强调计划职能的作用,把计划作为管理的首要职能。一个深思熟虑的计划会促进企业更有效率地利用各种资源。法约尔认为,一个好的计划往往具有以下方面的典型特征:一是统一性,每个企业有且只能有一个总体计划,但是各项辅助活动都有具体计划;二是连续性,由于人类判断力的局限性,任何计划都有期限,这就需要制订若干序列计划,其中包含短期计划和长期计划;三是灵活性,能顺应人们的认识而进行适当调整,确保企业适应各种环境的变化;四是精确性,在那些影响企业命运的未知因素允许的范围内尽可能降低不确定性。⑤

---

① 艾尔弗雷德·斯隆.我在通用汽车的岁月[M].刘昕译.北京:华夏出版社,2017:383.
② 斯图尔特·克雷纳.管理必读50种[M].覃果等译.海口:海南出版社,1999:230.
③ Wren Daniel A. Henri Fayol as Strategist: A Nineteenth Century Corporate Turnaround[J]. *Management Decision*, 2001, (39):475-487.
④ 亨利·法约尔.工业管理与一般管理[M].迟力耕,张璇译.北京:机械工业出版社,2007:53.
⑤ 丹尼尔·雷恩,阿瑟·贝德安.管理思想史[M].孙健敏等译.北京:中国人民大学出版社,2012.

法约尔在这些方面的思想观点直接影响了伊戈尔·安索夫。在战略管理研究领域，以安索夫为代表的计划学派将战略制定视为一个正式的过程，这无疑是受到了法约尔关于"计划"职能的观点的启发。亨利·明茨伯格在书中暗示了计划学派建基于法约尔关于"计划"的观点。①法约尔指出，"管理意味着向前看"。这个格言昭示了对在商业世界里制订计划的重要性的一些见解。假如预见不是管理的全部，至少也是它的重要部分。②

　　安索夫在1965年出版了《公司战略》一书，成为现代企业战略理论发展的起点。自此以后，学术期刊和大众商业报刊纷纷探讨"企业战略规划"问题，以至于美国企业界掀起了一股"战略规划"的热潮。计划学派之所以得以流行并成为企业战略理论研究领域的主流学派，是因为该学派的主旨吻合了管理教育、大公司的经营活动以及政府进行宏观管理的实践活动（如大量的规范工作流程、正规培训、严密的分析和预测等管理活动）的整个流行趋势。③

　　尽管随着管理理论与实践的发展，计划学派风光不再，未能继续占据企业战略研究领域的主导地位，但是，战略规划不但没有消失，反而更加成熟。一个典型的标志是，许多管理工具正是围绕战略规划发展起来的，这些管理工具使得管理工作更加理性。计划学派的思想观点甚至影响到了美国政府，美国政府的"计划—规划—预算体系"（PPBS）正是在战略规划的热潮中发展起来的。

 ## 本章结语

　　法约尔是古典管理理论的主要创始人之一，为古典管理理论的诞生做出了巨大贡献。人们常常将法约尔与弗雷德里克·泰勒相提并论，称他们为古典管理理论研究领域的"双子星"。不仅如此，法约尔对现代管理理论的发展也产生了广泛而持久的影响：现代几乎所有的《管理学》教科书都是在管理职能框架内来介绍管理学理论知识的，而所谓管理职能框架正是来源于法约尔的"管理五要素"；作为现代管理学理论流派之一的管理过程学派，在现代管理学理论研究领域占据了十分重要的地位，法约尔被尊称为管理过程学派的"开山祖师"。

　　与弗雷德里克·泰勒得到"冰火两重天"般的评价一样，法约尔以及他的代表作《工业管理与一般管理》也遭遇了巨大的争议，受到了迥然不同的评价。褒者称法约尔为"现代管理之父"，《工业管理与一般管理》是管理思想史上最杰出的著作；贬者称法约尔只是一个经验丰富的企业领导人，他并没有创建管理理论，他的《工业管理与一般管理》纯属经验之谈，并无理性可言，里面充斥着含混不清的概念、相互矛盾的原则。④在哈罗德·波

---

① 亨利·明茨伯格.公司战略计划[M].张艳等译.北京：中国人民大学出版社，2012.
② 亨利·法约尔.工业管理与一般管理[M].迟力耕，张璇译.北京：机械工业出版社，2007：44.
③ 亨利·明茨伯格，布鲁斯·阿尔斯特兰德，约瑟夫·兰佩尔.战略历程：纵览战略管理学派[M].北京：机械工业出版社，2002：34.
④ 赫伯特·西蒙.管理行为[M].詹正茂译.北京：机械工业出版社，2004.

拉德的《管理思想的发展》一书中,甚至都没有介绍法约尔及其著作。①

在今天看来,法约尔的许多观点是理所当然的,但在它们第一次被提出时显然是开拓性的。法约尔关于工业管理与一般管理的观点至今仍然极其重要,这不仅因为法约尔深刻地影响了之后几代的管理者,而且因为他的许多观点在经过了时间的考验之后仍然散发出真理的光芒。如同管理实践领域的一名敏锐观察者所写的:"无论人们是否承认,很明显,今天绝大多数管理者在本质上都是法约尔主义者。"②更何况,与弗雷德里克·泰勒一样,法约尔的管理思想并没有被人们真正理解,其价值也没有被人们真正认识。

现在,人们对法约尔给予了很多的荣誉和很高的地位,但从现有关于法约尔管理思想的研究成果看,人们对法约尔的核心管理思想及其价值仍然认识不足,甚至存在许多认识误区。不过,我们完全可以乐观地预期,一旦人们认识到了它的潜在价值,它就会发挥出无与伦比的巨大力量。事实已经证明并将继续证明,随着管理理论与实践的发展,法约尔的一般管理思想得到了广泛的重视,其《工业管理与一般管理》自然而然地成为与弗雷德里克·泰勒的《科学管理原理》交相辉映的巨著,在世界范围内对后来的管理理论和管理实践都产生了广泛而深远的影响。

---

① 哈罗德·波拉德.管理思想的发展[M].北京:中国人民大学外经所,1984.
② 丹尼尔·雷恩,阿瑟·贝德安.管理思想史[M].孙健敏等译.北京:中国人民大学出版社,2012:173.

第 3 讲

马克斯·韦伯管理思想

韦伯1864年4月21日出生于德国汉莎的一个富有家庭,1882年在海德堡大学学习法律,同时兼修历史学、经济学和哲学等课程。1904年,韦伯发表《新教伦理与资本主义精神》第一部分,次年发表第二部分。该书是韦伯在生前出版的最重要的著作,也是韦伯学术生涯最重要的里程碑。该书的出版奠定了韦伯作为社会学大师的无可争议的地位。当然,该书在为他赢得卓著声望的同时,也给他带来了巨大的争议——这种争议至今也没有平息。1915年,韦伯开始发表关于世界宗教的系列比较研究成果,包括《中国的宗教:儒教与道教》《印度的宗教:印度教与佛教》《古犹太教》,这些成果后来以"世界诸宗教的经济伦理"为书名结集出版发行。1920年,韦伯因病与世长辞。韦伯博大精深的社会学思想主要反映在他辞世后由他人整理、编辑、出版的皇皇巨著《经济与社会》中。

3.1 韦伯学术成就与研究方法

韦伯是一个誓言"以学术为志业"的伟大学者。在韦伯的研究生涯中,他先是担任法学教授,然后担任经济学教授,但是他从来没有担任过社会学教授。不过,出于对现代社会的产生和运行这个宏大主题的关注,他在生命的最后十几年里,一直致力于构建壮丽、恢宏的社会学理论大厦,试图将政治、经济、社会、文化、法律、宗教等纳入其庞大的分析框架。但是,也许是天妒英才,韦伯还未来得及实现他的伟大抱负就溘然长逝。韦伯逝世之后,他的遗孀玛丽安娜·韦伯着手整理出版他的文集:《宗教社会学论文集》出版于1920—1921年间,《经济与社会》出版于1921—1922年间。其中,现代社会科学领域最著名,同时也最具争议的著作《新教伦理与资本主义精神》,作为第一卷收录于《宗教社会学论文集》。《经济与社会》着重探讨了经济社会学、政治社会学、法律社会学和宗教社会学四个方面。该书被公认为20世纪最重要的社会学著作。

韦伯涉猎广泛,研究精深,成果丰硕,著作等身,《韦伯文集》多达四十余卷,《经济与社会》英文版有一千多页。韦伯是社会科学领域百科全书式的人物,堪称现代最伟大的社会学者,甚至是人类思想史上最伟大的社会学者。尽管韦伯的学术研究成果集中反映在社会学领域,后世也公认韦伯是现代社会学的奠基人之一,但是,韦伯的学术贡献绝不限于社会学领域。事实上,韦伯在其他许多学科领域也都做出了巨大的贡献,产生了广泛而深刻的影响,如哲学、法学、政治学、经济学、管理学、历史学、宗教学、艺术学等。韦伯甚至还在音乐研究领域占有一席之地,他写过一篇《音乐的理性基础和社会基础》的文章,尽管该文是一篇未定稿,但不妨碍它成为一个新的交叉学科——音乐社会学的奠基之作。[①]韦伯在学术界无与伦比的影响力由此可见一斑。

韦伯晚年在整理修订其社会学著作时,把他的社会学命名为"解释社会学"。这是一种独特的、带有鲜明的韦伯个人印记的社会学。在韦伯的语境中,"解释"一词的基本内涵是,"人类理解事物的意义并赋予其行动特定意义"。[②]在韦伯看来,社会学是一门解释性地理解社会行动,并通过这种方法阐明社会行动的过程和结果产生原因的科学。[③]韦伯认为,社会学研究的目的不是解释单个重要事件,而是通过创建和运用"理想类型"来分析和总结人们采取实际行动的"普遍规则"。[④]韦伯的终极目的是要解释社会现象,或者说,是要解释现代社会为什么会产生以及如何运行。其中,韦伯社会学研究的重点自然是社会发展过程中的经济现象。韦伯在谈及写作《经济与社会》的目的时说:"基本的想法就是研究经济发展,尤其是作为生活总体理性化之一部分的经济发展"[⑤]。

韦伯的社会学理论的逻辑起点是人的"社会行动"。即韦伯选择从分析人的"社会行动"入手来建构社会学理论体系。[⑥]需要说明的是,第一,所谓"社会行动",是指一个人在顾及他人意志的情况下而采取的行动,是人的被赋予了特定意义的社会性行动,是韦伯进行社会学分析的基本单元;第二,韦伯采用的是个体主义意义上的方法论。至少在社会学分析逻辑上,他聚焦于个体的信念与行动。韦伯认为,尽管出于认识或实践的目的,人们常常把一些集合体(如国家、军队、家族、公司、学校、联合体、基金会等)视为"个体的人",这样做也许是便利的,甚至是不可避免的,因此可以把它们视为权利和义务的主体,但是,从社会学的角度看,这些集合体只不过是对特定个人的特定行为进行组织的结果与模式。这是因为,在集合体层面,根本就不存在"能动的"集合体人格。

社会行动通常包括以下四种类型:第一,工具理性行动,即人的行动决定于对客体在环境中的表现和他人的表现的预期,行动者会把这些预期用作达到自身的理性追求和特定目的的"条件"或"手段";第二,价值理性行动,即人的行动由对社会中伦理的、美学的、宗教的或其他行为方式的价值本身的自觉信仰来决定,而与其对获得成功或达到目的的期望无关;第三,情感行动(尤其是情绪的),即人的行动由行动者在某一时间阶段的特殊感觉和情绪状态所决定;第四,传统行动(尤其是文化的),即行动由长期以来形成的根深

---

① 席西民,刘文瑞.管理理论构建者[M].北京:中国人民大学出版社,2009:150.
② 理查德·斯威德伯格.理论分析与中国经济:韦伯经济社会学实用指南[J].广西民族大学学报(哲学社会科学版),2016,(1).
③ Sociology is a science concerning itself with the interpretive understanding of social action and thereby with a causal explanation of its course and consequences.
④ 马克斯·韦伯.经济与社会(上卷)[M].林荣远译.北京:商务印书馆,1997:52.
⑤ 施寒微.韦伯与《经济与社会》[J].读书,2018,(10).
⑥ 阎克文.《经济与社会》中的多元因果[J].读书,2018,(6).

蒂固的习惯所决定。[①]在价值理性行动中，行动结果是不予考虑的；在情感行动中，不考虑的是结果和价值；而在传统行动的例子中，结果、价值和目的都不考虑。

韦伯认为，人的社会行动必须包含以下三要素：一是客观、实在、具体的行动；二是以他人（或规则）为依归；三是被赋予了某种特定的意义。其中，意义具有非常重要的作用，决定了社会行动的性质。例如，一个社会行动如果成为社会经济行动，一定是由于经济意义的作用。所谓经济意义，当然必须与人类寻求"效用"的欲望有关。[②]因此，如果想要解释人的社会行动，那么，单纯以一个旁观者的身份从外部去观察显然是不够的。换言之，我们需要站在行动者的立场上，设想他们如何看待自身行动，这样才能更好地理解他们的特定行动。即人们赋予自己行动的意义必须成为分析其行动的一部分。

韦伯通过创建和运用"理想类型"开展社会学研究，并借此表达他的社会学研究的目的。所谓"理想类型"，是指为了把一些概念表述为模式或规则，刻意把它们理想化，升华为行动及其意义的核心特征。韦伯社会学语境中的理想类型是对经验现实进行抽象的结果，已经完全不同于经验现实。换言之，理想类型是理想化的结果，在现实中并不存在。例如，韦伯语境中的官僚制度只是一种理想类型，在现实中并不存在。[③]创建和运用理想类型不仅有利于对特定现象的经验观察，而且有利于对不同理想类型的过渡与混合进行动态分析。韦伯借助于适当的类型学方法和手段，对重大历史现象进行客观分析，而不是提炼超历史的普遍性来对具体个案进行主观说明，这需要给出系统性的知识证据以满足理想类型的建构条件。在理想类型中，假定行动者充分了解正在发生的事情，非常熟悉当时情景下的所有影响因素，并能在精确计算的基础上作出理性决定。这样塑造理想类型是为了实现研究目的，即通过运用比较经验事实的方法，更好地阐释正在发生的事情。韦伯认为，创建理想类型是社会学研究的一种方法和手段，而不是目的。

3.2 韦伯核心思想

韦伯的思想体系博大精深，仿佛一座取之不尽、用之不竭的宝藏。但是，这座宝藏特别错综复杂，常常令人迷路，不知西东。一个有力的例证是，自从韦伯去世之后，学术界形成了韦伯研究的热潮，并产生了关于韦伯研究的众多观点、理论和学派。尽管韦伯并不是管理学家，但是，韦伯的思想体系中蕴含着价值连城的核心管理思想。如果我们仔细梳理并深入挖掘就可以发现，韦伯的核心管理思想与后来的许多管理思想之间存在各种关联。或者更直接地说，韦伯的核心管理思想是后来许多管理思想的源头。然而，令人遗憾的是，长期以来，这种或强或弱的关联却被人们在某种程度上有意或无意地忽略了。因此，梳理、提炼和挖掘韦伯的核心管理思想及其与后来的许多管理思想之间的关联，对认识和把握管理思想的发展历程以及未来方向，具有十分重要的意义。

---

① 马克斯·韦伯.经济与社会[M].林荣远译.北京：商务印书馆，1997：56.
② 马克斯·韦伯.新教伦理与资本主义精神[M].阎克文译.上海：上海人民出版社，2010：193.
③ 马克斯·韦伯.经济与社会[M].林荣远译.北京：商务印书馆，1997：52.

3.2.1 社会行动的驱动力量:理性化

在韦伯学术研究的整体理论脉络方面,学术界已经达成了高度一致的共识,即他的几乎全部作品,都旨在从发生学上探究西方世界之整体上的理性化进程。[①]

在韦伯的社会学理论体系中,在学术思想意义上占据支配地位的核心概念是"理性化"。这一概念反映了韦伯的研究进路中具有导向功能的核心思想,即"理性化思想"。韦伯认为,人们的社会行动是理性选择的结果,它也是现代社会之所以成为现代社会的根本原因之一。换言之,现代社会发展是理性化的多元社会行动的结果。当前社会学界关于韦伯研究的一个基本共识是,应当将关于理性化的探讨作为理解韦伯庞大思想体系的逻辑脉络的基本进路。韦伯的看似分散的经验性研究实则集中于一个统一的目的——分析和解释使得现代西方文明之所以成为现代西方文明的独特的理性主义。[②]

致力于发起韦伯理论体系重建计划的德国学者施路赫特指出:"许多学者一再强调,以理性主义或者理性化的问题作为整体观察韦伯立场的重心,乃是最恰当的研究路径。"[③]例如,塞法斯在讨论韦伯关于新教伦理的研究时指出:"唯有将《新教伦理与资本主义精神》的主题重新在理性化的概念框架中予以扩充及精确化,对韦伯的讨论才能更具有建设性,而非只是盲目的抄录引用和无谓的反复辩论。"

在韦伯看来,人的"社会行动",不论是主动的还是被动的,无一不是人的主观意图的产物,因而都是有意义的行动。但是,人的主观意图是无形的、不可观察的,因此,韦伯面临一个无可回避的问题:如何理解人的"社会行动"。用韦伯的话说就是,如何解释性理解人的"社会行动"。在《经济与社会》这部伟大著作中,韦伯选择从"理性化"这个角度切入考察,成功地解决了这个问题,天才般地建构起了他的理论大厦。

韦伯认为,从根本上说,人类历史可以被视为人的"社会行动"的持续理性化过程,即除了按照习俗、惯例和传统不假思索采取的行动之外,在所有人的所有目标和手段之间,都存在一种理性规划的因果路径。对于超越个人的组织而言,支配、法律、经济和观念系统等要素,则是主要的因果作用力,正是这些因果作用力之间的关系决定了历史运动的走向。在《经济与社会》这部皇皇巨著中,韦伯构造了一个以"理想类型"为纲领的方法论工具包,为分析这些多元因果力量的运动趋势提供了一整套复杂而有效的分析手段。

现代社会为什么会产生?韦伯的一个鲜明的观点是,现代社会的产生在于其理性化过程。韦伯认为,理性化过程是指:第一,西方社会和经济生活的性质体现了职业化的日常生活的最高水平,展现了一种独特的职业生涯以及一套特殊的权利和义务体系;第二,由这一体系构成的整个生活都从属于一种共同的评估和测量形式,即对达到具体目的所采取的最有效的技术手段进行评估;第三,理性化生活的共同要求是一种以自身特征为基础的管理体制,最恰当的管理体制就是官僚制。

---

① 金星.马克斯·韦伯思想中的自然法[M].北京:中国社会科学出版社,2011:104.
② 刘莹珠.韦伯研究中的理性化路向[J].中国青年政治学院学报,2010,(3).
③ 施路赫特.理性化与官僚化:对韦伯之研究与诠释[M].顾忠华译.桂林:广西师范大学出版社,2004:4.

韦伯在分析社会经济行为时指出:"一种经济行为的形式上的理性应该称为它在技术上可能的计算和由它真正应用的计算的程度。"①而在统治关系中,对形式理性的理解是,对个体行为在方式方法、实施过程等方面尽量进行量化处理,这样,根据个体行为在此次行动之后得到的结果,与之前个体行为目的的预测进行对比,得到相应于个体量化的任务,这个任务就是理性的表现。在韦伯的个人价值倾向中,社会秩序理性化的体现之一就是个体行动的目的,而目的又可以使个体行动的结果得到最大限度的量化,便于计算。所以,工具—目的主义反映的是理性形态中的形式理性,更贴近对现实的指导和规范。

经济行为的实质上的理性,应该是指通过一种以经济为取向的社会行为的方式,从曾经、正在或可能赖以观察的某些(不管其方式如何)价值的基本要求的立场看,允许用货物供应现存的人的群体(不管其界限如何)的程度。②即在社会经济发展进程中,政府组织的建立和进步体现了制度中的实质理性,在历史发展的过程中,新的社会环境已经使得这种理性的存在变得困难,甚至失去意义。在竞争日趋激烈的现代社会中,人们的生产和生活要进步,这种进步的前提是个体的行动效率要得到提高,社会的管理也需要进一步的科层化,以便进入一个理性化运行的轨道。

价值判断是实质理性的基础,它可以根据个体的目的和最终的结果作出价值评价,不论这些评价是否符合宗教信仰、价值取向或者宗教教义,是否符合个体习惯,是否表达出某种社会美好现象或行为等。实质理性仅仅关系到与社会有关的思想精神方面,它关注个体行为的社会影响力,而轻视个体行为所带来的直接影响,这是一种非理性的理性。在这一点上,形式理性则完全与实质理性不同,形式理性是对个体的行动目的以及行动结果进行量化,是一种十分客观的理性的表现,而实质理性的表现方式则是伦理道德理想主义。

在《比较宗教学导论》中,韦伯区分了理性主义的三种内涵:第一,理性主义是指人的一种通过计算来支配事物的能力。这种理性主义是经验、知识与技能运用的成果,是广义的科学—技术的理性主义。第二,理性主义意味着(思想层次上)意义关联的系统化,即对"意义目的"加以知性探讨和刻意升华的成果。这一份努力源自于文化人的"内心思索":人们不但要求将"世界"当作一个充满意义的宇宙来把握,更必须表明自己对此"世界"的态度。这层含义下的理性可称为形上学——伦理的理性主义。第三,理性主义也代表一种有系统、有方法的生活态度。由于它是意义关联及利害关系制度化的结果,可称为实际的理性主义。若就体系思想家之于世界图像的理性观点而言,理性主义是指以越来越精确的抽象概念为手段,越来越能理性地支配现实,这一点是在世界图像的意义上而言的。换一个观点思考,理性主义又可以是,以越来越精确的计算合适的手段为基础,有条理地达成一个特定的、既有的现实目的,再就是生活样式的理性化。

有学者认为,在关于资本主义的理论研究方面,韦伯和马克思、熊彼特、哈耶克等一

---

① 马克斯·韦伯.经济与社会[M].林荣远译.北京:商务印书馆,1997:87.
② 马克斯·韦伯.经济与社会[M].林荣远译.北京:商务印书馆,1997:106.

样，是当代做出重要贡献的经济学家。贯穿韦伯全部思想的一个重要论题就是资本主义的理性化问题。他认为，资本主义理性化是当代资本主义"首要而且最重要的问题"。在经济学上，资本主义理性化直接表现为资本主义理性的经济行为。因此，对资本主义理性经济行为的探讨，就成为韦伯经济理论研究中最关注的问题。

韦伯对理性的强调无以复加。他认为，近代西方社会经历了一场无比深刻的理性化运动，现代西方文明的一切成果都是理性化的结果：只有在理性的行为方式和思维方式的支配下，才会产生经过推理证明的数学和通过理性实验的实证自然科学，才会相应地产生理性的法律、社会行政管理体制以及理性的社会劳动组织形式——资本主义。①

例如，韦伯在研究资本主义时，把资本主义划分为三种类型：一是理性资本主义；二是政治资本主义；三是传统商业资本主义。政治资本主义和传统商业资本主义古已有之，但是，理性资本主义非常特殊，在19世纪中期才开始在欧洲出现，并逐渐传播到世界各地。导致理性资本主义产生的因素包括：理性的（长期存续的）企业、理性的会计体系、理性的科技、理性的法律、理性的精神、理性的生活方式、理性的经济伦理。可以说，理性资本主义彻底重塑了现代社会形态。

价值理性主要体现在人的社会行动的目的上。对企业家或投资者而言，合理的经济行为是以资本主义企业为主体的，以追求利润为自身目的的过程。韦伯认为，"资本主义和追求利润是同一的，而且永远要以连续的、合理的资本主义企业经营为手段获取新的利润，因为它必须如此：在一个完全资本主义的社会秩序中，不能利用机会营利的资本主义企业注定要消亡"。韦伯关于"资本主义企业"的定义是，"以获得利润为基础的，依靠永久资本、自由劳动，劳动的合理的专业化和协作，以及利用生产职能上的市场配置的这样一种合理的资本主义企业"。根据营利方式的不同，韦伯又把资本主义区分为推销商型资本主义、大规模投机家型资本主义、掠夺和海盗型资本主义以及理性资本主义。唯有理性资本主义，才是韦伯心目中资本主义发展的"理想类型"。

3.2.2 社会行动的逻辑要素：权力观

在韦伯的社会学研究的主要目标是探求社会是如何运行的，以及现代社会是如何产生和发展的。由于社会中的组织历史悠久，以及现代社会中各种类型的组织日益普遍，因此，韦伯就把关注点聚焦于社会是如何开展组织化活动的。

在考察人类社会发展历史的基础上，韦伯提出了四个重要概念：一是权力。所谓权力，是指在一种社会关系内部，如果某个行动者处于一个能够不顾他人的反对而贯彻自身意志的地位，那么他就拥有了权力，不管这种地位的基础是什么。二是支配。所谓支配，是指如果某个行动者的某项包含了明确具体内容的命令能够得到某个特定群体的服从，那么他就是在支配。三是纪律。所谓纪律，是指约束某个特定人群按照既定方式习惯地、迅速而自动服从某项命令的制度规范的总和。四是支配的组织。只有实际出现了

---

① 苏国勋.理性化及其限制——韦伯思想引论[M].上海：上海人民出版社，1988：95.

某个能够成功地对他人发布命令的人物时,才开始存在支配,这未必意味着一定要存在一个行政班子或一个组织。当然,只要一个组织的成员根据秩序的效力服从支配,那就存在一个"统治的组织"。①

韦伯认为,一个组织如果存在一个行政班子,那么它在某种程度上就始终是建立在支配基础上的组织。这种组织的性质决定于各种因素:行政模式,行政人员的品行,该组织所控制的对象,以及有效管辖的范围,等等。韦伯强调指出,在这些因素中,前两个因素特别需要依赖一个条件:支配必须具有最高程度的正当性。②

正当性是指在经验和理性两个维度上表现出来的"合法性"。就经验层面而言,正当性表现为得到全社会范围的一致认同和普遍尊重;就理性层面而言,正当性是经过道德哲学论证而取得的合法性。

韦伯认为,现代社会组织化运行的核心因素是权力,因此,他选择权力作为社会学研究的切入点。这样,权力一方面成为韦伯进入社会学理论世界开展研究的密钥,另一方面也成为人们打开韦伯创建的社会学理论体系大厦的密钥。

韦伯发现,在人类社会发展的过程中,存在三种具有合法性的权力:③一是神授权力,韦伯称之为基于超凡魅力的权力。一般说来,超凡魅力来源于某个个人的神性光环、英雄气概或独特禀性,以及人们对他所启示或创立的制度、规范、秩序、模式的膜拜和信仰。最典型的神授权力就是西方基督教教皇的权力,它来自于上帝的旨意。在领导特质理论下,具有某种特质或超凡魅力的领导就意味着拥有神授权力。在中国古代,皇帝都自称"真龙天子",表明自己坐天下,具有神授权力。尤其是开国皇帝在打天下时,都会为自己披上正当性的外衣,声称自己具有神授权力。例如,汉朝开国皇帝刘邦编造"斩蛇起义"的故事,就是为了宣示"君权神授"。秦末陈胜、吴广起义时,为了让大家服从命令,跟随造反,也在暗中做了许多装神弄鬼的事。例如,吴广就曾在夜里模仿狐狸叫"陈胜王"。

二是世袭权力,韦伯称之为基于传统的权力。一般说来,世袭权力来源于古老传统的神圣性,以及人们对传统规制授予统治者权力的合法性的遵从和忠诚。世袭是古代爵位、官职的一种传承制度。具体而言,世袭是指将某种特定权力保持在某个具有血缘关系的家族世代中。例如,在周王朝时代,中国实行世卿世禄的制度,上至天子、诸侯,下至公卿、大夫、士,他们的爵位、封邑、官职、俸禄都是父子相承的。自秦王朝以后,皇帝驾崩后,太子即位,成为新的皇帝,就获得了皇权。在现代,世界上一些国家仍然实行王位世袭的政治制度,即国家王位由一个家族的成员世代承袭,如欧洲的英国、亚洲的泰国、中东的沙特等。

三是法定权力,韦伯称之为基于理性的权力。一般说来,法定权力来源于人们对既定的组织运作规则和个体行为规则的合法性的信仰,以及对组织授予统治者根据规则发

---

① 马克斯·韦伯.经济与社会(第一卷)[M].阎克文译.上海:上海人民出版社,2010:147—148.
② 马克斯·韦伯.经济与社会(第一卷)[M].阎克文译.上海:上海人民出版社,2010:148.
③ 马克斯·韦伯.经济与社会[M].林荣远译.北京:商务印书馆,1997:241.

号施令的权力的信仰。例如,在政府、大学、医院以及企业组织中,经过选举产生并获得任命的正式权力。权力转化为权力是一个重要的过程,因为它涉及社会控制的结构化问题。例如,在上下级关系中,下级组织成员事实上拥有大量的权力,如果他们拒绝接受上级的指示,那么,上级将很难推动组织运作和制度执行。同时,下级一般具有上级可能不具备的关于工作过程的专门知识和信息渠道。韦伯强调在权力实施中的合法性的批判作用,通过把权力转化为权力,影响的实施也以一种奥妙但重要的方式转换了。①

韦伯最主要的研究兴趣是现代社会的合理化问题。韦伯认为,只有基于法定权力的组织才能持续、稳定、健康地运行。在现代社会,人们需要提高组织活动的效率,包括政府、学校、医院、企业、军队等各种类型的组织。由于现代组织运行的多样性、动态性、复杂性,提高效率往往是一项非常困难的工作,这就要求实行专家治理,即让具有相应知识的人通过选举,获得任命,从而拥有法定权力。韦伯强调,法定权力只与职位有关,而与人无关。换言之,只要一个人获得了一定的职位,那就拥有了该职位所拥有的权力。这样,要使现代社会中的组织有效运行,就需要选举具有相应知识的人,让他拥有权力,才能提高组织活动的效率。这样的组织才是理性化组织,这样的社会才是理性化社会。

3.2.3 社会行动的最优载体:官僚制

"官僚制"是一个中性词汇,其英文为"bureaucrat institutions",有时也译为"科层制",是现代社会的主要组织形式。尽管韦伯没有给出关于官僚制的明确定义,但是,从韦伯的著作中可以作出如下判断:第一,官僚制是指适应现代工业文明社会理性化倾向需要的,具有专业性、综合性的分层级、分职能的一种统治与管理体制;第二,在契约和产权制度化了的社会中,一切法人组织都只能选择官僚制;第三,它是由现代社会许多组织形态的共同因素构成的一个抽象概念,是韦伯"理想类型"方法最成功的运用。

韦伯认为,作为一种现代组织,"官僚制"具有相当鲜明的特征:一是实行劳动分工,以便于在提高专业化分工协作水平的同时,明确划分每个专业岗位的权力和责任,从而提高劳动效率;二是确定管理层级,设计管理职位,赋予管理权力,设定管理职能;三是建立选拔制度,使所有员工能够通过正式考试、教育或者培训获得技术资质;四是澄清职业定位,即通过从事专业工作而不是政治工作来获得固定薪酬,并且在各自的专业领域追求"职业发展";五是制定控制规则,使所有员工都能遵守与其工作有关的规章制度,并服从工作过程中的控制措施;六是明确非个人化,即所有管理职位都拥有相应的管理权力和管理职能,与任何个人都无关,所有规则以及其他控制措施也毫无例外地适用于所有人。②

韦伯认为,官僚制的终极目的在于,通过理性的、系统的、持续的行政管理,保证组织实现自己的宗旨,从而避免组织被社会固有的秩序排斥。因此,官僚制是紧紧围绕一套

---

① 杰弗瑞·普费弗.认识决策中权力的作用[A].竹立家、李登祥等编译.国外组织理论精选[C].北京:中共中央党校出版社,1997:239.
② 丹尼尔·雷恩,阿瑟·贝德安.管理思想史[M].孙健敏等译.北京:中国人民大学出版社,2012:173.

价值规范构建的。其核心要素包括：一是效率，即在一定成本的前提下实现最大化目标，或在特定目标的前提下追求成本最小化；二是效果，即实现机构利益或官僚职业团体利益的累积性增长；三是工具——价值取向的理性，即手段和目的的确定必须是和平的，能体现相应的责任和道德规范；四是服从，即整体上要求各个职位的人在专业职能活动中排除各种纯粹的个人情感，全心全意服务于系统的运行。

官僚制的优势在工业领域体现得最为充分而显著。对工业领域的官僚制而言，其理性的最终目标是使资本主义国家的工业化得到最充分的发展、工业组织通过合理的制度得到最顺畅的运行。对一个不断递进的现代社会而言，只有选择以工具—目标理性化为取向，讲究效率与功利的官僚体制，才能有秩序地配置社会资源为社会的全面运行提供最佳转轴。以日本为例，日本的整个现代化和工业化的过程，是在高级文官制度模式下出现的……日本在经济领域进行领导工作时已经表现出充分而典型的官僚化特征。只有研究日本的这一具有特色的官僚集团才能找到日本经济飞跃的全面答案。[①]

在西方社会理性文化发展的历史进程中，官僚制超越了以往任何重大技术进步，成为现代西方社会文明的主要载体，甚至官僚制本身也是现代西方社会文明的重要组成部分。[②]官僚制是西方国家最主要、最突出的部分，西方社会组织的现代形态的发展都是和官僚制的建立与持续发展相一致的。[③]正如丹尼尔·雷恩指出的，我们认为理所当然的所有文明成果，包括现代科技、现代医疗、现代工商业等，都是建立在官僚制的基础上。从这个意义上讲，韦伯的观点已经非常成功地经受了时间的检验。[④]

在韦伯看来，官僚制是最现代、最有效率的组织形式。韦伯指出："普遍来说，经验总是表明实行纯粹官僚制度的行政组织——也就是说，各种独裁式的官僚机构——从一种纯粹技术的视角来看，能够获得最高程度的效率，而且从这个角度来说，是已知的对人实行必要控制的最理性方法。在精确性、稳定性、可靠性以及纪律的严格程度等方面，它比其他任何形式都要更胜一筹。因此，它使组织的领导人以及与组织有关的所有人都可能对结果作出尤其精确的计算。归根结底，与其他类型的组织相比，官僚制组织在集约效率和活动范围方面都要更胜一筹，而且能够正式应用于所有类型的行政管理任务。"[⑤]

丹尼尔·雷恩认为，官僚制度的出现是为了反对以前的各种无知识的、非理性的统治体系，如君主制和独裁制。在官僚制大规模出现之前的统治体系中，人们必须无条件地屈从于统治者反复无常的主观意志以及冷酷无情的控制手段，人们的生命和财产完全取决于统治者的生杀予夺，唯一的法律就是统治者自己的意愿。沃伦·本尼斯认为，官僚制的贡献就在于，"举起了理性和逻辑的旗帜，批判和否定了产业革命初期的个人专

---

① 秦邦彦.日本官僚制研究[M].北京：三联书店，1991：1.
② 雷蒙·阿隆.社会学主要思潮[M].葛智强等译.上海：上海译文出版社，1989：594.
③ 安东尼·奥罗姆.政治社会学[M].张华青，孙嘉明等译.上海：上海人民出版社，1989：70.
④ 丹尼尔·雷恩，阿瑟·贝德安.管理思想史[M].孙健敏等译.北京：中国人民大学出版社，2012：176.
⑤ 丹尼尔·雷恩，阿瑟·贝德安.管理思想史[M].孙健敏等译.北京：中国人民大学出版社，2012：173.

断、裙带关系、主观武断和感情用事进行行政管理的做法"①。

韦伯预言,20世纪的人类将进入官僚制占据主导地位的时代,作为一种普遍的组织形式,官僚制将渗入一切社会组织,教会和国家是这样,军队、政党、经济实体、利益集团、基金会和俱乐部等其他组织也是这样。韦伯断言:"在行政管理领域,要么采用官僚制度,要么就是外行当道,此外别无选择。"②这意味着,官僚制已经成为现代社会的世界性命运。韦伯强调,任何理性的社会将不得不采取并加强官僚制的管理,因为理性化的社会必须追求效率和维持劳动纪律,因此,社会管理组织趋向官僚制是不可避免的。

韦伯对官僚制理论中"理性"的阐述不是出自偶然的因素,它产生的基础是大陆系政治哲学的传统,例如早期的德国古典哲学时期,黑格尔认为,官僚制作为一种社会制度成为联系政府和社会之间的纽带,政府和社会作为相互独立的一种社会存在,依靠的是存在于官僚体制中的某种关系,这种关系是政府和社会都具有的,由于这种状态的相互作用和存在,才使政府和社会从一个分裂的状态中整合,变成一个稳定的整体并发展成一定的有机整体。黑格尔对官僚体系这一现实的界定,从社会历史的角度为官僚制度存在的理性提供了理论基础,以此,韦伯在论述官僚制度在现实社会的运行中具备的理性方面就更加游刃有余,官僚制度在政府工作的进行中也有很深的借鉴意义,更加论证了官僚制在社会发展中存在着必然的理性。

3.3 韦伯理性化管理思想

尽管韦伯是一个有着巨大影响和崇高地位的社会学家,然而,韦伯并不是一个管理学家,甚至对管理都没有进行过专门的研究。对管理学而言,韦伯可谓"圈外的大师"。一般地说,韦伯之所以被拉入管理学家的"圈子",是因为他在官僚制组织方面所取得的研究成果。丹尼尔·雷恩认为,韦伯的主要贡献就是勾画出了"官僚制"的主要特征。③在《管理思想史》中,丹尼尔·雷恩在介绍韦伯的管理思想时,仅仅介绍了韦伯关于官僚组织的研究成果。孙耀君也认为,韦伯在管理领域的最大贡献是提出了"理想的行政组织体系理论"。④因此,韦伯关于官僚组织的研究成果无争议地成为现代管理学的重要组成部分,韦伯也因此被赞誉为"组织理论之父"。

其实,韦伯对管理理论与实践的贡献除了提出"理想的行政组织体系理论"外,更卓越的贡献是他的理性化管理思想。尽管现在任何一本"管理学"著作、任何一本"西方管理思想史"都不能不提到韦伯的著作和观点,但是,韦伯的理性化管理思想却被长期而普遍地忽略了。实际上,韦伯的理性化管理思想才是蕴含于他的卷帙浩繁的著作中真正关于管理(而不是组织)的思想,也是管理思想史上最宝贵的思想财富之一。虽然几乎没有

---

① 沃伦·本尼斯.组织发展与官僚制的命运[A].孙耀君.西方管理学名著提要.南昌:江西人民出版社,1992:279.
② 安东尼·奥罗姆.政治社会学[M].张华青、孙嘉明等译.上海:上海人民出版社,1989:71.
③ 丹尼尔·雷恩,阿瑟·贝德安.管理思想史[M].孙健敏等译.北京:中国人民大学出版社,2012:173.
④ 孙耀君.西方管理思想史[M].太原:山西人民出版社,1987:177.

管理学者提到韦伯对自己研究的影响，但是，我们可以发现，韦伯的理性化管理思想是后续很多管理理论学派的思想源头。如此看来，马克斯·韦伯的确配得上与弗雷德里克·泰勒、亨利·法约尔一起并称古典管理理论的三大创始人。

3.3.1 韦伯对管理思想的最大贡献

首先需要强调的是，人们常常把韦伯与弗雷德里克·泰勒、亨利·法约尔相提并论，并将他们的管理理论称为古典管理理论，这当然是可以的，但也不是没有问题。其中一个问题是，韦伯并没有创建管理理论，当然，韦伯的著作和学说中蕴含了极具价值的管理思想，这是毋庸置疑的。也许有人认为，韦伯关于官僚制的研究成果就属于古典管理理论。但是，应当指出，严格来讲，官僚制属于组织理论的内容。组织理论与管理理论尽管有重合，但还是有很大区别的。充其量，韦伯关于官僚组织的研究成果是管理理论的组成部分，但绝不等于管理理论本身。

在关于韦伯管理思想的种种观点中，最大的问题还在于，人们常把韦伯与泰勒和法约尔并称为"效率主义大师"，即追求效率最大化。[①]尤其是韦伯的"理性化思想"，也容易加深人们这样的理解。这是因为，"理性"通常是与"效率最大化"联系在一起的。实际上，这样的认识是极其片面的，至少忽略了韦伯理性化思想的两个重要方面：第一，韦伯非常强调目的，即人们追求效率是为了达到特定目的；第二，韦伯非常强调人的因素，甚至可以说，韦伯对人的强调无以复加，他的"非人格化"观点绝非不重视人，而是相反。例如，韦伯就认为，资本家采取低工资制来提高利润的方法是效力有限的。[②]

关于官僚制的研究成果是韦伯对组织理论的重要贡献，组织理论也确实是现代管理学的重要组成部分。因此，如果说韦伯对管理理论做出了巨大贡献是不会有任何争议的。但是，关于官僚制和权力的观点，只是韦伯的社会学研究成果。从管理学的角度看，它们只是韦伯管理思想的反映，但不是管理思想本身。

我们需要挖掘和提炼韦伯的管理思想，这样才能真正认识韦伯对管理思想的最大贡献。实际上，"理想的行政组织体系理论"并不是韦伯的管理思想，提出"理想的行政组织体系理论"也不是他对管理思想发展的最大贡献，而驱动他提出"理想的行政组织体系理论"的"理性化管理思想"才是韦伯的核心管理思想，才是韦伯对管理思想发展做出的最大贡献。尽管韦伯并没有关于管理学研究的专业论著，但他的学术成果对管理学产生了巨大的影响。在他的广博精深的社会学理论体系中，蕴含了堪称"内核"的"理性化思想"，并在组织管理、社会管理领域形成了具有极高现代价值的"理性化管理思想"。

理解韦伯的管理思想，还是应该从管理的本质和内涵出发，这样才能认识韦伯管理思想的理论意义和应用价值，才能认识韦伯对管理思想发展所做出的巨大贡献。否则，

---

① 许多关于管理思想的书籍都把泰勒、法约尔、韦伯并称为效率主义大师，指责他们忽略人，甚至攻击他们以压抑人性为代价提高效率，并认为从霍桑实验、人际关系学派诞生以后，管理研究者才开始重视人，进而提出"社会人假设"。其实，这样的指责和攻击是片面的，甚至可以说是错误的。

② 马克斯·韦伯.新教伦理与资本主义精神[M].阎克文译.上海：上海人民出版社，2010：191.

一方面,会导致我们讨论的可能并不是韦伯关于"管理"的思想;另一方面,会导致我们纠缠于韦伯管理思想的外在表现,而忽略了韦伯管理思想的精神实质。

从一般意义上说,管理活动自古有之,它是人类的一种基本活动,正如彼得·德鲁克所说的"管理是一种实践"。作为人类的一种实践活动,管理与人类的其他实践活动的区别主要表现在以下三方面:第一,管理的内涵是"让人做事并取得成果",简言之,即"做成事";第二,管理的本质是"创造",包含以下两种情况:一是创造原来不存在的新事物,二是使已经存在的事物"境况更佳";第三,管理的特征是系统化,即在资源投入、加工转换、成果产出之间构成一个可预期、能持续、有成效的有机运作系统。只有从这个基本的管理概念出发,我们才能真正理解和把握韦伯的管理思想。

3.3.2 通过明确目的引领人的行为

从研究目的看,韦伯致力于构建一个庞大的社会学理论大厦,试图解释现代社会是如何产生和运行的,或者说,现代社会为什么会成为今天这样的现代社会。[①]韦伯是以人的"社会行动"为社会学研究的逻辑起点和基本单元来分析现代社会的产生和运行。根据韦伯社会学思想中的多元因果论,西方世界整体上的"理性化"是由各个有机组成部分,在各自的理性化过程中相互影响、相互作用而产生的结果。具体而言,西方世界整体上的"理性化"是由理性的宗教、理性的支配、理性的法律、理性的资本主义等"协力"创造的结果。[②]其中,理性的宗教、理性的支配、理性的法律、理性的资本主义,都是指向"人"的。这是因为,离开了"人"也就无所谓"理性"了。因此,在微观层面,理性的人的社会行动是西方世界整体上的"理性化"的最基本的要素。

人的社会行动中包含了价值理性行动,即人的行动由对社会中道德的、美学的、宗教的或其他行为方式的价值本身的自觉信仰来决定,而与其对获得成功或达到目的的期望无关。[③]在韦伯的社会学思想中,贯穿始终的是价值优先原则。因此,在韦伯看来,价值理性比工具理性具有优先级作用,工具理性是为价值理性服务的。换言之,人们选择什么样的行动目的首先是由人的价值理性而不是人的工具理性决定的。事实上,人的"社会行动",不论是主动的还是被动的,无一不是人的主观意图的产物。

以理性的宗教为例。所谓宗教,是指一种以意识形态为核心的社会文化现象,主要表现为信徒们具有特定内容和普遍形式的思想信仰。韦伯认为,所有宗教都是理性的。在欧洲的新教中,有两个关键词,一是"天职",二是"禁欲"。这两个关键词所表达的意义是,每个人都承担了上帝赋予的"天职",即工作,或者说尽己所能地工作。任何人都必须努力地工作,发挥自己的聪明才智,创造财富;在获得了财富之后,每个人都必须"禁欲",即不能贪图超过基本生活必需的享受,而应将满足基本生活必需之外的金钱用于新的财富创造的过程。总之,"一切均为上帝增加荣耀"。

---

① 韦伯也把他的社会学称为"解释社会学"。
② 金星.马克斯·韦伯思想中的自然法[M].北京:中国社会科学出版社,2011:104.
③ 马克斯·韦伯.经济与社会[M].林荣远译.北京:商务印书馆,1997:56.

马丁·路德发起的宗教改革之所以取得成功，是因为与"旧教"相比，新教更具有积极意义和现实意义。积极意义是指，世俗之人无需向后看——因为人生而有罪，所以必须不断忏悔以赎罪，而是可以向前看——人并非生而有罪，而是承担了"天职"即工作，所以，每个人都可以通过尽己所能地工作而成为"上帝的选民"。现实意义是指，世俗之人并非只有"斋戒""禁欲""祈祷""忏悔"才能称为奉教修行，实际上，每个人做好自己的日常工作就是在履行"天职"。这样，通过日常工作创造财富，"为上帝增加荣耀"，就成为人们世俗生活中的崇高目的，这个目的不是为了获得满足基本生活必需之外的享受，而是为了履行"天职"。简言之，工作成为人生的目的。韦伯认为，人们对新教伦理的这种理解，将"天职论"发展成一种以财富创造为导向的资本主义精神。①

再以理性的资本主义为例。韦伯认为，在理想类型意义上的资本主义是理性的。然而，在人们的世俗观念中，"贪婪""放纵""掠夺""不择手段"往往被视为资本主义的代名词。实际上，对财富或利润的欲望——不管实现这种欲望的可能性如何，普遍存在于任何时代、任何国家、任何类型和条件下的每个人身上。换言之，这种欲望并不是只产生于资本主义。需要强调的是，对财富或利润的无限贪婪和无情掠夺，根本就不是资本主义的特征。相反，资本主义更多的是对非理性欲望的一种抑制。

韦伯认为，资本主义的理性化是当代资本主义世界的"生死攸关的问题"。根据营利方式的不同，韦伯把资本主义划分为推销商型资本主义、大规模投机家型资本主义、掠夺和海盗型资本主义和理性资本主义。显然，只有理性资本主义，才是韦伯心目中的资本主义的"理想类型"。为什么？因为理性资本主义才有利于自身的可持续发展。利润当然是重要的，资本主义和追求利润是同一的，而且永远要以连续的、理性的资本主义企业经营为手段来获取新的利润。因为它必须这样：在一种完全资本主义的社会秩序中，不能利用营利机会的资本主义企业注定要消亡。②

追求利润是资本主义的应有之义。但是，理性资本主义在经营方式上只采取"和平"的营利方式，也就是采取以"资本主义精神"为基础的经营方式来获取利润。本杰明·富兰克林将资本主义精神概括为：珍惜时间、讲究信用、利用商机、勤劳、节俭、守时、公正、谨慎、诚实等。一言以蔽之，"赚钱"，如果再明确一点就是"以钱生钱"。当然，理性资本主义是通过"理性"的手段来"赚钱"。所谓"理性"的手段，是指利用先进实用的科学技术、严谨可靠的生产计划、严密精确的核算方式、系统柔性的管理模式等。简言之，追求利润，而且是"理性"地追求利润，才能实现资本主义自身的长期生存和发展，这才是理性资本主义的目的。理性的目的决定了理性的手段。如果一味贪婪地攫取利润，反而会使资本主义走向灭亡，正所谓"贪婪导致毁灭"。

如前所述，韦伯以人的社会行动为他的社会学研究的逻辑起点和基本单元。从人的社会行动意义上说，理性问题不是单纯的意识问题，就其根本而言，是人的存在问题、人

---

① 马克斯·韦伯.新教伦理与资本主义精神[M].阎克文译.上海：上海人民出版社，2010：181.
② 马克斯·韦伯.新教伦理与资本主义精神[M].阎克文译.上海：上海人民出版社，2010：186.

的生存问题。① 韦伯通过研究德国的崛起和衰落过程发现,铁血宰相俾斯麦对于德国的崛起居功至伟,不过,也正是由于他的专制独裁、独断专行,使得德国的中产阶级普遍表现得"政治不成熟",因而没有发展成真正的资本主义,这正是德国后来陨落的重要原因之一。因此,韦伯强调,一个国家的国民也要成熟,能够判断自己国家的真正利益所在,才能使其社会行动"理性化"。这里,韦伯再次表明了价值理性对工具理性的决定作用。

韦伯的这一观点具有极其重要的管理学意义,是韦伯管理思想的重要内容,对管理思想的发展产生了巨大而深远的影响。彼得·德鲁克被尊崇为"管理学宗师",人们普遍赞誉他的第一本管理学著作《公司的概念》把管理开创为一门具有完整知识体系的学科和一个有待于深入研究的专业领域。但是,德鲁克自认为,他在《公司的概念》中的最重要贡献是把组织确立为一个独立的实体,把对组织的研究确立为一门学科。② 德鲁克在该书中强调,任何组织都不以自身为目的,企业的目的存在于企业之外、社会之中。因此,企业承担了"社会责任"——实现存在于社会之中的目的,这个目的决定了企业的经营行为。

彼得·德鲁克的观点得到了吉姆·柯林斯和杰里·波拉斯的研究成果的支持。柯林斯和波拉斯研究发现,只有那些"愿景型企业"(visionary company)才能"基业长青"。③ 所谓愿景型企业,是指那些具有超越利润的核心价值追求,并能制定激动人心的宏伟远大目标的企业。柯林斯和波拉斯还用中国的"阴阳鱼图"来说明"核心价值追求"与"宏伟远大目标"之间的关系:前者是长期不变、方向性、永恒追求但永远无法实现的目的,后者是阶段变化、标准性、可以衡量且能够具体实现的内容,前者对后者具有指导作用。柯林斯和波拉斯强调,企业应当制定宏伟远大目标,这是促进企业发展的有力手段。不过,柯林斯和波拉斯指出,并非愿景型企业就可以追求所有的宏伟远大目标。更加重要的问题是:这种宏伟远大目标符合企业的核心价值理念吗?因此,管理者绝不能被目标所牵引、所误导,目标应该是目的导向下的目标,是为了有利于追求目的而设计出来的。

随着市场竞争的日益激烈,产品技术的快速迭代,企业战略被认为是企业长期生存和发展的决定性因素,是关于企业经营的长远性、方向性、动态性的整体指导思想。尽管人们已普遍认识到企业战略的重要作用,但对战略概念还存在持久、广泛的争议。加里·哈梅尔和普拉哈拉德强调,企业战略不是使企业"适应环境变化"。他们认为,企业战略在本质上应该是一种"战略意图",即企业热切期望获得宏伟愿景和领先地位。战略意图不会因为时间的变化而变化,更不会因为遭受暂时的挫折而改变;它能够凝聚人心、鼓舞士气,指引企业跨越障碍、克服困难,最终达成共同愿景;它要求企业面向未来,寻求发展机会,而不是着眼现在,解决当前的急迫问题;它要求企业进行系统的、有计划的、有组织的变革以实现战略意图,而不是"病急乱投医"或"头痛医头,脚痛医脚";尤其需要强调的是,战略意图并不是在企业内部资源与外部环境机会之间建立"动态匹配关系",而

---

① 庞立生.理性的生存论意蕴[M].北京:中国社会科学出版社,2009:17.
② 彼得·德鲁克.公司的概念[M].罗汉等译.上海:上海人民出版社,上海社会科学院出版社,2002:前言.
③ 詹姆斯·柯林斯,杰里·波拉斯.基业长青[M].真如译.北京:中信出版社,2002:5.

是通过杠杆式资源利用、战略性资源外取、生态型商业系统构建等战略行动,实现企业战略意图。

韦伯对价值理性的强调与其他管理学大师的观点在本质上是一致的。弗雷德里克·泰勒的科学管理原理是为管理目的——实现财富最大化服务的。[①]即,效果决定效率,而效率服务效果。因此,绝不能把泰勒的科学管理理解为提高效率,否则,这将是对泰勒管理思想的最严重误解。切斯特·巴纳德把组织定义为"人们之间一种有意识的、谨慎的、有目的的协作体系",并把组织的环境因素分为两大类,一类是目的,另一类是除目的以外的所有客观因素,包括物质因素、社会因素和其他影响因素。[②]切斯特·巴纳德把目的从影响决策的若干环境因素中抽取出来,与所有其他环境因素并列,由此可见"目的"在切斯特·巴纳德心目中的绝对重要性。赫伯特·西蒙与韦伯一样,也是以"人的行为"为起点开展他的决策研究的。他认为,"大量行为,尤其是个人在管理型组织内部的行为,都是有目的的。这种目的性会导致行为模式的整合。没有目的性的管理将毫无意义,因为如果说管理是设法让团队成员'完成任务'的方法,那目的就是决定应该完成什么任务的主要准则"[③]。

3.3.3 通过整合系统提高运作效率

随着人类社会的发展、人类文明的进步,人类的组织化行为越来越普遍且越来越复杂。尤其是随着科学技术的快速发展、劳动分工与协作水平的不断提高、资本力量的迅猛崛起,知识在人类活动中的重要性日益突显,以及知识在社会中分布越来越广泛,现代社会运行对效果和效率的要求显著提高。在这种背景下,现代官僚组织应运而生。

在人类历史上,官僚制其实早就出现了。例如,中国自魏晋时期就有官僚制的雏形,至隋朝就已经相当健全,令人惊叹。但是,这种官僚制产生于专制政体的框架内,其权威的终极来源是世袭权威,其运行是为了服务于王朝最高统治者的主观目的,属于古代官僚制。韦伯语境下的官僚制产生于民主政体的框架内,其权威的终极来源是法定权威,其运行则是为了服务于经济社会发展的客观目的,属于现代官僚制。

韦伯在考察了他所在时代的典型国家政体制度后认为,只有在西方才存在理性的国家。韦伯的理性化是一个系统意义的概念。理性国家存在的基础是专业官僚制度和理性法律制度。专业官僚制度是在打破家族、宗亲团体制度的基础上建立起来的,而理性法律制度是在打破王室、教会权威结构的基础上建立起来的。理性国家是资本主义产生和发展的最重要的环境因素。换言之,现代资本主义只有在西方才能产生和发展。

现代资本主义的主要特征是,把技术、资本、劳动等要素严密地组织起来以获得预期的产出。一方面,这需要构建一个包含特定技术、资本、劳动的投入产出系统,在投入特定的资源后,能够得到预期的产出,并以此为基础进入下一轮的投入产出过程。另一方

---

① 弗雷德里克·泰勒.科学管理原理[M].马风才译.北京:机械工业出版社,2007:3.
② 切斯特·巴纳德.经理人员的职能[M].孙耀君等译.北京:中国社会科学出版社,1997:146.
③ 赫伯特·西蒙.管理行为[M].詹正茂译.北京:机械工业出版社,2004:3.

面,这种投入产出系统需要在一个更大的理性化系统中运行,才能产生预期的良好结果。在这种情况下,大规模、大范围的经济活动要求提高国家行政管理的效果和效率,从而催生了知识化、专业化、系统化、理性化现代官僚制度。

于是,在整个国家层面,官僚组织就成为一个现代社会理性化进程中的理性选择的必然结果。正如赫伯特·马尔库塞指出的,"西方特有的理性观念在一个物质和精神的文化(经济、技术、生活行为、科学、艺术)系统中实现自身,而这个文化系统在工业资本主义中得到了全面发展。这个系统旨在实现一种特殊的统治类型,这种统治已经成为现阶段的命运,这就是总体官僚政治"①。

官僚组织是20世纪社会科学最引人注目的前沿问题。众所周知,韦伯语境中的官僚组织以法定权威为基础。韦伯认为,这种以法定权威为基础的官僚组织,要比以其他类型的权威为基础的组织更加具有系统性、连续性、动态性、严谨性、准确性、可靠性等特征,可以完全消除个人化的、非理性的、不易预见的感情因素或其他因素的影响。因此,官僚制被广泛应用于社会运行过程中:不仅在国家层面采用,也在企业组织层面采用;不仅在企业组织中采用,也在其他类型的组织中采用,如学校、医院、军队等。

韦伯的官僚制理论是开创性的研究成果,具有极高的理论价值和实践价值。与法约尔的著作一样,韦伯的著作也在沉寂了一段时间后,被人们重新发掘出了巨大的价值。韦伯的理性化管理思想激发了大量对管理过程的研究,并取得了许多重要的成果,因而堪称管理思想演变过程中的一个里程碑。尤其是韦伯对官僚制理论研究做出了杰出的贡献,被尊称为"组织理论之父"。韦伯理想中的官僚制并不在于专业化,而在于系统化,这才是官僚制能够实现效率最大化运行的根本原因。

另外,人们总是把官僚组织理论研究成果视为韦伯最重要的贡献,却忽略了在韦伯的社会学语境中,官僚组织之所以得到广泛接受和普遍采用,是因为官僚组织更有利于实现社会运行理性化的目的。换言之,实现社会理性化运行的目的才是官僚组织被采用的根本原因。这再次表明,价值理性决定工具理性,工具理性服务价值理性。

进一步说,在理论研究和实践探索中,人们自觉或不自觉地受功利法则指引,往往重视工具理性甚于价值理性,甚至忽略了价值理性,导致常常犯的一个错误就是,关注"是什么"而不关注"为什么"。具体到韦伯的管理思想方面,人们往往"只见其一,不见其二"。遗憾的是,这种情况在管理理论研究领域并不鲜见。

因此,我们在讨论韦伯的官僚理论时,不应该局限于官僚组织本身,而应该在社会运行理性化的背景下来看待官僚组织。在韦伯的理想中,社会运行应该是理性化的,这就要求各个层级的组织,如国家、企业等也应该是理性化的。正是在这样一个理想中,韦伯希望各类组织在最高效率意义上运行,而这只有现代官僚组织才能实现。这是因为,现代官僚组织是一种建立在专业知识、严明纪律等基础上的整合系统(亦称"集成系统")。换言之,要实现社会运行理性化,就必须采用组织的理想类型——官僚制。

---

① 赫伯特·马尔库塞.现代文明与人的困境[M].李小兵等译.上海:上海三联书店,1989:78.

根据韦伯的观点,"法理型统治的最纯粹的执行方式,是通过一个官僚制的管理梯队"①。而由官僚制所实施的统治的最显著的特点,就在于它对理性的、可计算的专业知识的高度依赖。换言之,官僚制统治的优势也就在于其纯粹技术与专业知识上的优越性:"精准、迅速、明确、灵敏、熟悉档案、持续、谨慎、统一、严格服从、防止摩擦,以及物资与人员费用的节省,所有这些在严格的官僚制统治里达到最理想的状态"②。

由此看来,关于官僚组织的研究确实是韦伯的重要贡献,或者还应该加上关于权力分类的研究成果。但是,韦伯的社会学研究目的并不在于此,而在于通过采用官僚组织实现社会运行理性化。即官僚组织、法定权威只是他的理性化管理思想的题中应有之义。换言之,官僚组织只是韦伯研究的对象,韦伯真正关心的是什么样的官僚组织能够实现社会运行理性化的目的,这是官僚组织被接受和采用的根本原因。

有人因此批评韦伯将官僚制太过于理想化了,忽略了官僚制内在的冲突,以及人们在官僚组织中犹如身处"铁笼",牺牲了人格和尊严,最终也损害了民主和自由的价值。这种批评一直存在,并具有很大的迷惑性。这些批评者往往是从经验事实出发,指责韦伯的官僚制严重偏离客观世界。实际上,这类批评是不负责任的,对韦伯也是不公平的。因为他们根本没有理解韦伯的社会学研究方法,因而产生了对韦伯官僚制思想的严重曲解。

如前所述,韦伯语境中的官僚组织是一种"理想类型",是"法理型统治"这种理想类型中最纯粹的统治形式,秉承了"法理型统治"的形式理性。在"法理型统治"中,只有理想意义上的官僚组织才能达到效率最大化的目标,而其他任何类型的组织都是非理性的,因为它们无法实现效率最大化的目标。

韦伯指出:"如果我们单纯从技术角度来看,所有经验无一例外地显示出,只有行政组织中纯粹的官僚主义样式——官僚机制的独裁变种——才有可能达到最高效率,而且也是据我们所知能够严格控制人们的最为合理的形式。它较之任何形式都更为精确、稳定、纪律严明和可靠,而且对组织领导和其他相关人员来说,结果的可测算性大大提高。因此,这种样式的优越性不仅体现于它的效率之高,而且还体现于它运行的规模之大;它也因此可以完成所有类型的管理工作。"③

还有人指责官僚制中的"非人格化"特征,并认为韦伯的官僚制中没有体现出人的地位,是对人的极度漠视。实际恰恰相反,韦伯语境中的官僚组织是一种理想类型,它的运行是理性化的,或者说是效率最大化的,因而对人的要求也是达到最高标准的。如果没有人的理性化,就不可能出现真正的非人格化管理。这是因为,非人格化管理必须排除个人化的、非理性的、不易预见的感情因素或其他因素的影响。也只有如此,才能得到最优的结果。例如,只有水平高超的篮球运动员才能按照精妙的战术要求,在场上打出炉火纯青、丝丝入扣的战术配合。同样,在官僚制组织中,只有充分理性的人才能达到"非人格化"运行的状态。相反,任何非充分理性的人都会影响官僚组织的运行效率。

---

① 马克斯·韦伯.经济与历史:支配的类型[M].康乐等译.桂林:广西师范大学出版社,2004:312.
② 马克斯·韦伯.支配社会学[M].康乐,简惠美译.桂林:广西师范大学出版社,2004:45.
③ 斯图尔特·克雷纳.管理必读50种[M].覃果等译.海口:海南出版社,1999:269.

另外,非人格化管理还需要排除管理者在管理过程中可能发生的个人价值理念和价值判断对管理活动的影响,尤其要抛弃感情、习惯等因素对个人价值的影响,而必须建立起理性信仰体系。韦伯指出,影响个人价值的理性信仰体系会使个体完全接受并服从上级的命令,这种理性信仰体系就是它继承和存在的合法性,具有这种合法性的个体就不再是单纯的个体,而是作为官僚组织的一个必不可少的零件,发挥其重要的作用,无数个这样的个体就组成了一个具有凝聚力和执行力的、运作效率最大化的官僚组织。

韦伯关于官僚制的研究产生了广泛而深远的影响。巴纳德就读过韦伯关于行政组织理论的德文版原著。韦伯的官僚制理论成为巴纳德对正式组织进行分析的理论基础的一部分,以便设计出一种易于达到一个组织的目标的典型结构,恰当地处理权力和活动之间的相互关系。①丹尼尔·雷恩认为,"韦伯是对组织结构进行正式分析的明智的前辈。他想设计一个有关权力和活动之间的关系的有助于实现组织目标的结构蓝图"。今天,所有的"管理学"教科书都不能不提到韦伯的官僚制,并把韦伯称为"组织理论之父"。当然,他的官僚制背后的管理思想才是具有永不磨灭的巨大价值的宝贵财富。

总之,韦伯的官僚制体现了他的"通过整合系统提高运行效率,以实现社会运行最优化"的管理思想,因此,我们不能孤立地、静止地、片面地理解官僚制,而应该联系地、动态地、全面地把握官僚制。正如韦伯所强调的,目的理性决定工具理性,工具理性服务目的理性,我们需要在目的导向下寻求运行效率最大化的各种可能的组织形式。例如,当今世界日益流行的所谓组织结构扁平化、去中层化、去中心化,不正是为了追求运行效果最优化而出现的吗?事实上,韦伯从来没有将他的官僚制理论视为一成不变的僵化教条,相反,韦伯特别强调,他的官僚制是一种理想类型,现实中是不存在的。雷恩和贝德安也指出,韦伯的目的并不是创造出一个结构完美、运行精确的官僚制,而是强调对各种人、事、物的系统整合,促进组织设计更加符合逻辑。②

3.3.4 通过体现意义激励人的行为

由于韦伯的思想体系博大精深,其大部分著作是由他人整理出版,未经韦伯本人审阅定稿,如韦伯的鸿篇巨制《经济与社会》就不被一些学者看作一部完整的著作,而只是一本捆绑堆积在一起的论文集,这也导致人们对韦伯理论体系的多视角、多层次、多维度的关注。事实上,韦伯研究的主题与要旨包括很多方面,如人类行为、理解、理性化、劳动分工、支配、阶层和身份团体、宗教和经济利益之间的关系,以及人类社会历史发展过程的属性等。从韦伯的著作中,人们概括出当代西方世界的核心特征:官僚化(bureaucratization)、祛魅化(disenchantment)和理性化(rationalization)。

然而,无论如何都不能否认的是,人或人的行为在韦伯的思想体系中占据了极其重要的地位。就韦伯研究的主题而言,人类行为、劳动分工、支配、阶层和身份团体、宗教和经济利益之间的关系等,无一不最终归结于人或人的行为。就当代西方世界的核心特征

---

① 孙耀君.西方管理思想史[M].太原:山西人民出版社,1987:178.
② 丹尼尔·雷恩,阿瑟·贝德安.管理思想史[M].孙健敏等译.北京:中国人民大学出版社,2012:176.

而言,官僚化、祛魅化是理性化的题中应有之义,而理性化离开了人或人的行为是没有任何意义的。事实上,韦伯也正是以人的社会行动为其社会学研究的逻辑起点和基本单元。韦伯对人或人的行为的关注有其个人背景、时代背景和社会背景。

从个人背景来说,韦伯是一个富家子弟,年少轻狂,在读大学时也是如此。但在服了一年兵役后,韦伯脱胎换骨,军队中森严的等级、严明的纪律、绝对的服从,对他产生了深远的影响。当再次返回校园时,他勤奋攻读,刻苦钻研,积极进取。经过几年的努力,韦伯不仅获得了博士学位,而且取得大学教职,从此开始了他的学术生涯。韦伯本人的显著变化或许给了他巨大的启示:不同的环境、制度、组织会造就不同的人。不仅如此,他在游历欧洲国家和美国后发现,只有英、美两国的资本主义才是真正的资本主义,接近于他心中的资本主义的理想类型。韦伯认为,这是由于英、美两国信奉新教最坚决,人性解放最彻底,经济自由最充分,从而在最广泛的意义上为资本主义提供了新人。

从时代背景来说,韦伯所处的时代,即19世纪末20世纪初,正是世界资本主义发展到一个新的高峰的时代,人们对资本主义发展前景充满了美好的期望。同时,资本主义在世界各国的发展是很不平衡的,英、美两国遥遥领先,德国急起直追,而其他许多资本主义国家则处于不温不火的状态。1866年,德国在俾斯麦的领导下发动了普奥战争并取得了胜利。1871年,俾斯麦采取"铁血政策"自上而下地统一了德国。"1871年以后,德国实力的增强要比英法快两三倍"。[①] 尽管如此,由于对普鲁士传统的承袭,德国的近代工业终究摆脱不了军国主义和容克贵族的影响,致使德国经济社会发展始终未能达到应有的高度。韦伯因此而喟叹,随着一个国家的经济社会发展,这个国家的国民也要相应地成熟,能够判断自己国家的真正利益所在,才能使其社会行动"理性化"。

从社会背景来说,资本主义在发展以至走向巅峰的同时,社会矛盾也日益激化,尤其在工业领域,劳资矛盾尖锐,工人频繁罢工,使得资本主义前途蒙上了一层挥之不去的阴影。以德国为例,俾斯麦在统一德国后,对内颁布了影响深远的《反社会党人非常法》,残酷镇压工人运动。即使在资本主义发展最好的美国,劳资矛盾也一样尖锐,大洋彼岸的弗雷德里克·泰勒也在思考彻底消除劳资对立的状况。作为"以学术为志业"的大师,韦伯也在苦苦思索这个问题的答案。韦伯对理性化的官僚制推崇备至,在这种理想类型的组织中,人们普遍接受并服从法定权威,从而使得官僚组织能在效率最大化的状态下运行,并创造出预期的产出。不仅如此,这种组织能够使每个人都在效率最大化的意义上做出自己的贡献,即在官僚制组织中,每个人都能成为现代意义上的人,实现自我价值最大化。官僚制组织中的分工消除了等级社会中依附于等级的特权,即人的差别只有专业技术能力的差别而不再是身份和阶层的差别,这在广泛的社会意义上改变了整个资本主义社会的结构,从而使得缓解或消灭劳资矛盾成为可能。官僚制满足了工业大生产的生产模式和管理复杂化的需要,它在精确性、快捷性、可预期性等方面是其他社会组织形式无可比拟的。

---

① 列宁.列宁全集(第26卷)[M].北京:人民出版社,1995:535.

韦伯认为,人的社会行动是被赋予某种特定意义的行动。其中,意义具有非常重要的作用,决定了社会行动的性质。在《新教伦理与资本主义精神》中,韦伯指出,当人们在工作时不去时时盘算如何以最少的劳动获得最多的工资时,工作就成为一种生活的意义,是一种"天职"。简言之,人们不是为了金钱而工作,而是为了履行"天职"而工作。当然,这并不是说金钱是不重要的,相反,人们为了满足生活的需要,金钱是必不可少的,但是,必须明白的是,金钱是工作带来的结果,而不是目的。因此,必须从组织成员的工作意义来激励人的行为,这样的工作动机才是持久有效的。

具体来讲,欧洲在16世纪中叶发生了宗教改革,形成了新教。其基本教义是通过鼓励教徒承担责任,努力工作,最终成为上帝的选民。这也就是所谓的新教伦理。韦伯认为,这种新教伦理孕育并催生了资本主义。其逻辑路径是,新教伦理培育了资本主义精神,改变了人的行为,进而促进了资本主义的产生。

在韦伯看来,尽管欧洲新教和中国儒教都是理性的宗教,但是,两者追求的目的不同,欧洲新教的理性表现为对世界的支配,因而人的社会行动就是要通过创造出新的世界而完成"天职",成为"上帝的选民";中国儒教的理性表现为对世界的适应,因而人的社会行动就在于在仁义道德的框架下安身立命,所谓"治国平天下",也只是致力于恢复或维持既定的"礼"与"序"而已。儒教要求人们追求自我的道德完善,其报偿在于后世可以流芳百世。这当然也是一种理性,但世界只是一种既定的存在。而新教要求人创造出业绩,即通过赚钱证明人履行了"天职",德才兼备,因而有资格成为上帝的选民。两者的价值取向是截然不同的,这也成为欧洲社会和中国社会在面临现代化的十字路口时截然不同的内在原因。

韦伯通过研究欧洲与中国的宗教,并进行比较,解释了资本主义在西方产生而没有在中国产生的原因。韦伯认为,同时代的中国与欧洲,在政治、经济、社会发展水平方面大体相当,但是,欧洲的新教运动为人的社会行动提供了行动伦理,或者说,为资本主义的产生提供了"新人",而中国的儒教和道教不但不能为资本主义的产生提供解放人的思想的动力,反而压抑或扭曲了人性,最终阻碍了资本主义的发展。①

韦伯通过经验主义的结构分析把价值观在决定人的社会行动时的作用提升到理论的高度是前所未有的。韦伯认为,宗教改革运动之后,西方世界的理性化进程实质上就是一个逐步祛魅的过程。韦伯强调,现代资本主义在西欧的自发产生,之所以具有唯一性和特殊性,新教伦理无疑是个决定性的因果力量,但它也仅仅是多元因果力量之一元。

 本章结语

正如彼得·汉密尔顿指出的,韦伯思想的博大乃至庞杂使得每一位研究者都能撷取其中的一片从自己的立场加以诠释,在这里并不存在绝对标准的解读。也正因为如此,

---

① 马克斯·韦伯.中国的宗教:儒教与道教[M].康乐,简惠美译.桂林:广西师范大学出版社,2010.

人们通常把韦伯在考察人类社会发展历史的基础上提出的权力观,以及在官僚制研究成果的基础上提出的"理想的行政组织体系理论"当作韦伯对管理理论发展的巨大贡献。尽管韦伯关于权力和官僚制的研究成果的确价值非凡,但是,这并不是韦伯的核心管理思想。只能说,这些研究成果是在韦伯的核心管理思想指导下得出来的。

  通过精读韦伯的经典著作,我们可以从中提取韦伯的核心管理思想——理性化管理思想。即通过理性化的工具、手段、方法和途径,实现人类社会的有价值、有意义的目的。韦伯的理性化管理思想才是蕴含于他的卷帙浩繁的著作中真正关于管理(而不是组织)的思想,也是管理思想史上最宝贵的思想财富之一。韦伯的学术研究从本质上说应该属于规范性研究,即研究"应该是什么",这也是韦伯极力推崇"理想类型"的重要原因之一;同时,这也使得韦伯的研究成果与弗雷德里克·泰勒和亨利·法约尔提供的以管理实践者为对象的建议形成了鲜明的对比。[①]虽然很少有管理学者提到韦伯对自己从事管理研究的影响,但是,我们可以发现,韦伯的理性化管理思想是后续很多管理理论学派的思想源头。

---

① 丹尼尔·雷恩,阿瑟·贝德安.管理思想史[M].孙健敏等译.北京:中国人民大学出版社,2012:173.

第4讲

玛丽·福列特管理思想

玛丽·福列特1868年出生于美国马萨诸塞州临近波士顿的昆西,1933年去世,享年65岁。由于种种特殊的原因,福列特在很长时间里都是一个"被遗忘的人",她的学术思想自然也未能获得应有的地位。即使在管理思想界,福列特也是一个默默无闻的人。这种情况直到20世纪末才发生了巨大的改变。现在,福列特被誉为"管理学的先知"。事实上,即使在今天看来,福列特的许多思想观点仍然紧扣时代脉搏,直击现实困境,为当前管理理论研究和管理实践探索提供了前进的方向和行动的指南,焕发出蓬勃的朝气和强大的生命力。

4.1 福列特学术生涯与成就

福列特早期在位于波士顿的塞耶学院接受大学预科教育,并参加了设在美国剑桥的女子高等教育研究院的泰勒学会(该研究院是哈佛大学的附属机构),接着在安内克斯学院(后更名为拉德克利夫学院,现已成为哈佛大学的一部分)继续其学业,随后到英国剑桥的纽罕姆学院深造,并曾到法国巴黎游学。1891年,福列特由于母亲生病不得不中断学习返回家乡。不久之后,她又在拉德克利夫学院继续其学业,最终于1898年毕业,获得文学学士学位。

1896年,福列特还是一名大学生,就出版了自己的第一本研究专著《众议院发言人》。她在书中详细介绍了法律程序中各种复杂的事务,以及美国众议院发言人施展其权力和影响的方法。该书树立了她作为一位政治哲学家的声望,她也凭借该书成功地建立了自己在波士顿的社交圈。这个圈子里有作家、律师、哲学家以及政治家,还有许多波士顿贵族。该书在管理上的主要贡献是,构建了商业组织和管理的权威性的基础。作为一个理想主义者,她把自己的理想建立在现实的基础上,力求理想主义和实用主义"在现实中相遇"。

福列特的其他代表性著作还有:《新国家》(1918)、《创造性经验》(1924)、《作为一种职业的管理》(1925)。此外,她有关企业组织和管理的论文主要收录在以下两本文集中:

一是《积极的管理》(1941),二是《自由和协作》(1949)。这两本文集是在福列特去世后由他人整理、编辑出版的。《积极的管理》由亨利·梅特卡夫和林德尔·厄威克合作编辑,包括以下文章:《建设性的冲突》《命令下达的基础》《作为一个统一体的企业》《权力》《企业管理应该怎样发展以便获得作为一种职业的必要因素》《企业管理中责任的意义》《职工代表在把企业经理改造成为被下属接受型的经理中的影响》《控制心理学》《认同和参与的心理特征》《妥协和调解的心理特征》《领导者和专家》《领导理论和实践的偏离》《计划社会中的个人主义》。《自由和协作》由林德尔·厄威克整理编辑,包括以下论文:《最终权威的幻想》《命令的下达》《权威的基础》《领导的必要因素》《协调》《控制的过程》。[1]

然而,也许是由于太过超前,也许是由于太过理想,也许是由于其他原因,玛丽·福列特的管理思想并未获得应有的地位,她成了一个"被遗忘的人",她的许多关于管理的深刻见解被人忽视,她的许多凝聚着管理智慧的著作被埋没了。[2]斯图尔特·克雷纳指出,尽管玛丽·福列特的著作在20世纪末重新受到重视并再版发行,但是,在此之前,她的管理思想除了在日本产生了一定的影响之外,在世界其他地方被长期而普遍地忽略了。[3]这种情况在美国尤甚。可以佐证的是,玛丽·福列特在1933年就去世了,但是,在美国出版的管理学书籍中,直到1954年才在彼得·德鲁克的《管理的实践》一书中首次提到她。[4]然而,是金子总会发光的。玛丽·福列特的管理思想在沉寂了六七十年之后被重新发掘出来,焕发出蓬勃的朝气和强大的生命力,对当今管理学界产生了广泛而深远的影响。

在管理思想史上,无论是福列特本人还是她的管理思想都可以说是一种独特的存在。第一,她是一个女性管理学家。在这个由几乎清一色男性管理学家主导的管理思想世界中,玛丽·福列特堪称一道亮丽的风景线。同时,这些男性管理学家"都不同程度地被这位超凡脱俗的奇女子的独特魅力所征服",成为她的"忠实崇拜者"。[5]按照彼得·德鲁克的说法,"福列特曾经是管理学的天空中最耀眼的明星,并且——换一个比喻——她曾经抚弄过现在正弹奏的'管理学交响曲'的每一根琴弦"[6]。第二,她是一个有着特殊学术经历的、睿智的管理学家。玛丽·福列特受过哲学方面的训练,这使她的管理思想充满了悠长的哲学韵味,克劳德·小乔治在《管理思想史》中把她归属于"管理哲学家"的行列;[7]她在政治学方面受过训练,她天才般地运用政治学中的冲突概念,主张通过建设性冲突来寻求创造性解决问题的方法,反对充斥政治生活的压服、折中等行为,这为她在后来赢得了极高的学术声誉。

---

[1] 玛丽·福列特.福列特论管理[M].吴晓波,郭京京,詹也译.北京:机械工业出版社,2007:296.
[2] 葆琳·格雷汉姆.玛丽·帕克·芙丽特——管理学的先知[M].向桢译.北京:经济日报出版社,1998:2(内部简介).
[3] 斯图尔特·克雷纳.影响世界的西方管理思想[M].董洪兰译.北京:中央编译出版社,2007:351.
[4] 葆琳·格雷汉姆.玛丽·帕克·芙丽特——管理学的先知[M].向桢译.北京:经济日报出版社,1998:11(导言).
[5] 葆琳·格雷汉姆.玛丽·帕克·芙丽特——管理学的先知[M].向桢译.北京:经济日报出版社,1998:5(编者的话).
[6] 葆琳·格雷汉姆.玛丽·帕克·芙丽特——管理学的先知[M].向桢译.北京:经济日报出版社,1998:3(导言).
[7] 克劳德·小乔治.管理思想史[M].孙耀君等译.北京:商务印书馆,1985:161.

在重新发掘玛丽·福列特管理思想的过程中,许多管理学大师都对玛丽·福列特的管理思想给予了非常高的评价。罗莎贝斯·莫斯·坎特表示,"身处急剧变化的世界中,重读玛丽·福列特的作品,就好像在波涛汹涌的大海上找到了一个宁静的港湾"[①]。沃伦·贝尼斯感慨,"几十年后,回头一望,玛丽·福列特在许多方面的结论仍然站在理论研究的最前沿"[②]。彼得·德鲁克指出,"玛丽·福列特的每项评价都显得那样深刻、中肯和富有新意。但是,她真正重要的贡献在于她的管理思想。她当年将社会剖析为系列组织,并将管理看作是组织的一般职能和特殊职能,而那时所谓的组织理论和管理理论都还没有真正成形。她在管理学界无疑是个举足轻重的人物。她不愧为管理学的'先知'"[③]。

4.2 福列特管理职能观

或许是由于福列特具有独特的学术经历——受过哲学和政治学的训练,因此,福列特总是站在社会的立场上来看待管理。她的第一部著作是《众议院发言人》,研究的是议会,应该属于政治领域的研究成果,她也因此获得了政治哲学家的声望。福列特发现,在政治领域,冲突可谓无时不在、无处不在,人们解决冲突的方法几乎都是压服或折中——前者以势力为基础,后者以妥协为前提。然而,压服或折中并不能从根本上解决冲突——冲突依然存在,通常只是暂时平息,但在将来还会爆发新的甚至更大的冲突。这种现象不仅存在于政治领域,也存在于商业、教育、医疗等领域,甚至存在于宗教领域以及人们的日常生活中。

人是一切社会关系的总和。由于任何个人都有政治需要、经济需要、文化需要,不同的人有着不同的主导需要,即使同一个人在不同时期也有着不同的主导需要,因此,人与人之间的冲突是普遍的、客观存在的。这也是其他一切类型冲突的根源,如群体冲突、组织冲突、国家冲突、人与组织的冲突、组织与组织的冲突、组织与环境的冲突,如此等等。因此,社会要进步,经济要发展,文化要演进,人类就必须寻找有效地解决冲突的方法,这是人类的管理活动必须而且应该承担的职能。即管理是外在于人的因素的总和赋予人的职能。所谓"外在于人的因素的总和",是指人所处的环境,如他人、群体、组织本身,人与他人、群体、组织之间的关系,以及各种要素及其相互之间的关系的总和。

简言之,管理是人类社会的一种职能活动。换言之,管理不是一种工具或方法。首先,管理是人的活动,离开了人也就不存在管理。法约尔在《工业管理与一般管理》中多

---

① 葆琳·格雷汉姆.玛丽·帕克·芙丽特——管理学的先知[M].向桢译.北京:经济日报出版社,1998:1(前言).
② 葆琳·格雷汉姆.玛丽·帕克·芙丽特——管理学的先知[M].向桢译.北京:经济日报出版社,1998:2(前言).
③ 葆琳·格雷汉姆.玛丽·帕克·芙丽特——管理学的先知[M].向桢译.北京:经济日报出版社,1998:封二.

次指出,管理只与人有关。①彼得·德鲁克也反复强调,管理是以人为中心的。②这里的"以人为中心"并不是人们通常所认为的"以人为本","人"是指管理者,即管理是管理者的活动。其次,工具或方法可以脱离人而独立存在,如 SWOT 分析方法、目标管理模式等,不同的管理者都可以应用这些工具或方法,但是,管理活动只能是人做出来的,否则不可能产生管理活动。最后,工具或方法是无目的、无意识的,或者说是价值中立的,而管理是人的一种有目的、有意识的活动,是有价值倾向的,或者说,是价值理性的。

福列特的这一观点是相当超前的,甚至可以说十分"另类"。在当时,"科学管理运动"风起云涌,通过管理来提高效率已成为工商企业界的普遍追求。可以说,管理就是"科学管理方法"的观点深入人心。然而,这样的理解是错误的。因此,弗雷德里克·泰勒在美国国会上作证时曾经大声疾呼,"科学管理不是方法,不是任何一种取得效率的方法"。但是,这样的呼吁在效率主义者看来不过是一种"矫情"而已。实际上,泰勒认为,管理不是一种方法,不是任何一种方法,而是人的一种系统化的活动,其目的在于,在解决雇主和雇员之间冲突的基础上,实现双方财富的最大化。福列特的管理职能观与泰勒的管理观具有异曲同工之妙。

福列特之所以在后来将研究的重心转向企业组织中的管理,是因为随着资本主义社会的发展、工业化进程的不断加快,各种类型的冲突在企业中表现得最为突出,如工人与资本家之间的冲突、工人与管理者之间的冲突、工人与企业之间的冲突、企业与社会之间的冲突,等等,而人们在解决冲突时又广泛地采用压服、折中等方法,而这类方法已经被无数次证明是低效的,甚至是无效的。因此,福列特致力于研究企业中的管理。

福列特在哲学和政治学方面所受到的系统训练,使得她在转向管理学领域后也能驾轻就熟。福列特指出,"我想说明的是,理解政治学的难题所依据的基础正是理解企业管理的基础——那就是对完美的整合的本质的理解"③。福列特认为,企业是一个整合的统一体。福列特的整合管理思想是基于责任的整合,而不是基于传统意义上的权力的整合。

当然,福列特强调,管理并不仅仅局限于企业,而是在社会中的所有组织。即管理是社会性的普遍功能。福列特的这一观点与法约尔是一致的,法约尔认为,管理具有普遍性,即所有组织都需要管理。有必要比较一下福列特与法约尔关于管理的观点。法约尔与福列特都认为管理是一种职能,但是,两人的立足点和研究路径不同。

法约尔在《工业管理与一般管理》中,把企业的全部活动划分为六个方面,包括技术活动、商业活动、财务活动、安全活动、会计活动和管理活动。法约尔指出,不论企业规模大小,经营是复杂还是简单,这六个方面的活动(或者说职能)总是存在的。其中,管理活动对企业而言尤其重要。需要说明的是,在法约尔看来,管理职能也就是管理活动,因此,在他的书中,管理职能与管理活动是可以替代使用的。法约尔强调,"管理职能与其

---

① 亨利·法约尔.工业管理与一般管理[M].迟力耕,张璇译.北京:机械工业出版社,2007:6.
② 彼得·德鲁克.管理的实践[M].齐若兰译.北京:机械工业出版社,2018:32.
③ 玛丽·福列特.福列特论管理[M].吴晓波,郭京京,詹也译.北京:机械工业出版社,2007:11.

他五个基本职能显然不一样",但它是企业的一种重要且不可或缺的职能。企业为什么需要管理职能?这是因为,"前五种职能都不负责制订企业的总经营计划,不负责建立社会组织、协调和调和各方面的力量和行动。这些活动并不属于技术职能的权限,也不属于商业、财务、安全以及会计职能的权限,它们组成了另一种职能,即管理"①。这也就是哈罗德·孔茨将"协调"作为管理的核心原因。

法约尔发现,不仅企业需要管理职能,其他各种类型的组织也都需要管理职能,而人们对管理职能的认识是模糊的。即使一些组织已经意识到了管理职能的重要性,也无法培养和提高管理能力。其中,最主要的原因是缺乏一般管理理论。因此,法约尔的主要目的是创建一般管理理论,即总结出一般意义上的、普遍适用的,但又不僵化教条的管理原则。根据这些管理原则,管理者应该而且能够理解做什么和如何做,这样才能履行管理职能或完成管理活动。由此,法约尔提出了"管理五要素",即计划、组织、指挥、协调和控制,这就是法约尔的管理要素观。尽管法约尔也提出了"管理是一种职能",但与福列特不同的是,他更倾向于告诉人们,作为一个管理者,在履行管理职能时,应该做些什么活动。法约尔以企业为立足点,通过观察和总结,提出了"管理五要素",并将之运用于社会中各种类型的组织。他认为,任何组织的管理者都需要通过计划、组织、指挥、协调和控制这些活动,提高管理的有效性。

相比较而言,法约尔是在组织层面上研究管理的,即管理是各种类型组织中的职能活动,他的一般管理理论也被称为"组织理论";而福列特是在社会层面上研究管理的,即管理是社会中的职能活动,她也因此被称为管理哲学家。福列特的创见在于,第一,在现代社会,冲突是普遍存在的,因此,必须解决冲突才能推动社会进步,这正是管理的职能;第二,人际冲突是其他一切类型冲突的根源,必须解决人际冲突才能促进人的成长,实现人的价值。

福列特认为,企业是一种社会性组织,而不仅仅是一种单纯的经济组织。福列特的这一观点与彼得·德鲁克在1946年出版的《公司的概念》中的观点是一致的,可谓"英雄所见略同"。②③在当时,福列特的这一观点远远超越她所处的时代,也远远领先于和她同时代的管理理论研究者。事实上,直到1946年,彼得·德鲁克才在《公司的概念》中提出,"企业是一个以满足社会需求为目的,把人们联合起来的社会组织"④。

为了说明她的观点,福列特在书中讲了这样一个故事:有个人告诉她,火车头工程师之所以有如此大的影响,是因为他们将铁路看作一项职能型工具,许多工会成员开始看到劳动者在产业中的利益并非体现在群体谈判中,而是源于维持一家有效的企业。这是

---

① 亨利·法约尔.工业管理与一般管理[M].迟力耕,张璇译.北京:机械工业出版社,2007:5.
② 据彼得·德鲁克讲,他在1941年开始对管理学产生兴趣,并向管理学领域的专家学者请教应当阅读哪些书籍和文章,但没有哪位专家学者提到玛丽·福列特,直到10年以后,即1951年,他才听说玛丽·福列特的名字。
③ 葆琳·格雷汉姆.玛丽·帕克·芙丽特——管理学的先知[M].向桢译.北京:经济日报出版社,1998:1(导言).
④ 彼得·德鲁克.公司的概念[M].罗汉等译.上海:上海人民出版社,上海社会科学院出版社,2002:1993年版序言.

一种对职能的理解,它给予服务一种现实而非传教的价值。①即职能是一种行为模式,通过这种行为,职能的主体可以使事物或方法发挥有利的作用,从而实现其目的。

作为一个政治哲学家或管理哲学家,福列特始终把人的价值放在优先考虑的地位。毋庸置疑,个人与公司之间存在冲突,公司与社会之间存在冲突,这就需要通过管理来消除冲突。所谓管理,就是管理者通过赋予个人、公司责任来履行管理职能。管理者必须通过组织任务来整合人与人之间的交互作用。即组织中的每个成员都必须承担为组织取得成果做出贡献的责任。这样,责任最终来自于组织在整体层面上的任务。这也就是彼得·德鲁克所说的,组织中的每个成员既不对上级负责,也不对老板负责,而是对组织任务负责。②这样,无论是人与人之间的冲突,还是团队与团队之间的冲突,抑或是部门与部门之间的冲突,不但不可怕,反而由于任务导向、成果导向、贡献导向、责任导向而成为建设性冲突。

福列特认为,企业是一个整合的统一体。不仅个人对企业承担责任,而且企业对社会也承担责任。个人对公司的责任与公司对社会的责任不但具有一致性,而且具有整合性。福列特认为,个人与组织是一种"统一融合的生活"。即一个人的工作本身就是社会服务。道德是社会性的。道德不是来源于个人与自己的内在关系,而是来源于个人与集体之中的其他成员之间的关系。③这种情形可以扩展到其他类型的组织。福列特认为,不存在一个脱离了自己的成员的、独立存在的、空壳般的集合体,无论组织还是社会。她坚持认为,部分与整体,如个人与组织、组织与社会,在积极的互动过程中紧密联系在一起。

福列特的权力观既不同于传统的权力观,即权力来自于上级(即组织)的授予,也不同于巴纳德的权力观,即权力来自于下级(即被管理者)的服从。福列特认为,权力来自于人与人之间的交互作用,且只能来自于人与人之间的交互作用。这意味着,对任何一个管理者而言,权力都是自我生成的,而不能由外部授予。"授权"之所以往往以失败而告终,是因为这种来自外部授予的权力不会得到组织中其他成员的接受。组织的凝聚力和竞争力来源于管理者的整合管理。即使是现在流行的"授权"行为,也必须在整合管理模式下才能发挥作用。否则,"授权"不可能取得预期的成功。授权常常是失败的,这是因为,下属真正拥有的权力是无法由上级授予的。

但这并不意味着福列特主张个人凌驾于集体之上。恰恰相反,福列特特别强调集体的作用。她指出,"我们只能通过集体组织找到真正的人。个体的潜能除非在集体生活中释放出来。否则,就只能是潜能。因此,民主制度的精髓就在于创造。民主制度的技巧就在于集体的组织"④。她相信,自我管理的原则有助于个体以及个体所隶属的集体的发展,通过彼此之间直接的相互作用以达到共同的目的,集体成员们在集体的发展过程

---

① 玛丽·福列特.福列特论管理[M].吴晓波,郭京京,詹也译.北京:机械工业出版社,2007:287.
② 彼得·德鲁克.管理的实践[M].齐若兰译.北京:机械工业出版社,2018:122.
③ 葆琳·格雷汉姆.玛丽·帕克·芙丽特——管理学的先知[M].向桢译.北京:经济日报出版社,1998:3(前言).
④ 葆琳·格雷汉姆.玛丽·帕克·芙丽特——管理学的先知[M].向桢译.北京:经济日报出版社,1998:10.

中充分实现了自己的价值。这一原则适用于任何集体,不论它是大还是小,不论是工厂还是社区,不论是工会还是行业联合会,不论是教会还是音乐界。

进一步地,福列特认为群体具有根本的重要性。福列特主张"希望把握自己的生活,无可非议,是每一个人发号施令"。她同时还认为,正是人们所处的情境决定了需要做什么。每一种情境都有自己的规则,而这种规则是可以被发现的。人们常常谈论领导或领导力,并且总是希望出现强有力的领导者。事实上,发现规则并指明方向的人——无论他是下级还是管理者,就是特定情境下的领导者。福列特指出,领导者的角色和数量是可以改变的,这取决于当时的特定情境。但是,无论如何,领导者都是重要的,是不可或缺的。

随着工业化水平的不断提高,企业越来越普遍,越来越强大,企业和社会的关系越来越成为人们关注和讨论的话题。这不仅在于企业是创造财富的最高效的工具,而且在于企业正在以毫无社会责任感的方式伤害社会。由此也出现了"强盗男爵"一词,用来形容那些操纵人性、不择手段、唯利是图的企业家。"强盗男爵"的出现,一方面是人的逐利本性所致,另一方面是由于市场竞争的压力。有人把"强盗男爵"的出现归咎于"社会达尔文主义"的影响,而这种思想的根源是查尔斯·达尔文在《物种起源》中提出的"物竞天择,适者生存"的主张。当然,这一论点充满争议。①

"强盗男爵"只是企业与社会之间冲突的一个缩影。更为一般性的问题是,如何处理企业与社会之间的关系,这正是管理所要履行的职能。如果企业只是追求自身利益最大化,那么,企业将越来越走到社会的对立面。但是,如果单纯站在社会的立场上要求企业承担社会责任,那么,企业的竞争力最终将受到伤害。关于这个问题曾经产生过激烈的争论,至今余波未平。从这个意义上说,管理职能是重要且不可缺少的。

在这方面,福列特展示了她独到而超前的眼光。她的整合管理思想在处理企业与社会的关系方面极具指导意义和现代价值。福列特认为,企业不仅是一个经济组织,而且是一个社会的服务机构,是社会运行的基本单位。因此,从社会的视角看,企业不仅要承担创造经济绩效的责任,而且要承担促进社会进步的责任——使社会更加公平公正,更加具有可持续发展的潜力,在这方面,企业应该而且必须发挥其决定性作用。

福列特的这一思想已经得到了许多学者的传承。竞争战略理论权威迈克尔·波特认为,社会的问题对企业而言是发展的机会,企业应该勇于承担战略型社会责任,即寻找能为企业和社会创造共享价值的机会。这样的机会包括:价值链上的创新,如丰田推出油电混合动力车普锐斯;在改善竞争环境方面加大投入,如微软和美国社区学院协会开展合作;在企业的核心价值理念中考虑社会利益,如全食超市强调食品的天然、有机和健康;等等。②在环境保护运动风起云涌的今天,谁能把握住创造共享价值的机会,谁就能获得竞争优势。

---

① 丹尼尔·雷恩,阿瑟·贝德安.管理思想史[M].孙健敏等译.北京:中国人民大学出版社,2012:82—83.
② Porter Michael E. and Mark R. Kramer. Strategy and Society: The Link of Competitive Advantage and Corporate Social Responsibility[J]. *Harvard Business Review*,2006,84(12):78-92.

4.3 福列特整合管理思想

　　福列特有着独特的学术经历和广泛的学术兴趣。福列特从研究政治哲学起步,她的成名作是《众议院发言人》。该书至今仍然被认为是对众议院发言人这个角色最具有洞察力的分析成果之一。后来,她的研究兴趣逐渐转向企业管理领域。她发现,随着工业社会的来临并不断发展,企业中的资本家和工人之间存在着日益严重的对立,并影响了工业社会的健康发展。与此同时,她痛感企业中的管理者在处理冲突问题时往往简单粗暴、成效低下,却又盲目地自以为是——管理者常常自以为解决了令人困扰的问题,却不知道他们实际上错过了创造新的或更大的价值的机会。福列特天才般地将政治学中的冲突概念运用于企业管理研究,由此形成了她的独特的、具有巨大的理论与实践价值的核心管理思想——整合管理思想。

4.3.1　整合管理思想的基本内涵

　　福列特的管理思想独树一帜。当然,这与她特殊的学术经历有关。在大学阶段,福列特就对哲学和历史表现出浓厚的兴趣,后来还对心理学产生了非同寻常的热情,尤其是当时新兴的格式塔心理学。[①]理论知识的日益广博,使她逐渐养成了从模式或整体的角度去思考问题的习惯。在纽罕姆学院,福列特的研究兴趣又扩展到法律、政治和政府等领域。

　　许多学者在研究福列特的管理思想时,都认为福列特研究的重点是人际冲突问题,因而把她归属于所谓的"行为科学学派"。例如,孙耀君在《西方管理思想史》一书中,就把福列特称为"行为科学的先驱者"。[②]一些学者即使不是把福列特直接归属于"行为科学学派",也认为福列特的主要学术贡献就是在人的行为研究领域。克劳德·小乔治认为,福列特"在泰勒的机械方法和当代强调人的行为的方法之间架起了桥梁"[③]。该观点得到了丹尼尔·雷恩和阿瑟·贝德安的支持和接受,他们在《管理思想史》一书中,把玛丽·福列特和切斯特·巴纳德相提并论,称他们两人共同促进了"科学管理时代"向"社会人时代"的转变。[④]

　　当然,这样的划分是有一定道理的。毕竟,福列特的整合管理思想来源于她对日常政治生活中广泛存在的冲突现象的研究。自古以来,冲突就是人类社会的一种普遍现象。事实上,解决冲突本身已经成为社会心理学、国际关系学、企业管理学以及其他领域

---

　　① 格式塔心理学(gestalt psychology),又叫完形心理学,是西方现代心理学的主要学派之一,诞生于德国,后来在美国得到进一步发展。该学派既反对美国构造主义心理学的元素主义,也反对行为主义心理学的"刺激—反应"公式,主张研究直接经验(即意识)和行为,强调经验和行为的整体性,认为整体不等于并且大于部分之和,主张以整体的动力结构观来研究心理现象。该学派的创始人是韦特海默,代表人物还有科勒和考夫卡。
　　② 孙耀君.西方管理思想史[M].太原:山西人民出版社,1987:241.
　　③ 克劳德·小乔治.管理思想史[M].孙耀君等译.北京:商务印书馆,1985:163.
　　④ 丹尼尔·雷恩,阿瑟·贝德安.管理思想史[M].孙健敏等译.北京:中国人民大学出版社,2012:249.

中的热门的研究课题了。①福列特发现,在日常政治生活中,人们往往通过压服、折中来处理冲突问题。所谓压服,是指冲突中的一方凭借自身实力压迫另一方作出让步。在这种情况下,一方所得常常是以另一方所失为代价的。所谓折中,是指冲突中实力相当的双方作出让步,找到共同接受的方案以兼顾双方的利益。在这种情况下,双方为了获得某些方面的利益而放弃了其他方面的利益,即双方都在获得利益的同时作出了牺牲。换言之,双方都没有获得各自的预期最高利益。福列特认为,诸如此类的解决冲突的方法都是不可取的,并不是真正有效的管理。

福列特认为,在面临冲突时,真正有效的管理一定是整合管理,即整合双方的立场和利益,找到处理冲突的正确方法,让双方都能获得预期最高利益。整合管理需要管理者打破固有的思维定势,创造性地设计和执行解决冲突的方案。整合管理至少存在两个层面:在初级层面上,要求管理者摒弃传统的压服、折中等方法,寻找让双方满意的解决方案;在高级层面上,即使找到了让双方满意的解决方案,也未必是最优方案,还需要管理者尝试重新界定问题的本质,明确问题产生的背景,以及改变与问题相关的各种前提假设,等等。

需要说明的是,整合管理思想并不只是用来解决人际冲突问题。事实上,整合管理思想具有十分广泛的应用领域。福列特借用政治学中的冲突概念,并将这一概念运用于企业管理研究领域,形成了整合管理思想,用来解决企业中各种类型的冲突,如资本家和工人之间的冲突、上级和下属之间的冲突,以及部门之间的冲突、组织之间的冲突,等等。

人们无法回避冲突,而必须正视冲突,利用冲突。正如福列特所说,"我们要让冲突为我们所用"。福列特强调,一方面,绝不要在发生冲突时争论"谁对谁错",甚至不必问"什么是对""什么是错",正确的做法是,假定双方都是对的。同时,假定双方都有可能给出正确的答案,只不过他们的回答可能是针对不同的问题(或者说,他们对同一个问题的理解互不相同)。另一方面,通过对彼此的问题相互进行交流与理解,以改变对立的状态。在这种情况下,管理者需要寻找让双方都认为独特的、全新的、有效的、能同时满足双方诉求的解决方案,这样才能使双方满意,也才能创造价值。

福列特整合管理思想的核心理念是,解决冲突的唯一真正有效的途径是满足双方利益诉求,而不是通过一方让步使另一方得利,或者通过双方妥协,即以牺牲一部分利益为代价来获得另外一部分利益。如果通过一方压服另一方,或者通过各方妥协而形成折中方案,那么,这样的方案即使得到实施,也会埋下在将来爆发新的或更大的冲突的种子。总之,整合管理排斥压服、折中,追求融合统一。融合统一的逻辑依据就在于,双方行动和利益之间存在着相互联系、相互作用、相互影响的关系,以及由此而创造出的价值之间

---

① 葆琳·格雷汉姆.玛丽·帕克·芙丽特——管理学的先知[M].向桢译.北京:经济日报出版社,1998:15(导言).

的联系。①

　　福列特的整合管理思想具有十分丰富的内涵和极其广泛的应用。无论是一个国家，一个组织，还是一个群体，只要存在两个或两个以上的人，那就一定存在冲突，包括心理的、情感的、行为的、利益的、伦理的冲突。福列特认为，"我们不能将自己的思想分门别类……我们不会想到这是经济学原理而那是伦理学原理……在我们所有的思想背后，必然有一些根本的基础的东西，而我们正是用这些原理来解决一切难题的"。进一步地，福列特指出，"我不认为我们有什么心理的、伦理的以及经济的难题。我们有的只是人的问题，涉及心理、伦理、经济等各方面，并且比你所愿意设想的要多得多，还常常发生法律方面的问题"②。

　　当然，也有人批评福列特的整合管理思想太过理想，太过浪漫，以至于不太现实。实际上，成功的管理者总是抱着乐观的心态看待问题，他们并不觉得只能这样而不能那样，或者只能那样而不能这样。他们往往都有超越普通人的强烈的自我效能感，总认为自己一定能够通过整合解决冲突，满足各方利益诉求。换言之，他们乐意把冲突当作机会，而不是问题。相反，一般管理者在解决冲突时，更喜欢采取压制、折中之类的方法，他们通常将冲突当作问题，当作麻烦，当作他们职业生涯中的障碍，因而都希望能够快速解决问题。

　　然而，需要强调的是，管理不是解决问题，而是利用机会，创造价值。正是基于这一理念，福列特相信，一个成功的管理者总能找到有效解决冲突的恰当方法，为满足冲突各方的利益诉求创造机会。福列特指出："我正在谈论的问题，无论从什么意义上来看，都不是'是什么'，但是又不是单纯的'应该是什么'，而是'可能会是什么'。它只能通过突破性思维和行动来发现。"只有当我们找到整合方案，而不是压服、折中的解决方案，冲突才是建设性的。压服、折中只是"摆平"或"搞掂"已经存在的问题，并没有创造出新的或更大的价值。

　　在通过整合解决冲突、创造价值方面，福列特表现得极其乐观。她的一本文集的书名是《积极的管理》，清楚地表明了福列特对于管理的认识：积极不仅是心理意义上的概念，而且是管理活动的应有之义。《积极的管理》是福列特的演讲汇编，那些关于商业组织和管理的演讲，大多数都是她在1925年到1933年间在人事管理局年会上发表的。③约翰·查尔德认为："就今天整个的管理学文献来说，福列特在一以贯之地处置冲突这一方面表现出来的真知灼见，仍然为今天的管理者提供了一些最有价值的忠告。"④

　　在福列特的整合管理思想中，一个重要概念是"情境规则"。一般地，整合不能不涉及命令的下达。在泰勒的科学管理中，命令的合法性来源于科学，即在科学实验的基础

---

　　① 葆琳·格雷汉姆.玛丽·帕克·芙丽特——管理学的先知[M].向桢译.北京：经济日报出版社,1998:3.
　　② 葆琳·格雷汉姆.玛丽·帕克·芙丽特——管理学的先知[M].向桢译.北京：经济日报出版社,1998:18(导言).
　　③ 葆琳·格雷汉姆.玛丽·帕克·芙丽特——管理学的先知[M].向桢译.北京：经济日报出版社,1998:1—2(导言).
　　④ 葆琳·格雷汉姆.玛丽·帕克·芙丽特——管理学的先知[M].向桢译.北京：经济日报出版社,1998:封底.

上设计和分派给工人完成的任务。换言之,"科学"使管理者下达的命令具有了客观性。但是,在通常情况下,很多事情是即时性的,不会重复出现,不同时间点的事情呈现出不同的形态,因而很难通过科学实验来确定最佳解决方法。福列特提出的解决办法是,冲突各方都应该了解自己与其他利益主体组成的集合体所处的情境,发现并遵守特定的情境规则。福列特认为,情境规则是对科学管理最大的贡献之一。与"科学"一样,"情境"使命令客观化。一般地说,人们不愿意接受他人的命令,这是人的"自我主张的本能"。彼得·德鲁克也认为,人在本能上是不愿接受他人的管理的。但是,只要这种命令反映了特定的情境规则,那么,他就愿意接受这种客观化的命令。这意味着,他并不是在管理者的支配之下,而是双方都处于情境规则的支配之下。

命令的意义和价值存在于特定的情境中。如果脱离了赋予它们意义和价值的特定情境,那么,人们彼此之间就不存在任何合理的关系。无论是心理学还是管理学,在研究人的心理和行为时,一定不能脱离特定的情境,而这恰恰是许多管理学家和心理学家常常犯的错误之一。在科学管理中,管理者和工人都要接受同样的命令,因为双方都要遵循在科学实验基础上得出的科学管理原理,以及在科学管理原理指导下设计和分派任务;在整合管理中,冲突各方都要遵守共同认可和接受的情境规则。让命令客观化,这是整合管理与科学管理一致的地方。但是,与科学管理原理相比,情境规则的杰出贡献在于,它使人们在即时性的、不会重复出现的事情上,也可以发挥科学精神,追求最优化的结果。在情境规则下,管理者的目的不是如何让人们遵守命令,而是如何找到可行的方法,使得冲突各方能够最好地发现满足情境规则的命令。

4.3.2 通过建设性冲突实现整合

建设性冲突是福列特的一个核心概念。福列特由衷地劝告管理者不要害怕冲突,而要正视冲突,利用冲突,甚至创造建设性冲突。在福列特看来,只有平庸、短视甚至无能的管理者才会害怕冲突,回避冲突,甚至诅咒所有的冲突。福列特指出:"害怕分歧就是害怕生活本身。可以这样来理解冲突,它并不一定是不可相容的性质的毫无意义的爆发,而是一种正常的途径。通过这种途径,各种具有社会价值的分歧在共同进步的旗帜下,站到一起来!"[①]

福列特认为,"冲突,在这个世界上是一种客观存在的现象,我们无法回避。然而,我们可以让它为我们所用"[②]。福列特大声疾呼:"我们不需要调和、修正。我们需要冲突为我们带来更多的价值。"[③]福列特无愧于一个管理哲学家。她引用赫拉克利特的话:"自然界热切地渴望对立,正是通过对立而不是通过相似,才取得了完美的和谐统一。"

许多管理者之所以害怕冲突,是因为他们视冲突为混乱,并害怕这种混乱会导致难

---

① 葆琳·格雷汉姆.玛丽·帕克·芙丽特——管理学的先知[M].向桢译.北京:经济日报出版社,1998:12(导言).
② 葆琳·格雷汉姆.玛丽·帕克·芙丽特——管理学的先知[M].向桢译.北京:经济日报出版社,1998:42.
③ 葆琳·格雷汉姆.玛丽·帕克·芙丽特——管理学的先知[M].向桢译.北京:经济日报出版社,1998:48.

以控制的结果。福列特认为这是根本错误的,因为冲突不同于混乱。福列特指出,"我们不想消除分歧,我们只想消除混乱"。管理者必须通过建设性冲突实现整合才能真正消除混乱。单纯的压服或折中是不可能消除混乱的。即使一时安宁,平静的水面下也是暗流涌动,危害更甚。管理者必须实现整合,即通过满足各方的真实诉求才能真正解决冲突。

福列特认为,任何一个集体都是由不同的人组成的,既然如此,不同的人会有不同的理念,这是人类社会的正常现象。这意味着,任何一个集体都不可能在产生之初就拥有共同理念。如果有,那一定是大家通过消弭分歧(即整合)而得到的。[①]福列特强调指出,"社会过程的核心不是相似性,而是通过相互渗透实现了分歧的和谐统一"。因此,公开地、充分地进行诉求表达是实现整合的前提条件。福列特乐观地表示,在各方表达诉求的基础上,事件涉及的各方总能找到他们自己的解决方法。

福列特指出,要做到这一点,就必须改变对冲突的看法:不要把冲突等同于斗争,而要把冲突视为观念分歧或利益分歧的表现形式。不同的人、群体、组织、国家拥有不同的观念,或追求不同的利益,因而存在分歧是正常现象,管理的职能就是实现整合。

现实中,管理者常常通过妥协来解决冲突。实际上,妥协不是解决冲突的有效方案。相反,妥协不仅是时间和精力的毫无意义的浪费,而且是自贬身份的行为,绝不会使冲突得到永久性的解决。[②]这是因为,如果说妥协是在压力之下的让步,那么,如果一方得势,就会设法夺回失去的利益。这是情理之中的事。这种事情在世界历史上屡见不鲜。例如,第一次世界大战中德国战败,被迫签订许多不平等条约,损失巨大。有人曾经预言,20年后必有第二次世界大战。不幸的是,预言得到了验证。在商场上,也有许多类似的情况。

需要强调的是,并不是所有的冲突都是建设性的。如果冲突导致两败俱伤,那么,这样的冲突就是破坏性的。如果管理者能够通过整合尽量兼顾并力求满足冲突双方的诉求,那么,这样的冲突就具有建设性。由此可见,在面临冲突时,管理者具有至关重要的作用。管理者如何看待冲突以及如何解决冲突,是冲突成为破坏性冲突还是建设性冲突的重要影响因素。如果管理者通过专权、操纵、妥协等手段来消除冲突,那就意味着失去了通过建设性冲突实现整合的机会。福列特指出,"只要人们认为共同工作的基础是妥协或者让步,那么,他们就不会明白共同工作的首要原则"。这些人认为,只要他们明白了妥协的必要性,他们就会进入社会发展的高级阶段……但是,妥协和斗争仍然处于同一层面。斗争会继续下去——在资本家和工人之间,在不同企业之间,在不同国家之间——直到有一天,妥协和让步的想法被消除为止。[③]

[①] 葆琳·格雷汉姆.玛丽·帕克·芙丽特——管理学的先知[M].向桢译.北京:经济日报出版社,1998:12(导言).
[②] 葆琳·格雷汉姆.玛丽·帕克·芙丽特——管理学的先知[M].向桢译.北京:经济日报出版社,1998:15(导言).
[③] 葆琳·格雷汉姆.玛丽·帕克·芙丽特——管理学的先知[M].向桢译.北京:经济日报出版社,1998:12—13(导言).

通过建设性冲突实现整合的思想具有巨大而广泛的应用价值。格雷汉姆指出,就他的个人经验而言,整合管理模式使用很频繁,远远超过人们的想象。不仅如此,整合管理的效果也远远超过人们的想象。整合管理使涉及的冲突各方增进彼此的自尊,学会共同工作,此时,合作事实上可能就是竞争。并非每个冲突都是大冲突。同时,正是这些今天能通过合作解决的每个小矛盾,为有效解决将来必然会产生的分歧铺平了道路。[①]

罗莎贝斯·莫斯·坎特指出,人们对福列特管理思想的价值认识严重不足,导致管理者们至今仍然与她早已阐释过的关于组织和社会的各种问题做着艰苦的甚至徒劳的抗争。实际上,如果管理者们真想提高组织和社会管理的成效,那么,他们完全可以从福列特这位极富洞察力的天才的著作里获得灵感。[②]

福列特通过建设性冲突实现整合的思想具有广泛而深远的影响。福列特认为,对管理者而言,应当鼓励个体通过直接参与并承担责任来使个体发挥作用,从而为组织做出贡献。在各种类型的组织中,每个个体都应参与决策的制定过程,并对最终结果承担责任。[③]正是这种责任提供了整合管理的基础。约·卡兹思巴赫和道格拉斯·史密斯在他们1992年出版的畅销书《团体的智慧》中,强调了建设性冲突对实现团队中所有成员的共同意志的价值。[④]

福列特把贡献和责任联系在一起,这就把组织和人联系在了一起。福列特认为,管理者的任务就是帮助集体中的成员去认识他们所拥有的力量,并且把这些个体的力量集中起来,使其成为集体的、统一的力量,使每个个体根据整个任务的需要调整行为,并对任务承担责任。福列特强调,如果我们自己的贡献与所有其他相关各方的贡献不能有效地关联,那么,我们的贡献就是毫无价值的。

德鲁克在他的经典著作《管理的实践》中提到了福列特对管理思想的贡献,并在企业管理实践的基础上,总结出了目标管理模式。[⑤]显然,福列特关于贡献和责任的观点极大地启发了德鲁克,这些概念也成为德鲁克目标管理思想的核心概念。德鲁克认为,企业必须通过目标进行管理。德鲁克强调指出,并不是因为员工有了工作才需要目标,而是有了目标才有员工的工作。目标管理所要解决的不仅是绩效标准问题,而且是员工承诺问题。这里的承诺实际上是指员工全身心的投入,包括员工的行为承诺和心理承诺。当然,目标的制定并不是传统的自上而下的过程,而是包含了自上而下与自下而上的双向沟通与协商过程。也只有这样制定出来的目标才能得到员工的承诺。由于得到了员工的承诺,目标管理模式的核心就是员工的自我管理。这是一种颠覆传统管理理念的方

---

① 葆琳·格雷汉姆.玛丽·帕克·芙丽特——管理学的先知[M].向桢译.北京:经济日报出版社,1998:13(导言).
② 葆琳·格雷汉姆.玛丽·帕克·芙丽特——管理学的先知[M].向桢译.北京:经济日报出版社,1998:2(前言).
③ 葆琳·格雷汉姆.玛丽·帕克·芙丽特——管理学的先知[M].向桢译.北京:经济日报出版社,1998:21(编者的话).
④ 葆琳·格雷汉姆.玛丽·帕克·芙丽特——管理学的先知[M].向桢译.北京:经济日报出版社,1998:12(导言).
⑤ 彼得·德鲁克.管理的实践[M].齐若兰译.北京:机械工业出版社,2018:122.

式。在自我管理过程中,每个人都对自己的工作负责,而不是对自己的上司或老板负责,他必须在工作中对完成企业的整体目标做出贡献。福列特认为,每个个体都应当对组织运行的最终结果承担责任。德鲁克接受了这一观点,并将之发扬光大。他认为,责任是管理的题中应有之义。因此,他在关于管理的百科全书式的著作《管理:任务、责任和实践》中,详细探讨了责任问题,"责任"一词甚至出现在书名中。①

在日常管理工作中,企业与顾客的关系是一种令管理者倍感困扰的关系。在企业界,存在着两类极端的顾客理念:一类是"顾客是上帝""顾客是永远正确的""让顾客完全满意";另一类是"顾客是敌人""顾客是刁民""顾客是毫无情义的"。在文献中,亦有两类貌似对立的观点:一类是"顾客是企业存在的理由""顾客是企业立身之本""顾客是企业利润的来源";另一类是"顾客与企业存在利益冲突"。例如,在迈克尔·波特的"五种竞争力量模型"中,顾客是作为五种竞争力量之一而存在的;在内勒巴夫和布兰登勃格的"价值链模型"中,顾客与企业既存在着共同创造价值的合作关系,也存在着分割价值的冲突关系。②如何处理企业与顾客之间的这种竞合关系?他们的建议是采取博弈策略。然而,在福列特看来,采取博弈策略是一种聪明但不高明的做法。本质上,博弈策略包括手段、操纵甚至诡计,虽然也可以实现共赢,但是,并不是所有参与者都能实现最大的利益。因此,这并不是一种真正意义上的整合管理。

普拉哈拉德提出了"共享顾客能力"的观点,为在企业与顾客之间实现整合管理提供了一条可行且有效的途径。③"共享顾客能力"要求企业与顾客建立起亲密的合作关系,这种合作关系不同于传统的"点对点"的合作关系,而是让顾客介入企业经营过程中,为企业的经营出谋划策,并鼓励顾客将其经验和知识贡献于企业的研发、生产、销售、服务等活动中,提高企业经营质量和运作速度,同时,顾客自身的能力也在这个过程中得到提高。例如,微软公司在研发"视窗95"时,就邀请并鼓励潜在顾客介入企业的产品研发过程,并及时给予反馈建议,使得"视窗95"成为史上最成功的产品之一。海尔公司曾在2000年左右采取"商家设计,海尔制造"模式,邀请并鼓励商家设计并订购新一代的家电产品,由海尔按单生产交货。由于不同地区的商家更了解当地消费者的需求与偏好,因而这种模式使得海尔的家电产品获得了显著的市场优势。

众所周知,竞争是市场经济的永恒主题。因此,竞争之于企业犹如走路之于人。但是,许多管理者往往把竞争视为一种对抗的力量,是企业生存和发展的威胁。其实并非如此。人们需要改变的一个陈旧观念是,商场不是战场。随着市场经济的发展,企业之间的关系早已从单纯的竞争关系转化为竞合关系(既有竞争又有合作),也只有通过合作竞争才能创造更大的商业价值。迈克尔·波特被尊称为"竞争战略之父",他在其成名之作、竞争三部曲之一《竞争战略》中强调,竞争并非打败或消灭竞争对手,相反,企业必须

---

① 彼得·德鲁克.管理:任务、责任和实践[M].刘勃译.北京:华夏出版社,2008.
② 拜瑞·内勒巴夫,亚当·布兰登勃格.合作竞争[M].王煜昆,王煜全译,合肥:安徽人民出版社,2000:40.
③ Prahalad C. K. and Venkatram Ramaswamy. Co-opting Customer Competence[J]. *Harvard Business Review*, 2000, (1-2):79-87.

保留"好"的竞争对手,并维持"好"竞争对手的生存力,以突显企业的竞争优势。[①]要建立合作竞争关系,企业之间必须实行差异化经营战略。正如孔子所说:"君子和而不同,小人同而不和。"在差异化竞争战略指导下,企业与"好"的竞争对手不但不是你死我活的关系,反而是一种相互促进、相互成就的关系。换言之,企业之间的这样一种竞争关系就属于建设性竞争(冲突)的关系。正如费孝通所说:"各美其美,美人之美,美美与共,天下大同。"从这个意义上说,真正的差异化经营本质上就是整合管理思想的应用,它有效地将企业之间的对抗关系转化为企业之间的竞合关系。

詹姆斯·穆尔在20世纪90年代就声称"竞争已经衰亡",21世纪是"共同进化"的世纪。[②]企业要想获得长期生存和发展,就必须与其他企业一起构建"商业生态系统",实现"共同进化"。一个有生命力的"商业生态系统"要求有多种多样的物种,并各自都能获得成长。同时,物种越多样化,越具有生长力,"商业生态系统"也就越能获得可持续发展。福列特认为,达尔文主义者所主张的那种适者生存的竞争法则已经变成了一种过时而且肤浅的看法——建立在"权力同在"观念基础上的合作,作为一种更有效的途径,已经逐渐为人们所认可。[③]

4.3.3 通过交互式作用实现整合

交互式作用是福列特的另外一个核心概念。要整合就必须建立联系。相互之间的联系是十分重要的,可以发挥巨大的作用。因为联系本身就具有交互式作用的本质特征。当人们在一起工作时,自然而然地会相互产生影响,而不管正式的职权是如何定义的。福列特将系统论应用于组织理论,论证了原因和结果之间的逻辑关系,提出行动者及其行动不能分开单独考察,而应当在与其他行动者及其行动的联系中考察。福列特关于联系的观点来源于她对人类正义与合作精神的坚强信念。她要求管理者运用自己的判断力,承认相互依存,建设性地运用冲突以获取信息,并且找到将冲突融合统一的解决方法。福列特甚至认为,"消灭种族隔离、给予平等待遇不会带来任何胜利的喜悦",而与此相对应的管理方法——融合统一,却能做到。

她引用生物学家的主张来说明她关于联系的观点:"我们必须通过整体来研究整体,而不是仅仅通过对其组成部分的分析来研究整体。"[④]此外,她引用一位心理学家的话说:"整体……不仅取决于它自身的组成部分,而且取决于各组成部分之间的相互关系。"福列特十分重视联系:"我强调这个联系的问题,因为现在,我们习惯了谈论'整体的情况',这个习语对很多人而言,仅仅意味着我们应当确保在我们的问题中,包括所有的因素……我在这里要强调的,这不仅仅是环境的完整性,而是完整的本质。"

一般地说,现实存在于联系之中,存在于双方的行动之间。在人的行动过程中,主观

---

① 迈克尔·波特.竞争优势[M].陈小悦译.北京:华夏出版社,1997:208.
② 詹姆斯·穆尔.竞争的衰亡:商业生态系统时代的领导与战略[M].梁骏等译.北京:北京出版社,1996.
③ 葆琳·格雷汉姆.玛丽·帕克·芙丽特——管理学的先知[M].向桢译.北京:经济日报出版社,1998:17(前言).
④ 葆琳·格雷汉姆.玛丽·帕克·芙丽特——管理学的先知[M].向桢译.北京:经济日报出版社,1998:19.

和客观是同等重要的;同时,现实就存在于主观与客观的联系之中,存在于这些联系所引发的无穷无尽的后果之中。在讨论"行动过程"时,我们必须放弃这种表达——作用"于"(主观作用"于"客观,客观作用"于"主观)在那个过程中,关键的事实是活动之间的相互遭遇和相互渗透。①福列特在借鉴生物学和心理学的研究成果的基础上指出,关于所有这些事物的最根本的思想就是,反应(反作用)总是对一个联系的反应(反作用)。

对福列特而言,环境是非常独特的,包括内部以及外部的各种因素,含有一种几乎是技术性的意味。"我们人类彼此之间存在着联系,我们要在环境之中,并且通过整个环境,来寻找这些联系。"总之,反应总是针对某种关联的,即反应与反应的接受者之间的关联。这无疑需要进行更深入的考虑,福列特认为这是所有社会科学的基本原理。具体而言,行为不是环境的函数,而是行为与环境相互关联的函数。福列特将这种观点视为她对社会现象的研究中最富有启发性的思考。②因此,我们绝不能孤立地看待行为,也不能简单地把环境视为影响行为的一个"自变量"。事实上,行为不是受环境的影响,而是受自己与环境之间关系的影响。同样,如果要分析一个活动(行为)与另一个活动(行为)之间的关系,那么,这个活动(行为)不仅是另一个活动(行为)的函数,而且更重要的,这个活动(行为)还是它自己与另一个活动(行为)相互交织、相互作用的关系的函数。

在人际关系中,一旦我和你之间建立了联系,那么,我和你就成为一个整体的存在。因此,我绝不是对你作出反应,而是对"你和我"发生反作用;或者更确切地说,是"我和你"反作用于"你和我"。我绝不能影响你,因为你已经影响了我;也就是说,正是在相遇相处的过程之中,并且正是通过相遇相处的过程,我们都发生了变化。甚至在我们相遇之前,在对相遇的预期之中,这些相互影响和作用就已经发生。例如,在开会时我们可以清楚地看到这种情况。在一般情况下,我们甚至不能找到变化发生的起点。为了表达她的意思,福列特甚至这样说:"我与你我之间的相互交织、紧密联合遇到你我和你之间的相互交织、紧密联合。"

福列特特别反对传统的"权力压迫"模式,即掌权者通过手中的权力采用严酷的方法来维持自己的统治,也就是所谓的"官大一级压死人"。这种模式往往导致维持秩序的成本逐渐攀升,直至高到令人无法想象的地步。福列特认为"权力压迫"模式是倒退的、自我否定的。在这种模式中,掌权者凭借手中的权力,将自己凌驾于其他人之上,获得超越其他人的特殊地位,进而获取自己想要的结果。这种模式使用越频繁,获取的结果越显著,掌权者就越难以得到他人的信服、尊重和追随,直至完全走向他人的对立面。福列特提出了一个替代模式——"权力同在"模式。这种模式并不是单纯建立在控制的基础之上,它倾向于采取自然的并且更能促进生产力发展的管理方法。权力同在表示与别人共同工作,从而满足彼此的需求和愿望。权力同在来源于个体力量的汇聚。集体中的每一个成员都有自己独特的、至高无上的力量。这力量来自于知识、经验以及他或她的独特

---

① 葆琳·格雷汉姆.玛丽·帕克·芙丽特——管理学的先知[M].向桢译.北京:经济日报出版社,1998:9.
② 葆琳·格雷汉姆.玛丽·帕克·芙丽特——管理学的先知[M].向桢译.北京:经济日报出版社,1998:19.

能力的结合。福列特指出:"如果你的企业是这样组织的,以至于在你能够影响一个合作管理者的同时,他也在影响你;并且,在你有机会去影响一个工人的同时,他也有机会影响到你;如果每时每刻,相互作用无处不在,那么,权力同在的机制就建立起来了。"①福列特关于权力同在的观点是冲突的积极解决方法的理论基础。

人们通常假定管理者是理性的,他必须服从真理的指令,而工人则深受情绪的支配。因此,管理者不得不接受必要的技巧训练,以便满足工人的感情需要。但是,福列特认为这样的二分法是不正确的。在她看来,管理者与被管理者都是被理智、情感和天性的混合体所影响的个体。人们之所以如此行动,是因为在联系的基础上产生了相互的作用与反应。如果工人被告知不许思考,或者被训练成流水线的延伸部分,那么,他会照做不误。但是,这样的结果是非常糟糕的,因为工人将会成为不动脑筋、不负责任的命令执行者。因此,要想取得好的效果,管理者就不应当操纵他的下属,而应当给下属提供教育和培训的机会,使其懂得如何去运用职责赋予的权力,并且对所承担的任务及结果负责。"管理者……应当给工人们一个成长机会,去培养自己的能力,或者培养自己的权力。"②

整合需要创造性思维和行动。一个成功的管理者不能让自己的思维停留在从相互排斥的二者中选择其一的限制中。福列特认为,"当我们的思想挣脱不出'非此即彼'的桎梏时,我们将会鼠目寸光,左右碰壁,成功渺茫。千万不要让'非此即彼'埋没了我们。比'此''彼'两种选择更好的办法极有可能存在"。她强调指出,"整合,这是唯一的、具有积极作用的方法。"这种方法可以通过先"暴露"出真正的冲突所在,然后把"双方的冲突分解后再变成相互关联的部分"的方法来实现。③

整合管理需要整合性思维和行动。这是衡量一个管理者是否合格的重要方面。福列特指出:"我们应当记住,我们永远不能把人与机械截然分开。""对工商领域中人际关系的研究与对生产技术的研究密不可分。"然而,令人遗憾的是,无论是管理理论界还是管理实践界,还原论以及相应的分析方法仍然大行其道。正如加里·哈梅尔指出的:"现代管理理论的发展无非就是对两样东西的追求:让管理更加科学,让管理更富人性色彩。认为对后者的追求比对前者更开明,这是一种完全错误的看法。"④

与福列特同时代的切斯特·巴纳德,在《经理人员的职能》中讨论了效果和效能的问题。⑤所谓效果,是指一个组织达到了目的,或取得了成果;所谓效能,是指组织成员在实现组织目的的同时满足了自身的动机。他指出,在任何一个组织中,既不能单纯地追求效果,也不能片面地追求效能,任何以牺牲一方面的代价来追求另一方面的管理,都不是有效的管理。效果和效能是组织整体中相互联系、相互作用甚至相互包含的两个要素。

---

① 葆琳·格雷汉姆.玛丽·帕克·芙丽特——管理学的先知[M].向桢译.北京:经济日报出版社,1998:16.
② 葆琳·格雷汉姆.玛丽·帕克·芙丽特——管理学的先知[M].向桢译.北京:经济日报出版社,1998:96.
③ 玛丽·福列特.福列特论管理[M].吴晓波,郭京京,詹也译.北京:机械工业出版社,2009:28.
④ Hamel Gary. Revolution Vs. Evolution: You Need Both[J]. *Harvard Business Review*, 2001, (5):150-153.
⑤ 切斯特·巴纳德.经理人员的职能[M].孙耀君等译.北京:中国社会科学出版社,1997:16.

如果一个人认为他对协作体系做出的贡献是(或将会是)无效能的,他就会停止(或暂停)做出贡献。如果其贡献是协作体系不可缺少的,那么对他个人的无效能就会成为协作体系的无效能,协作体系就不能存续下去。如果协作体系不能存续下去,就意味着对全体成员都是无效能的。因此,在这种情况下,协作体系的效能就取决于边际贡献者的效能,或者说取决于边际贡献者。

福列特的整合管理思想对管理理论与实践产生了重要影响。道格拉斯·麦格雷戈在《企业的人性面》一书中提出了著名的X理论和Y理论。[①]尽管麦格雷戈并未否定X理论的价值,但是,很显然,他特别推崇Y理论,主要原因就在于该理论强调个人目标与组织目标的互动与融合。他认为,一个组织如果忽略了"个人的需要和目标",最终受到伤害的往往是组织本身。尤其需要强调的是,不存在独立的组织目标或个人目标。即如果没有组织目标,也就无所谓个人目标;反之亦然。因此,在任何一个组织中,我们都应该"创造条件,使组织成员达成自身的目标,(最佳情况是)所有成员同时努力追求组织的成功"。但是,在现实中,组织目标往往代表一切,完全淹没了个人目标。以至于企业文化领域的权威埃德加·沙因感慨地说:"直到现在,大多数人仍然没有真正读懂(《企业的人性面》)这本书。"

福列特的整合管理思想也为现代管理学指明了发展方向。当前几乎所有的管理学教科书都是按照职能框架来编写的。所谓职能框架,最初来源于亨利·法约尔的"管理五要素",即计划、组织、指挥、协调、控制。后来,哈罗德·孔茨在他于1955年出版的《管理学》中,把这五要素升格为五职能,并把其中的"指挥"改为"人事",从而奠定了管理学的职能框架基础。在《管理学》修订版中,孔茨把五职能改为四职能,即计划、组织、领导、控制,取消了协调职能。这当然并不是说协调不重要,也不是说协调不是管理的职能,而是说协调是管理的核心,所有的职能,包括计划、组织、领导和控制都是为了协调。如果我们接受了孔茨的协调核心说,那么,所谓的协调,实际上就是为了解决组织中各种各样的冲突问题。如人与人之间、群体与群体之间、组织与组织之间、人与群体之间、人与组织之间、组织与环境之间的冲突,组织内部资源分配的冲突,资源条件与环境机会之间的冲突。换言之,协调是一个整合管理的过程。如果忽视这一点,而将协调理解为计划、组织、领导、控制,那么,当我们进行协调时,也就失去了协调的能力和意义。正如丹尼尔·雷恩指出的,"当我们学会把组织的技术问题同人群问题更好地联系起来,(管理学的)综合就会实现"[②]。

福列特的整合管理思想有着巨大的实际应用价值。1997年,史蒂夫·乔布斯重回苹果公司后,发现公司设计的产品非常平庸。于是,他产生了换掉整个设计团队的想法。但是,当他来到艾弗的设计工作室时,他被图纸上的产品样式打动了,这些产品样式反映

---

① 道格拉斯·麦格雷戈.企业的人性面[M].韩卉译.北京:中国人民大学出版社,2008.
② 丹尼尔·雷恩,阿瑟·贝德安.西方管理思想史[M].孙健敏等译.北京:中国人民大学出版社,2013:467.

了艾弗和乔布斯一样的设计理念,正如乔布斯所说:"我喜欢活在人文和科技的交叉点上。"乔布斯极力挽留了艾弗,并和他一道设计出划时代的 iMac 和 iPod 产品。当时,iMac 非主流的外形使许多合作方感到不可思议,担心影响市场前景。然而,iMac 上市后获得了空前的成功:在发售的前四个月就卖掉了 80 万台,成为苹果公司史上卖得最快的电脑产品。iPod 上市后,市场份额一度高达 70%,2007—2008 年,iPod 系列产品的销售额几乎占苹果公司总销售额的一半。

格雷汉姆发现,致力于研究冲突的解决方法的各种中心和机构在这个已经工业化了的世界里,如雨后春笋般涌现,蓬勃发展。现在,关于冲突的研究项目已经形成了一个初具规模的产业,有着许许多多的著作、研讨会、讲座以及实验小组。主张"冲突"的思想家也偶然发现了"可替代争论的解决方法"。整合管理是一个建立在利益整合基础之上的概念。这个方法逐渐被应用于每一个发生了矛盾冲突的领域所涉及的敌对关系上,如夫妻之间、邻里之间、合作伙伴之间以及所有各种契约关系之间的矛盾冲突。①

 本章结语

许多学者认为,福列特身处科学管理时代,但她的学说却构成了行为科学时代的重要组成部分。虽然这是对福列特的褒扬,但是,我们认为这种褒扬是不恰当的,反而会对人们理解和把握福列特的管理思想产生误导。这是因为,这样的褒扬暗含了以下观点:福列特的管理思想是关心人的,是以人为本的;而科学管理理论是不关心人的,是压抑和扭曲人性的。

其实,这两个方面的观点都是不正确的。第一,科学管理理论并不是不关心人,相反,关心人在科学管理理论中是应有之义。只是如泰勒所说:"过去,人是第一位的;将来,体系是第一位的。"福列特的学说毫无疑问是关心人的,但是,福列特并未将人凌驾于集体之上,相反,她在组织语境下研究人,认为个人与组织是一种"统一融合的生活"。科学管理提倡通过让工人掌握先进的工具和方法,来更好地完成其应该而且必须完成的任务,从而成为"头等工人",并实现雇主和自身财富的最大化。在这一点上,福列特和泰勒的管理思想是完全一致的。这是福列特对泰勒的科学管理思想的发扬光大,也是她对管理思想发展的卓绝贡献。第二,福列特身处科学管理时代,但她并没有批评和反对科学管理,相反,她继承了科学管理强调的科学精神或理性精神,认为管理者只要具备了科学精神或理性精神,就能将冲突视为机会而不是问题,就能找到创造性解决冲突的方法:通过整合各方利益来创造新的、更大的价值,而不是通过压服、折中来平息冲突。福列特的整合管理思想具有十分重要的理论意义和实际意义。

---

① 葆琳·格雷汉姆.玛丽·帕克·芙丽特——管理学的先知[M].向桢译.北京:经济日报出版社,1998:15(导言).

福列特毫无疑问是管理思想史上最伟大的大师之一。她的管理思想远远超越了她所处的时代,甚至超越了当今时代。丹尼尔·雷恩把她和切斯特·巴纳德并称为"两个时代之间的桥梁"。与其如此,不如说福列特是一个"后现代管理思想家"。这是因为,任何现代管理思想的特征都无法描述福列特的管理思想。用彼得·德鲁克的话说,"她不愧为管理学的'先知'"。可以预料,随着管理理论与管理实践的不断发展,福列特的管理思想将会得到越来越多的认可和重视,也将会发挥越来越大的作用,并为人类社会做出更大的贡献。

第5讲

切斯特·巴纳德管理思想

切斯特·巴纳德1886年出生于美国马萨诸塞州莫尔登,1906—1909年在哈佛大学攻读经济学学位。1909年,由于未拿到一门实验学科的学分,巴纳德没能获得学位,于是离开哈佛大学,进入美国电话电报公司开始了他的职业生涯。1927年,他开始担任美国电话电报公司的子公司——新泽西贝尔电话公司的总经理,直至1952年退休。巴纳德虽然没有在大学获得学士学位,但是后来由于在管理理论研究方面的杰出贡献,获得了七个荣誉博士学位。

巴纳德是一个天赋异禀之人。他长期担任美国新泽西贝尔电话公司总裁;他是一个出色的钢琴演奏家,能够即席弹奏很多古典作品;正是出于对音乐的强烈兴趣,他创立了新泽西巴赫音乐协会并担任主席;他曾帮助美国原子能委员会制定政策;20世纪30年代大萧条时期,他担任新泽西州减灾委员会总监;1942年创建联合服务组织公司并出任总裁;1948—1952年担任美国洛克菲勒基金会董事长;他还担任过美国国家科学基金会会长、财政部部长助理、科学促进会委员、艺术和科学院院士等众多社会职务。

巴纳德长期在企业工作并担任高级管理者。不仅如此,他在漫长的工作经历中积累了关于各种组织的丰富的管理经验,他对描述组织的活动、描述组织成员之间的社会关系一直有着浓厚的兴趣,并积极参与各种关于组织的研讨活动。1938年,他出版了《经理人员的职能》一书。该书可以说是他一生从事企业管理工作的经验总结。斯图尔特·克雷纳这样评价巴纳德:他不仅是杰出的管理理论家,也是成功的管理实践家。[1]

在管理思想发展史上,巴纳德的《经理人员的职能》获得了广泛推崇和高度评价。巴纳德的同时代人、英国的林德尔·厄威克认为:"自弗雷德里克·泰勒的《科学管理原理》出版以来,恐怕还没有哪一部著作如此显著地影响了认真的企业领导人对自己的工作性质的看法。"[2]肯尼斯·安德鲁斯指出:"该书自出版以来一直是专业人员写出的有关组织

---

[1] 斯图尔特·克雷纳.管理必读50种[M].覃果等译.海口:海南出版社,1999:13.
[2] 斯图尔特·克雷纳.管理必读50种[M].覃果等译.海口:海南出版社,1999:14.

和管理的最能启发人的思想的著作。"①麦克马洪和卡尔认为,巴纳德的《经理人员的职能》极具洞见,为企业政策课程的开设和企业战略理论的形成奠定了基础。②

5.1 关于巴纳德学说的争议

巴纳德出版了两本影响较大的著作,一本是《经理人员的职能》,另一本是《组织和管理》。肯尼斯·安德鲁斯在为《经理人员的职能》所写的序言中指出,《经理人员的职能》是巴纳德唯一的具有专业性的理论著作,也是一部在管理理论研究领域产生巨大影响的著作。相比较而言,巴纳德的《组织和管理》只是一部论文集,这些论文要么是对原来提出的理论的某些方面的进一步说明,要么是对过去发生的各种事件的记述。因此,巴纳德的管理思想主要反映在《经理人员的职能》中。

但是,要准确理解巴纳德的管理思想并非易事,这不仅是因为书中许多观点极具原创性,也是因为书中表达观点的方式非常独特。肯尼斯·安德鲁斯指出:"他的书最明显的缺陷就是表述的抽象性,举例的稀少和平淡无味以及文体的晦涩难懂。"梅尔文·科普兰批评巴纳德的书结构不合理,表达不严谨,甚至生造新词,令人迷惑。巴纳德则在《哈佛商业评论》发文对这些批评作出回应:"这个学说是难懂的、费解的、抽象的、深奥的。"③由此带来的结果是,人们对巴纳德学说的认识产生了巨大差异,对其评价亦可谓"仁者见仁,智者见智"。

对于一个在管理理论研究领域产生了重大影响的大师,学者们总是试图将其理论归属于某一学派,如果该理论是原创性研究成果,那么,学者们倾向于为其理论找到一个能概括其管理思想的学派名称。这样做的好处是显而易见的:第一,可以简明而准确地表达管理理论大师的核心管理思想;第二,可以总结性地指出管理学者对该大师管理思想的研究领域和研究方向;第三,有利于人们学习和掌握管理理论大师管理思想的精髓。

哈罗德·孔茨在《管理理论丛林》一文中将巴纳德的学说命名为"社会系统学派",后来在《再论管理理论丛林》一文中改称其为"协作型社会系统学派",以便与"社会—技术系统学派"相区别。哈罗德·孔茨的这一观点得到了一些后继研究者的接受。邹治平和刘艳红将巴纳德称为"社会系统理论"的创始人,并认为该理论的核心观点是组织平衡观。④

随着组织理论研究的兴起,巴纳德因为对正式组织的开创性研究和杰出的贡献而被赞誉为"组织理论之父"。肯尼斯·安德鲁斯认为,巴纳德首要的重大贡献是提出了一个

---

① 切斯特·巴纳德.经理人员的职能[M].孙耀君等译.北京:中国社会科学出版社,1997:12(30周年版导言).
② McMahon Dave and Jon C. Carr. The Contributions of Chester Barnard to Strategic Management Theory [J]. *Journal of Management History*. 1999,(5):228-240.
③ 切斯特·巴纳德.经理人员的职能[M].孙耀君等译.北京:中国社会科学出版社,1997:5(30周年版导言).
④ 邹治平,刘艳红.社会系统理论的创始人:切斯特·巴纳德[M].保定:河北大学出版社,2005:69.

全面的组织理论。①麦特森和伊万舍维奇在《管理与组织行为经典文选》一书中,着重讨论了巴纳德的权威观。②丹尼尔·雷恩指出,由于巴纳德对决策过程的深刻见解,他被认为是决策理论的奠基人。其中,巴纳德最独特的观点之一是"权威来自于被接受"。③

巴纳德本人却认为,他所创建的理论实际上是"正式组织的社会学"④。不过,日本学者饭野春树并不同意巴纳德对自己的理论属性的概括。他指出,在所谓的"正式组织的社会学"框架下,人们不可能真正理解巴纳德的核心思想,也无法认识巴纳德对组织与管理理论发展所做出的巨大贡献。⑤饭野春树认为巴纳德理论的最大贡献是:第一,从经济学意义上的以企业为中心的理论,转向建立了超越经济学的一般组织理论;第二,借鉴行为科学的研究成果创建了以人为中心的组织理论,反映了工商界尊重人性的客观需求。⑥

总之,正如丹尼尔·雷恩所说,巴纳德是一个在管理思想史上做出重要贡献和产生巨大影响的人。⑦日本学者安次郎认为,巴纳德首次清晰阐明了管理和组织的区别以及两者之间的联系;他开辟了一种新的方法:不是把管理诠释为组织,而是在管理中理解组织,在管理学中把握组织论。⑧日本学者饭野春树指出,"巴纳德将组织理论推进到了名副其实的现代理论阶段,并从人类行为的观点彻底纠正了人们对正式组织的传统认识。他被誉为现代组织理论的开创者,实现了对人性观、组织观的划时代的转换,并在管理学(组织论)中掀起了'巴纳德革命'"。⑨日本学者占部都美指出,巴纳德之所以被称为社会系统理论的创始人,成为沟通古典管理学派与人际关系理论学派的桥梁,究其原因在于巴纳德对个人行为和动机的重视,在于他将新兴的系统理论应用于正式组织的研究,并取得了杰出的理论成果。一般认为,巴纳德组织理论促成了传统组织理论向现代组织理论的过渡,是"现代组织理论之父"。⑩

但是,并不是所有人都认可巴纳德的研究成果和理论贡献。例如,克劳德·小乔治在《管理思想史》一书中,尽管将巴纳德称为"管理哲学家",但是,他将巴纳德与埃尔顿·梅奥、詹姆斯·穆尼、林德尔·厄威克等人并列,暗示其尚不足以像弗雷德里克·泰勒、亨利·法约尔、马克斯·韦伯等人那样,成为一个理论学派的"开山鼻祖"和"领军人物";⑪斯图尔特·克雷纳在《影响世界的西方管理思想》一书中,无论在目录还是在正文中,都没有提到巴纳德的名字和著作,只是在该书的附录"管理思想家纵览"(其实是补正文之遗)中列出了巴纳德的名字,并且只有简单的一句话:"巴纳德和其他伟大的管理学

---

① 切斯特·巴纳德.经理人员的职能[M].孙耀君等译.北京:中国社会科学出版社,1997:4(30周年版导言).
② 迈克尔·麦特森,约翰·伊万舍维奇.管理与组织行为经典文选[M].李国浩等译.北京:机械工业出版社,2000.
③ 丹尼尔·雷恩,阿瑟·贝德安.管理思想史[M].孙健敏等译.北京:中国人民大学出版社,2012:246—248.
④ 切斯特·巴纳德.经理人员的职能[M].孙耀君等译.北京:中国社会科学出版社,1997:序言.
⑤ 饭野春树.巴纳德组织理论研究[M].王利平等译.北京:三联书店,2004:19.
⑥ 饭野春树.巴纳德组织理论研究[M].王利平等译.北京:三联书店,2004:4(前言).
⑦ 丹尼尔·雷恩,阿瑟·贝德安.管理思想史[M].孙健敏等译.北京:中国人民大学出版社,2012:248—249.
⑧ 切斯特·巴纳德.组织与管理[M],曾琳,赵菁译.北京:中国人民大学出版社,2009:封底.
⑨ 饭野春树.巴纳德组织理论研究[M].王利平等译.北京:三联书店,2004:119.
⑩ 占部都美.现代管理理论[M].蒋道鼎译.北京:新华出版社,1984:1359.
⑪ 克劳德·小乔治.管理思想史[M].孙耀君等译.北京:商务印书馆,1985:目录.

理论家不同,他实际上是一位经理,他撰写的关于组织和管理行为的著作很有影响力"①;美国管理学家卢瑟·古利克和英国管理学家林德尔·厄威克曾经联合编写了一本《管理科学论文集》,书中收录了当时管理学界一些产生重要影响的论文,其中包括穆尼、法约尔、丹尼森、亨德森、怀特海德、梅奥、福列特、约翰·李、格兰库纳斯,以及厄威克和古利克本人,但是,该书没有收录巴纳德的论文;②在《组织理论精萃》一书中,根本就没有介绍巴纳德的著作和观点;③在《组织理论代表人物评析》一书中,巴纳德仅仅被作为"组织领导理论的代表人物"(与弗雷德·菲德勒、任塞斯·利克特等人并列)来介绍;④在《国外组织理论精选》一书中,甚至根本就没有介绍巴纳德的理论观点;⑤等等。

5.2 巴纳德关于个人的观点

巴纳德发现,尽管组织在社会发展过程中已经成为一个越来越普遍的客观存在,但关于正式组织的研究成果几乎没有。⑥正式组织是人与人之间的一种有意识、有目的、深思熟虑的协作,是社会行动主要在其中完成的具体社会过程。或者说,社会行动在很大程度上是通过正式组织来实现的。相反,社会行动的失败往往是由于正式组织未能提供人与人之间的持续、有效、可靠的合作。不仅如此,这个具体过程即使作为一种社会条件或社会情景的一个因素,也几乎被完全忽略了。巴纳德认为这既是一个不正常的现象,也是一个令人不安的现象,因为这种现象极大地阻碍了人们对经济发展、社会进步的理解。

因此,巴纳德致力于创建一个关于正式组织的理论。这是因为,如果研究经济社会发展却不理解正式组织,就如同在研究人体时不了解大脑及其功能。肯尼斯·安德鲁斯指出:"巴纳德的目标是远大的。正如他本人在该书前言中所说的,他的首要目标是提供一个正式组织内合作行为的全面理论。当个人意识到仅凭自己的力量无法达成目标时,合作就产生了。"⑦巴纳德认为,在广泛探讨组织的性质及其职能时,或者说明组织中管理过程的各项要素时,首先要研究的是"人",即"个人""人们"及其相关的立场、理解、假设。如果没有这样一个预备性的考察,就必然会产生种种模糊不清的认识和始料未及的误解。⑧

5.2.1 个人的地位

巴纳德创建关于正式组织的理论是从对"个人"的研究开始的。一些学者据此认为,

---

① 斯图尔特·克雷纳.影响世界的西方管理思想[M].董洪兰译.北京:中央编译出版社,2007:346.
② 孙耀君.西方管理思想史[M].太原:山西人民出版社,1987:227—228.
③ D.S.皮尤.组织理论精萃[M].彭和平,杨小工译.北京:中国人民大学出版社,1990.
④ 刘延平.组织理论代表人物评析[M].孙耀君等译.北京:经济科学出版社,2010.
⑤ 竹立家,李登祥等.国外组织理论精选[M].北京:中共中央党校出版社,1997.
⑥ 切斯特·巴纳德.经理人员的职能[M].孙耀君等译.北京:中国社会科学出版社,1997:3.
⑦ 切斯特·巴纳德.经理人员的职能[M].孙耀君等译.北京:中国社会科学出版社,1997:4(30周年版导言).
⑧ 切斯特·巴纳德.经理人员的职能[M].孙耀君等译.北京:中国社会科学出版社,1997:8.

巴纳德管理思想是一种人本主义思想，并对他进行了"赞美诗般的"褒扬。其实，所谓"人本主义思想"只是一种"不着边际的""浪漫化的"表达而已，并没有真正理解巴纳德的思想。还有一些学者认为，巴纳德持有的是"社会人假设"，其学说是在霍桑试验的影响下、吸收了其各项研究成果的产物，有些学者甚至还将其划归"人际关系学派"。事实并非如此。这同样是一种"一厢情愿"的想法或做法，甚至巴纳德本人也不认可这一点。①

需要指出的是，巴纳德对人的看法是相当冷峻的。肯尼斯·安德鲁斯认为，巴纳德实际上是对抽象意义的"个人"，而不是对鲜活的、有着价值追求的人更感兴趣。他对有关激励问题的分析，主要着眼点是人的反应行为，而不是对管理过程的充分参与。他完全没有讲到个人的成长与发展，个人需求的成熟，个人归属意识的弱化或强化。②

在讨论协作体系的初始阶段，在未考虑社会因素的情况下，为简明起见，巴纳德甚至"把人作为某种被操纵的机器人来对待"③。在考虑了社会因素的情况下，他也只是把人视为"有意识、有目的、选择能力受到限制"的行为主体。当然，巴纳德并不想探讨"人何以为人"这样严肃的哲学问题，他只是认为，在广泛地探讨组织的性质及其职能时，或者说明组织中管理过程的各项要素时，首先必须探讨"人"及其相关的立场、理解、假设，否则就不可能真正理解正式组织的性质及其职能。即讨论人是为研究正式组织服务的。

巴纳德首先探讨了个人的地位。他认为，第一，个体层面的人一般都可以视为一个特定的、个别的、物的存在。但是，从更广泛的目的和意义上看，个体层面的人，包括人的身体，都不是个别的、独立的存在。换言之，从物的方面来看，人既可以作为一个个体，又可以作为一般的物的要素的一个方面或机能的表现。④例如，当电梯设计师计算电梯的载重能力时，他考虑的人并不是指个人的存在，而是舍弃了人的其他方面，只考虑人的重量。

第二，从人的身体本身来看，人是一个由物的和生物的部件构成的有机体，尽管它的物的因素可以与生物的因素区别开来，但在具体的有机体中是不能分开的。换言之，活体是因其行为被认识的，而所有的活体的行为都是物的因素和生物的因素的综合体。如果说单个的有机体是这样构造的，那就意味着它不仅代表着普遍的物的因素，而且代表着漫长的物种的历史。因此，如果不考虑所有这些方面，有机体就是一个个体；如果我们考虑这些方面，有机体就是由我们看不到的许多东西组成的一个集合体。

第三，不同于物体与物体之间或有机体与物体之间的相互作用，人的有机体之间的相互作用存在着相互的体验和适应，所要求的适应和相关的体验不仅涉及由各个有机体固有因素决定的事物和机能，而且涉及反应和调节的相关性本身。换言之，两个人的有机体之间的相互作用是对适应行为的意图和意义的一系列反应。这种相互作用所特有的各种因素就是所谓的"社会因素"，这种相互作用关系就是"社会关系"。

---

① 饭野春树.巴纳德组织理论研究[M].王利平等译.北京：三联书店，2004：18.
② 切斯特·巴纳德.经理人员的职能[M].孙耀君等译.北京：中国社会科学出版社，1997：6(30周年版导言).
③ 切斯特·巴纳德.经理人员的职能[M].孙耀君等译.北京：中国社会科学出版社，1997：20.
④ 切斯特·巴纳德.经理人员的职能[M].孙耀君等译.北京：中国社会科学出版社，1997：9.

总之，在巴纳德看来，个人是指一个单独的、独特的、独立的、分离的、完整的人,体现着过去和现在无数的力量和物质,包含着物的、生物的、社会的要素。或者说,个人只不过是一个取决于我们的兴趣幅度的一个或多个因素的象征。①

5.2.2 个人的特性

巴纳德在书中专门研究了个人的特性,并将研究结论作为其组织理论的重要基础。他认为,第一,个人的行为是由其心理因素驱动的。第二,个人的目的产生于选择能力的有限性。②一般说来,第一点并无争议,只是需要说明的是,所谓心理因素,是指决定着与个人当前环境关联的、个人的历史和现状的、物的、生物的、社会的各种要素的结合、构成或剩余;第二点则与传统的、普遍的观点相反。传统的、普遍的观点认为,个人具有选择的能力、决定的能力和意志力（capacity of will）,即使是为了科学研究的目的,如在法学、伦理学、政治学研究中,人们通常也都持有这样的观点。但是,巴纳德并不同意这种观点。

如前所述,所谓个人,是指各种物的、生物的和社会的要素的结合体,因此,巴纳德指出,个人为了行使意志力或满足自己的愿望,而在有限选择的条件下进行某种尝试,叫做提出或达到"目的"。③简言之,只有当个人存在有限选择时,才会出现目的。当然,巴纳德所讨论的是跟组织活动有关的目的。在巴纳德看来,正是由于个体选择能力的有限性导致了个人目的的产生。换言之,如果存在无限可能,那么个人就会出现"选择能力瘫痪"症状。例如,一个在小船中睡着的人,醒来时发现小船漂流在海洋上,可以随便驶往任何方向,此时,他反而失去了选择能力。这表明,有限可能是选择的必要条件。

人的选择能力之所以是有限的,是因为物的、生物的、社会的要素综合起来提供的可能性是有限的。简言之,人并不是想做什么就能做什么。但是,任何个体又都是现在和过去各种物的、生物的、社会的力量的合成物。因此,尽管个体的选择能力是有限的,但这并不意味着否定人的选择能力及其重要性。只要个体坚持朝着特定的方向反复选择,就会使得个体的物的、生物的、社会的要素发生变化,从而达到自己的目的。

之所以说个体的目的产生于其选择能力的有限性,是因为人们追求的特定目的往往是在一定条件下或通过一定过程去追求的目的。④当然,人们常常意识不到这一点。人们只有在其他条件下或通过其他过程可以达到特定目的,而又拒绝这种情况时,才会觉察到这一点。人的选择能力所受到的限制包括特定的经验（记忆或过去的影响）,以及在某一特定环境中的物的、生物的和社会的因素的影响。这种选择能力赋予人的"适应"行为某种意义,不同于单纯地对现有条件作出的"反应"。⑤

巴纳德认为,理解人的特性十分重要,它是创建组织理论和阐释管理过程的基础。

---

① 切斯特·巴纳德.经理人员的职能[M].孙耀君等译.北京:中国社会科学出版社,1997:10.
② 切斯特·巴纳德.经理人员的职能[M].孙耀君等译.北京:中国社会科学出版社,1997:11.
③ 切斯特·巴纳德.经理人员的职能[M].孙耀君等译.北京:中国社会科学出版社,1997:12.
④ 切斯特·巴纳德.经理人员的职能[M].孙耀君等译.北京:中国社会科学出版社,1997:16.
⑤ 切斯特·巴纳德.经理人员的职能[M].孙耀君等译.北京:中国社会科学出版社,1997:31.

如果不以关于人的特性的某些假设为依据,就不可能创建协作体系或组织理论,也不可能对组织、管理者或参加组织的其他人的行为作出有意义的说明。尤其需要强调的是,不能夸大个体的选择能力,更不能认为个体具有无限的选择能力。否则,就会导致错误的决策。巴纳德进一步指出,现实中常常出现的变革受阻、运作失效、组织解体,往往正是由于未能认识到个体选择能力的有限性。这是因为,对人的选择能力及其意义的不适当的夸大,在某些情况下,不仅是造成误解的根源,而且是导致低效甚至是无效行动的根源。

巴纳德认为,个人目的的存在,或对个人目的存在的信念以及个体经验的限制,导致了旨在实现目的或克服限制的人际协作。协作是人类的一种基本技能。自人类有史以来,协作就成为人类的一种有效的生存方式。人类之所以协作,是因为通过协作可以实现单个人无法实现的目的。协作体系是人类社会运行的基本载体。一般地说,协作体系是由各种互相关联的物的、生物的、心理的、社会的要素组成的经常变化的体系。这种协作体系为了能够生存下去,必须在实现组织目的方面是"有效果的",在满足个人动机方面是"有效能的"。

5.3 巴纳德关于组织的概念

巴纳德关注的是组织,他之所以研究组织中的社会协作活动——他因此而被誉为"社会协作系统学派"的创始人,是因为组织运转是通过社会协作进行的。他认为,要了解组织就必须了解社会协作的过程。实际上,组织才是巴纳德研究的对象。在巴纳德看来,协作是整个社会得以正常运转的基本而又重要的前提条件。巴纳德通过研究协作体系形成了其组织管理思想,并在此基础上提出了经理人员的职能。

5.3.1 为什么要研究组织

在巴纳德所处的时代,人们对组织的认识还很模糊,组织的概念也刚刚出现,关于组织的讨论常常存在许多障碍,人们很难一致理解更不必说一致接受关于组织议题的一些结论。巴纳德在受邀前往洛厄尔研究所举行一系列有关经理人员职能的讲座时,就遇到了两个难题:一是对那些没有组织和领导经验的人而言,巴纳德必须向他们解释什么是组织及其动态特性,否则这两个名词对他们来说毫无意义;二是对那些已经拥有管理经验的人而言,这两个名词也可能毫无意义,因为不同的组织对不同的事物和现象往往会使用不同的名称,即使是同样的名称在不同的组织内含义也可能大相径庭。[①]

巴纳德遇到的困境只是他所处的那个时代的"冰山一角"。人们在谈论组织问题时,尤其在理论上探讨组织问题时,几乎没有共同基础。与之相对应的是,可以用来作为理解这些问题的共同基础的文献很少。即使有,绝大多数高层经理也不知道这些文献,甚

---

① 切斯特·巴纳德.组织与管理[M].孙耀君等译.北京:中国人民大学出版社,2009:4.

至没有兴趣了解是否存在相关文献。巴纳德尤其不满的是,在他所知道的有关组织的文献中,没有一种文献符合他的经验,或符合公认的擅长于管理实践或组织领导的人的行动的含义。① 不仅如此,这些文献概念多样,内涵不一,令人莫名其妙,莫衷一是。哈罗德·孔茨曾经讨论过管理学研究领域的"理论丛林"现象,这种现象的成因之一就是语义的多样性。②

在巴纳德所处的时代,工业化已经达到相当成熟的水平,正式组织也已经是社会经济生活的一种最重要的特征,是现代社会的主要构成因素。在这种背景下,缺乏关于组织的研究成果是不正常的现象。巴纳德认为,在现实中,对政府组织和宗教组织的性质的强调,以及这两种组织对权威的起源和性质的不同看法,妨碍了人们探求组织的普遍性原则。③ 人们普遍认为,只要能够像政府组织那样拥有正式的、自上而下的权威,像宗教组织那样拥有虔诚的、发自内心的信仰,人类的协作体系就可以顺利地运行下去。

在学术界,管理学和经济学理论中都存在着对人们关于组织普遍原则认识的误导性观点。一方面,在管理学理论中,巴纳德痛切地感到,管理职能的经验性分类和简单罗列,以及从中引发出来的相关原理、原则和框架,很难把自己作为管理者的丰富经验传达给读者。尽管巴纳德强调,组织以及组织中的人是社会活动的中心,但是,巴纳德想研究的对象是组织,即组织是如何形成的,又是如何运行的,更重要的是,组织是如何存续的。另一方面,在经济学理论中,人被假设为只是带有一些非经济属性的"经济人"。实际上,这种假设是不真实的,根本不能反映协作体系中人的各种各样的复杂行为。巴纳德的开创性在于,他突破了传统的经济学理论的框架,不再把人对经济利益的追求当作至高无上的信条——尽管经济利益对人的影响是不言而喻的,他开始探究非经济因素对组织中人的行为的影响,如动机、兴趣、过程等,这些非经济因素无论是对高层经理还是对普通员工都有着非常重要的影响。

巴纳德的重要贡献之一是发现了正式组织是如何形成的。在此之前,人们普遍都把组织视为一个既定的存在,并在此前提下讨论管理问题。例如,丹尼尔·雷恩就认为,在工业革命初期,工厂制度诞生以后,人们面临的管理问题主要包括以下三个方面:一是劳动力问题,主要表现为如何招募、培训、激励工人;二是管理者问题,主要表现为如何选拔、培养、考核管理者;三是管理职能问题,主要包括如何做好计划、组织、控制等方面的工作。

巴纳德明确指出:"(《经理人员的职能》)出版的必要性不仅在于组织问题被搞得混乱不堪和不可捉摸,而现在在社会中人们的有目的的和建设性的活动主要是在正式组织中进行的;还在于正式组织和一般社会的关系,以及正式组织的活动(与社会生活的其他各种机构和抽象的一般要素相比)在很大程度上决定了社会体系的结构和过程。"④

---

① 切斯特·巴纳德. 经理人员的职能[M]. 孙耀君等译. 北京:中国社会科学出版社,1997:序言.
② Koontz Harold. The Management Theory Jungle Revisited[J]. *Academy of Management Journal*, 1980, 5(2):175-187.
③ 丹尼尔·雷恩,阿瑟·贝德安. 管理思想史[M]. 孙健敏等译. 北京:中国人民大学出版社,2012:244.
④ 切斯特·巴纳德. 经理人员的职能[M]. 孙耀君等译. 北京:中国社会科学出版社,1997:序言.

巴纳德在谈到《经理人员的职能》的内容安排时说:"在开始的时候,我意在叙述管理者必须做什么,如何做,为什么做。但是不久我就发现,要达到这一目的,就必须阐述他们活动的本质,即正式组织的本质",此外,"要想恰如其分地论述这些职能,也必须同组织自身的本质相符合"①。即组织理论作为管理理论的基础理论,必须首先被确立起来。

5.3.2 协作体系概念内涵

在给组织下定义之前,巴纳德首先讲述了协作体系的概念。巴纳德认为,个人是有目的的,这也是个人主义哲学最基本的观点;同时,个人在实现目的的过程中又会受到经验和能力的限制。因此,人们为了达到特定的目的,会创建或加入一个协作体系。

巴纳德认为,所谓协作体系,"是由两个或两个以上的人为了通过协作达到至少一个目的,以特定体系的关系组成的,包括物的、生物的、人的、社会的构成要素的复合体"②。在他看来,一个企业、一个学校、一个医院等,实际上都是一个协作体系。

从表面上看,巴纳德所谓的协作体系等同于常规意义上的组织。不过,与人们头脑中的组织概念不同的是,巴纳德的协作体系还包括常规意义上的组织边界之外的利益相关者。例如,企业作为一个协作体系,必然包含"上游"的供应商、"下游"的客户等。这是因为,没有这些利益相关者,所谓的协作体系是无法运行的。例如,如果没有供应商,没有客户,那么很显然,企业是无法从事生产经营活动的,也失去了运行的意义。

在巴纳德看来,协作体系是一个由物的、生物的、人的、社会的因素构成的复合体。以一个大学为例。大学是一个协作体系,既包含各种基础设施、管理团队、教学人员、行政人员、学生等,也包含主管教育的政府部门、外部的资金提供者、有业务往来关系的社会机构等,还包括这些人员、团队、部门、机构之间的互动关系,等等。

巴纳德的协作体系是一个嵌套的概念。例如,企业作为一个协作体系,包含不同层次的子系统:企业本身是一个协作体系,所属的生产工厂也是一个协作体系;在工厂中,生产车间是一个协作体系,技术部门是一个协作体系;在车间中,一个班组是一个协作体系;在技术部门中,一个团队是一个协作体系;等等。另外,按照巴纳德的分类,我们还可以把企业看成一个复合型协作体系,包含物的、生物的、人的、社会的因素的协作体系。

总之,在一个协作体系中,人与人之间、子系统与子系统之间是相互协作的关系,它们又各自构成了协作体系。出于对协作体系的关注,巴纳德想要讨论的问题是:(1)协作为什么会有效?什么时候会有效?(2)协作过程的目的是什么?(3)协作的限制是什么?(4)协作体系不稳定的原因是什么?(5)协作对目的的追求有什么影响?等等。③

巴纳德认为,要回答上述问题,就必须正确理解和把握组织的概念。传统的组织概念是这样界定组织的:它们都必须具有关联的人员、共同的目标、特定的结构这三个基本要素。但是,这样的组织概念根本不能回答巴纳德提出的问题,也无法厘清企业、政府、

---

① 饭野春树.巴纳德组织理论研究[M].王利平等译.北京:三联书店,2004:14—15.
② 切斯特·巴纳德.经理人员的职能[M].孙耀君等译.北京:中国社会科学出版社,1997:53.
③ 切斯特·巴纳德.经理人员的职能[M].孙耀君等译.北京:中国社会科学出版社,1997:19—20.

学校、医院这些不同类型组织之间的区别,更无法说明相同类型的组织之间为什么有的运行顺畅,而有的运行阻滞,甚至有的运行失败以致消亡。

5.3.3 正式组织概念内涵

为了更好地回答上述问题,巴纳德提出了自己独特的组织概念。巴纳德给正式组织下的定义是:"有意识地协调两个或两个以上的人的活动或力量的一个体系"①。巴纳德指出,在任何一种进行协作的情况下,都将包含几种不同的体系。有些是物的体系,有些是生物的体系,有些是心理的体系,等等。但是,正是上述定义中的"组织"——协调人的活动或力量的体系,把所有这些体系联结起来,并使之成为整个协作体系的构成要素。

例如,企业作为一个协作体系,既包含基础设施,如厂房、仓库、原料等,也包含高层管理团队、职能部门管理团队、基层单位管理团队等,还包含供应商、销售商、终端客户等。用巴纳德的话说,这些要素可以划分为物的体系(如厂房、仓库),生物的体系(如高层管理者、职能管理者),心理的体系(如动机、意愿),但是,如果没有"组织",那么,这些体系本质上只是一个静态的、无生命的存在物,如同拍摄的照片;相反,有了"组织",这些体系本质上才是一个动态的、有活力的生命体,如同播放的电影。

更直白地说,巴纳德的"正式组织",不是高楼大厦,不是职能部门,不是角色体系,不是职权结构,甚至不是人员,也不是人员的行为,而是人员与人员之间的互动。正是这种人员之间的互动,协调着协作体系中关联人员的活动或力量,构成"有意识地协调两个或两个以上的人的活动或力量的一个体系",这个体系就是"正式组织"。

需要说明的是,巴纳德所下的这个定义强调的重点是"协调",或者说将重点放在"行为"上。与巴纳德的定义相比,"关于组织的最常用的概念是,组织是全部活动或部分活动中进行协作的人们所组成的一个集团",重点是放在"集团"上的。如果追根溯源就可以发现,巴纳德对组织的定义显然是受到了埃米尔·涂尔干、维弗雷多·帕累托和马克斯·韦伯的影响,他认为"集团"这个概念包含太多的变数,其中最主要的变数是人——人具有高度的可变性。这不仅是由于人在许多方面互不相同,而且是由于他们加入集团的程度和性质也是极不相同的。②

当然,对一个生产经营的协作体系,人们已经习惯使用"组织"这个名称,但是,必须特别说明的是,人们在使用"组织"时,实际上是指"企业""经营""事业"。巴纳德指出,真正的"组织"只能是协作体系中舍弃物的因素以后的部分,即"协调两个或两个以上的人的活动或力量的一个体系"。同样地,在构建组织概念时把社会因素排除在外(或看成是在绝大多数情况下可不予考虑的不变因素)也是一个惯常的做法。因此,巴纳德在给组织下定义时将所有社会因素都排除在外。即正式组织是"有意识地协调两个或两个以上的人的活动或力量的一个体系"。这样,为了组织理论研究的一般目的,把物的因素和社

---

① 切斯特·巴纳德.经理人员的职能[M].孙耀君等译.北京:中国社会科学出版社,1997:60.
② 切斯特·巴纳德.经理人员的职能[M].孙耀君等译.北京:中国社会科学出版社,1997:60.

会的因素排除在外,而只考虑复杂多变的人的因素,是一种可以接受的通常的做法和常识。①

需要进一步强调的是,并不是单纯由人组成的体系就是组织。显然,按照正式组织的定义,在各种特定的协作体系中,物的因素、社会的因素、人的因素、人对协作体系做出贡献的基础条件等,都被作为外部的客观存在和影响因素了。注意,这里所谓的"外部的客观存在和影响因素",是外在于组织,而不是外在于协作体系。在巴纳德的语境中存在两种体系,一种是包含全部内容的协作体系,其组成要素是物的体系、生物的体系、心理的体系、社会的体系;另一种是组织,它是协作体系的一部分,完全由协作的人的互动活动所组成。②这种由人的互动活动组成的体系是无形的、非个人的现象,主要表现为人与人之间的互动关系。巴纳德认为,这个定义适用于军事的、宗教的、学术的、工商业的、互助会的,以及其他各种类型的组织。

以企业为例。企业是一个协作体系,在这个协作体系中,存在一种"组织",它是"有意识地协调两个或两个以上的人的活动或力量的一个体系",简言之,所谓"组织",不是一种有形的客观存在物,而是"人与人之间互动关系的总和"。正是这种人与人之间相互协调着的互动关系,促进、调节和保障企业作为协作体系的运行。如果没有这种"人与人之间相互协调着的互动关系",企业只是一个无生命的、僵化的骨架。

总之,要回答巴纳德的问题,就必须探讨人与人之间的互动关系,而不是有形的、静态的物。巴纳德认为:"所谓组织,无论是单纯的还是复杂的,都是调整了的人的努力之非人格机制。在那里,总是存在着作为调整及统一原则的目的。在那里,传递能力总是不可缺少,总是需要人格化的意志。"③在巴纳德的语境中,组织本身也是一个协作体系,且一定是某个特定的协作体系的组成部分。协作体系的其他组成部分包括物的体系、生物的体系、社会的体系。巴纳德把组织这种协作体系看成是社会生物,是"有生命的"。

在巴纳德看来,使用这个定义,不同类型的组织现象都可以得到有效的解释,而且将与现有的知识和经验一致。这样,对于政府部门、工商企业、学校、医院、军队、宗教团体、学术机构等来说,尽管它们在物的因素、生物的因素、人的因素、社会因素、成员数量和种类、成员与组织关系的基础等方面很不相同,但是,组织却具有同样的含义,即"一个有意识地对人的活动或力量进行协调的体系"。这种含义相同的组织,不仅存在于不同类型的协作体系中,而且存在于不同时期、不同制度下的协作体系中。

巴纳德的组织定义具有十分重要的作用,它使人们在讨论组织时可以拥有含义相同的术语,即可以拥有共同的语言,而不至于各说各话,无法交流与讨论。在理论研究方面,这个概念指导学者聚焦于现代社会各种各样的协作体系中的人的行为,从而在更广泛的领域内开展组织研究;在实际应用方面,这个概念引领管理者聚焦于协作体系中的人的行为,从而更有效地处理和促进人与人之间的协作,并提高管理者的预见能力。

---

① 切斯特·巴纳德.经理人员的职能[M].孙耀君等译.北京:中国社会科学出版社,1997:55—56.
② 切斯特·巴纳德.经理人员的职能[M].孙耀君等译.北京:中国社会科学出版社,1997:59.
③ 饭野春树.巴纳德组织理论研究[M].王利平等译.北京:三联书店,2004:80.

这一概念是独特的,也是极具洞察力的。之所以说巴纳德的组织概念是独特的,是因为它与管理学研究领域任何学者关于组织的定义都不同。法约尔是在管理的语境下探讨组织的,他把组织作为管理的五要素之一。根据几十年的企业管理经验以及他对管理者工作性质的思考,法约尔指出,组织一个企业,就是要为它的运行配备一切所需的资源,包括原料、设备、资本和人员等。①从这个观点可以看出,法约尔把组织视为管理者的一项活动。后来,哈罗德·孔茨把组织升级为管理的一项职能,创建了管理学的职能框架。在此之后,尽管职能框架存在多种形式——不同学者有不同观点,但无一例外都把组织作为管理职能之一。

之所以说巴纳德的组织概念是极具洞察力的,是因为他看到了协作体系中真正的活性主体——组织。换言之,是组织而不是管理人员促成了或者说管理着协作体系的运行。与之相对比,巴纳德认为,经理人员的职能是维持而不是管理一个协作努力的体系。换言之,协作努力的体系不是别人来管理自己,而是自己管理自己。②巴纳德把组织这种只包括人的活动的协作体系视为社会生物,是"活的",是广泛意义上的协作体系中的"人"。③

巴纳德在1958年发表的论文中指出,"所有正式组织是一种社会系统,它是比单一的经济的或政治的手段,比在公司法中暗含的虚拟的法律存在更广泛的一种东西。作为社会系统,组织表现或反映了习惯、文化形式、对于世界假说的默认、坚定不移的信念、无意识的信仰等。而这些大大地使组织成为自律的道德性制度,并在此基础上重叠累积了政治的、经济的、宗教的手段以及其他的作用。或者是,从这一制度中发展出上述各种作用"④。

5.3.4 组织概念对比解读

巴纳德的组织概念是非常奇特的,在当时堪称独一无二。不仅如此,巴纳德组织概念的境遇也是非常奇特的:它通常只在《经理人员的职能》这本书的推荐语中被提及,甚至被称赞为最好的组织概念;或者,学者们在回顾或讲述管理思想发展史时不吝溢美之词:这一概念揭示了组织的本质;等等。其实,这一概念无论在理论界还是在实践界并没有被真正接受过。

一方面,巴纳德的组织概念使得组织理论复杂化了。在主流的组织理论中,组织通常有一个约定俗成、大同小异的概念。例如,哈罗德·孔茨的定义是:正式组织一般是指在一个有正式组织的企业中有意形成的角色职务结构。⑤这是从静态的"物"的角度来定义组织的。一般说来,这样的定义比较简单实用,便于描述、交流和传播。但它至少有一个"循环定义"的缺陷——用正式组织来定义正式组织了。当然,也有学者从人的行为的

---

① 亨利·法约尔.工业管理与一般管理[M].迟力耕,张璇译.北京:机械工业出版社,2007:56.
② 切斯特·巴纳德.经理人员的职能[M].孙耀君等译.北京:中国社会科学出版社,1997:170.
③ 切斯特·巴纳德.经理人员的职能[M].孙耀君等译.北京:中国社会科学出版社,1997:64(30周年版导言).
④ 饭野春树.巴纳德组织理论研究[M].王利平等译.北京:三联书店,2004:88.
⑤ 哈罗德·孔茨,海因茨·韦里克.管理学:国际视野[M].郝国华等译.北京:经济科学出版社,1997:55—56.

角度来定义组织。例如,卡斯特和罗森茨韦克认为:"组织指的是结构性和整体性的活动,即在相互依存的关系中人们共同工作或协作。"①马奇与西蒙认为,定义正式组织比举例说明组织难多了。但是,他们并不觉得给组织下定义有多重要。他们甚至故作轻松地说:"组织的定义并没有多少目的,从更理性的角度而言,它提供了我们理解所研究对象的基础。"当然,他们还是给出了组织的定义:"组织是人类相互作用的集合体,是一种具有高度职能专业化和高度协作的结构与功能的系统。"②他们是从系统的角度来定义组织的,但与巴纳德相区别的是,他们的组织定义似乎包含物的、生物的、人的、社会的系统,而巴纳德的组织定义只与人的互动行为有关。

另一方面,巴纳德的组织概念与人们头脑中的常规组织概念截然不同。在现实中,人们通常所讲的组织实际上只是一个分工协作体系,是一种职权结构意义上的组织,是实现人的目的的工具。马克斯·韦伯关于组织的理想类型就是官僚组织,它是一种高度结构化、形式化、不受个人支配的组织。③在韦伯的组织中,人只是官僚组织中的一个物化的因素,官僚组织的结构和运行是理性的、非人格化的。在这样的组织中,往往都包含共同的目标、关联的人员、特定的结构等要素。在人们的常规概念中,组织毫无疑问包含"物的因素"。例如,在一般意义上,企业就是一个"组织",包含厂房、设备、生产线、原材料、人员、职位、职能活动等。

关于组织的研究成果通常反映在著作中,并通过对实践界产生广泛而深远的影响。在许多管理学著作中,组织都被定义为"按照一定的目的和程序组成的责权结构(或角色结构)"。④特别是在当今通行的管理学中,相互关联的人员、共同追求的目标、特定的职权结构被作为组织的三个基本要素,得到了广泛的认可和接受。甚至许多著作把组织等同于组织结构了。例如,德斯勒和菲利普斯的《现代管理学》在讲解"组织"内容时,主要就讲解了"组织结构与组织设计"。⑤当然,除企业外,政府、学校、医院、慈善机构等也都是组织。例如,在提到大学时,人们立刻会想到有一个校长以及以校长为首的管理层,下面有各个系或学院,如数学系、物理系、化学系、艺术学院、建筑学院、机械工程学院等,职能管理部门包括教务处、科研处、人事处、总务处等,再下面还有教职工,这些部门和人员都有共同的目标:培养人才、取得科研成果、服务社会。

但是,在巴纳德看来,诸如此类的概念或观点根本没有反映组织的功能,更没有揭示组织的本质。众所周知,组织之间差异非常显著,尽管组织都有关联的人员、共同的目标、特定的结构,但是,不同类型的组织的运行有着非常大的差异。例如,在军队中,军人以服从命令为天职,因此,上级命令能够得到执行;而在企业中,巴纳德认为,上级命令必

---

① 弗里蒙特·卡斯特,詹姆斯·罗森茨韦克.组织与管理[M].李注流等译.北京:中国社会科学出版社,1997:8.
② 詹姆斯·马奇,赫伯特·西蒙.组织[M].邵冲译.北京:机械工业出版社,2008:4.
③ 马克斯·韦伯.经济与社会(上卷)[M].林荣远译.北京:商务印书馆,1997:248.
④ 杨文士.管理学原理[M].北京:中国人民大学出版社,2001:90.
⑤ 加里·德斯勒,简·菲利普斯.现代管理学[M].丰俊功,李庚,马学亮译.北京:清华大学出版社,2010:298—339.

须被下属接受才能得到执行。①问题是,上级命令一定会被接受吗?在许多类型的组织中,答案显然是否定的。弗里德里克·泰勒研究发现,工厂生产率低下的主要原因之一是工人们"有意的磨洋工"。而在另外一些组织中,情况又有不同。与军队组织相比,非营利组织是另一个极端的例子。根据彼得·德鲁克的研究,非营利组织已成为美国数量最大的组织,其运行和管理主要依靠"不拿薪酬的志愿者",由他们承担组织中的各项专职工作和管理任务。②甚至同一类型不同组织的运行差异也非常大,尽管它们都有关联的人员、共同的目标、特定的结构。以企业组织为例。卓越企业与普通企业的运行差异非常大,甚至卓越企业与优秀企业的运行差异也非常大。③柯林斯研究发现,那些基业长青的企业与普通企业的巨大差异就在于,前者是愿景型企业,拥有超越利润的价值追求,并能成为员工共享的核心理念,指导全体员工的行为,保障组织运行协调一致。④

巴纳德分析了人们长期以来接受似是而非的组织概念的原因,其中之一是,长期以来,人们对国家和教会这类组织性质的认识,阻碍了人们对一般组织性质的探究和理解。一般地说,国家的权力是法定权力,对专职人员具有很高的强制性;教会的权力是神授权力,对教会信徒具有很高的诱致性。在企业组织中,情况则有很大的不同。尽管企业中这两种权力都可能存在,但并不总是有效的。尤其重要的是,巴纳德的协作体系包含传统概念中的组织边界之外的人,而组织边界之内的人对边界之外的人显然没有法定权力,也很难说有什么神授权力(否则就不会在边界之外了)。在这种情况下,协作体系是如何创建的,是如何维持的,又是如何运行的,人们对此充其量是知其然,而不知其所以然。因此,人们还是必须回答巴纳德提出的那些问题,才能理解协作体系是如何创建、维系和运行的,才能真正把握巴纳德的管理思想。

5.4 巴纳德组织管理思想

巴纳德认为,协作体系是人类社会的普遍形式,是人们为了克服个人能力的限制,由两个或两个以上的人通过协作,达到一个或一个以上的目的,而创建起来的。一般地说,协作体系是由物的、生物的、人的、社会的体系构成的复合体系。管理协作体系的职能是由协作体系中的组织来完成的。即在任何一个协作体系中,组织都是能动的管理主体,是动态的管理过程。由于组织是"有意识地协调两个以上的人的活动或力量的一个体系",而这个体系是由人际互动行为构成的,因此,组织中人人都是管理者,经理人员占据中心地位。

---

① 切斯特·巴纳德.经理人员的职能[M].孙耀君等译.北京:中国社会科学出版社,1997:129.
② Drucker Peter. F. What Business Can Learn from Nonprofits[J]. *Harvard Business Review*,1989,(7-8):88-93.
③ 吉姆·柯林斯.从优秀到卓越[M].俞利军译.北京:中信出版社,2002:1—19.
④ 吉姆·柯林斯,杰里·波拉斯.基业长青[M].真如译.北京:中信出版社,2002.

5.4.1 组织是能动的管理主体

巴纳德认为,所谓管理,是人们通过把握组织及其周围环境的现实与将来,谋求协作体系的持续生存和发展,而前提是对组织理论的深刻理解。[1]根据巴纳德的观点,组织理论应该是为了管理理论而存在的,即组织理论是管理理论的基础内容。如果没有对组织的严谨、深入的研究,就不可能真正理解和把握管理的精髓。

巴纳德认为,管理的目的是维持协作体系的存在,进而促进协作体系的发展。这一目的赋予管理的职能,是由作为协作体系子系统的"正式组织"来承担的。从这个意义上说,与协作体系相比,管理理论更倾向于研究和解决"正式组织"系统层面的问题。换言之,管理理论是建基于"正式组织"的一种理论。[2]

在巴纳德的概念中,组织是由人际互动行为构成的一个体系。人际互动行为之所以能够构成一个体系,是因为不同的人的努力由于互动而彼此协调。正因为如此,人的努力不是个人性的,而是在态度、时间、程度等方面决定于协作体系。事实上,协作体系中绝大多数努力是非个人性的。例如,行政人员的行政活动、研发人员的研发活动、生产人员的生产活动、销售人员的销售活动,等等,都不是为了达到他个人的目的,活动成果也不属于他个人,因而都是非个人性的。因此,当我们探讨人们互相协调的努力所组成的体系时,尽管人是行为的担当者,但从研究协作体系的重要方面看,行为却并不是个人性的。行为的性质决定于体系的要求或对体系有重要影响的事物。从这个意义上讲,是"组织"在做事,而不是"个人"在做事。例如,一个销售人员说"我在销售产品",实际上是错误的,因为不是他个人而是组织在销售产品。在这种情况下,人只是作为人际互动行为构成的一个体系中的要素。

因此,组织是协作体系的真正的、能动的管理主体。在任何一个协作体系中,都包含一种被称为"组织"的体系,正是这种"组织"促进、调节和保障了协作体系的运行。如果把人比喻为一个协作体系,由头、身、手、脚、神经系统等器官构成,那么,头、身、手、脚的每一个动作都通过神经系统传导和反馈彼此协调,这个彼此协调着的头、身、手、脚以及神经系统就构成一个体系,这个体系就是正式组织。概言之,如果没有这个协调头、身、手、脚以及神经系统的动作的体系,那么,人体只是一个"肉身皮囊"而已。同理,在正式组织的管理下,协作系统才能在复杂多变的环境中获得生存和发展。

根据巴纳德的定义,组织就是体现人的协作活动的共性的协作体系。巴纳德给组织下的定义,类似于物理学中的"重力场"或"电磁场"的一种"构成体"。即一个组织是由人的"各种力"组成的一个"场",正如一个电磁场是由电子力或磁力组成的一个场一样。这两者的效用都在于能够用来描述和说明这些力。而它们能够被证明的范围,就表明了这些力所规定的范围。当某些其他的力作用于这些场或在场中发生作用时,可以明显地观察到某些客观事物的反应,或场内发生某些变化,但通常并不把这些客观事物看成场本

---

[1] 饭野春树.巴纳德组织理论研究[M].王利平等译.北京:三联书店,2004:159.
[2] 饭野春树.巴纳德组织理论研究[M].王利平等译.北京:三联书店,2004:141.

身的组成要素。在组织的意义上，人是组织场的组织力的客观来源，组织力来源于唯独人才有的"能"。①巴纳德强调，物的因素始终只是环境的一部分，或者只是协作体系的一部分，而不是组织的一部分。②

需要同时指出的是，在巴纳德的组织理论中，协作体系的管理主体不是管理者或管理团队，而是"正式组织"，这一观点迥然不同于传统的、主流的管理理论。在传统的、主流的管理理论中，管理者是指那些具体的、拥有特定职权的人或团队。例如，首席执行官毫无疑问是管理者，高管团队理所当然也是管理者。但是，巴纳德认为，管理不是特定的人在特定的时间点上的特定行为，而是一个协作体系中人与人之间互动的过程，这个人与人之间的互动行为就构成了一个协调成员活动或力量的体系——"正式组织"，它是协作体系的能动的管理主体。

在这一点上，福列特与巴纳德的观点存在相似之处。福列特认为，行为不是环境的函数，而是行为与环境相互关系的函数。福列特将这个观点视为她对社会现象的研究中最富有启发性的思考，并认为这是所有社会科学的基本原理。③因此，我们不能孤立地看待行为，也不能简单地把环境视为影响行为的一个"自变量"。事实上，行为不是受环境的影响，而是受自己与环境之间关系的影响。同样，如果要分析一个活动（行为）与另一个活动（行为）之间的关系，那么，这个活动（行为）不仅是另一个活动（行为）的函数，而且更重要的，这个活动（行为）还是它自己与另一个活动（行为）相互交织、相互作用的关系的函数。

5.4.2 组织是动态的管理过程

首先需要说明的是，巴纳德所说的管理是一个有着特殊含义的概念。第一，经理人员的职能是非个人性的。管理并不是像人们通常所说的"管理者管理着一群人"，也不是"管理者深思熟虑地制订计划让他人去执行"。巴纳德认为，这样的认识是错误的，妨碍了人们正确理解管理工作。第二，协作体系是自己管理自己，它是由一个叫做"正式组织"的协作体系从事管理工作，而不是由一个专门的管理机构进行管理活动。协作体系中的正式组织是协作体系的一个有机组成部分，嵌植于协作体系中，与协作体系即时互动，无法预先独立行动。

巴纳德指出，《经理人员的职能》试图系统地阐述他若干年来逐渐形成的关于管理过程的一些思考，而这种管理过程在当时就是一种被称为"组织"的专门职能。④巴纳德认为，如果要把这些职能恰当地描述出来，就必须揭示组织本身的性质。然而，不同领域的学者总是从他们各自的角度出发，对于组织的研究如同"盲人摸象"，以至于关于组织的一些研究成果令人不明所以，莫衷一是。尤其是组织研究人员一旦接触到因复杂而模糊

---

① 切斯特·巴纳德.经理人员的职能[M].孙耀君等译.北京：中国社会科学出版社，1997：61.
② 切斯特·巴纳德.经理人员的职能[M].孙耀君等译.北京：中国社会科学出版社，1997：62.
③ 葆琳·格雷汉姆.玛丽·帕克·芙丽特——管理学的先知[M].向桢译.北京：经济日报出版社，1998：19.
④ 切斯特·巴纳德.经理人员的职能[M].孙耀君等译.北京：中国社会科学出版社，1997：序言.

的组织问题时,要么回避,要么后退,而不是试图清楚地认识组织中的协作关系和决策过程。

如前所述,人为了实现自己的目的并克服某些方面的限制而加入一个协作体系。在这个过程中,人们总是需要不断地选择是否加入或留在某一特定的协作体系中。这取决于两个方面的因素:一是动机,即个人在当时希望达到的目的或希望完成的意愿;二是机会,即个人认识到在他之外的其他可行的选择。①巴纳德强调指出,"个人受到以上两点的影响和支配而修正自己的行动,组织则由修正后的个人行为而产生"。

人是有目的的社会存在。人的目的一般包括两种,一种是物的目的,另一种是社会性目的。需要指出的是,一个特定的物的目的往往包含他没有追求的社会后果,而一个社会性目的常常包含他没有追求的物的后果。这些后果可能是积极的,也可能是消极的。如果人的行为实现了他的目的或意愿,那么,该行为就是"有效果的";如果人的行为实现了他的目的或意愿,而又没有产生抵消的消极后果,那么,该行为就是"有效能的";如果一个行为没有实现目的,或者产生了消极的后果,那么,该行为就是"无效能"的。②

在一个协作体系中,由于人的目的和机会总是变化的,甚至在很多情况下,人们还会发现他并不需要原来认为需要的后果,因此,人与人之间的互动总是处于一个变化的过程中。这种人与人之间的互动就是组织,巴纳德把组织称为管理过程。巴纳德应该是第一个提出管理过程概念的人。作为一个协作体系中的子系统,正式组织在协调两个或两个以上的人的活动或力量时,就是在从事管理,或者说,协调过程就是管理过程。

巴纳德的一个独特的甚至有些惊世骇俗的观点是,并不存在单独的、具体的所谓经理人员的职能。③之所以说这一观点有些惊世骇俗,是因为人们对计划、组织、领导、控制这些管理者的管理职能已经耳熟能详。几乎所有的管理学著作都是把管理者的管理工作按照职能来划分,并围绕这些职能来构建管理学知识体系——这就是所谓的管理职能框架。尽管不同的管理学著作的职能框架有所不同,但基本上是大同小异。

从时间维度看,组织是在时间上持续的集体行为与相互作用的集合。组织存在的关键是个人对组织的贡献,即组织成员要作出对实现组织目的有贡献的行为。④因此,仅有静态的成员属性而没有成员的行为是无意义的。例如,作为组织三要素之一的"关联的人员",在静止状态是无意义的。进一步地,仅有成员的行为而没有做出贡献仍然是无意义的,例如,人们常常把管理定义为"让人做事",并提出管理职能,如计划、组织、领导、控制等,但是,如果履行这些职能而没有以"成果"为导向,则"让人做事"是无意义的。

正因为如此,巴纳德用不常见的"贡献者"来代替"成员",用"贡献"来表示构成组织的"活动",这种方式一方面是以"成果"为导向,这一点非常重要;另一方面是突破了传统的组织边界,包括传统组织边界之外的有"贡献"的"活动"。

---

① 切斯特·巴纳德.经理人员的职能[M].孙耀君等译.北京:中国社会科学出版社,1997:15.
② 切斯特·巴纳德.经理人员的职能[M].孙耀君等译.北京:中国社会科学出版社,1997:17.
③ 切斯特·巴纳德.经理人员的职能[M].孙耀君等译.北京:中国社会科学出版社,1997:184.
④ 切斯特·巴纳德.组织与管理[M].曾琳,赵菁译.北京:中国人民大学出版社,2009:5.

根据巴纳德的研究,组织是由传统意义上的组织边界内外的人员的互动活动构成的,在这样的组织中,并不存在普遍意义上的法定权力和神授权力,即使有,也不是在时间轴的每一个点上都是有效力的,也不是对组织中的所有人都是有同等效力的。正因为如此,组织成员之间的互动是非常重要的,这就要求一个组织必须包括三个方面的要素:一是信息交流,二是贡献意愿,三是共同目的。这些要素是创建所有不同类型的组织的充分必要条件。

那么,一个组织要持续存在,就必须既是"有效果的",同时又是"有效能的"。与个人层面的概念类似,在组织层面,实现了共同目的就是"有效果",在这个过程中满足了所有个人动机就是"有效能"。从个人的角度看,如果他加入协作体系从事活动能满足其动机,那么他就会继续留在协作体系内,并保持继续做出贡献的意愿。如果他的动机没有得到满足,那么他就会选择退出协作体系,从而对协作体系产生消极影响甚至造成致命的后果。一个协作体系"有效能"就在于它为加入其中的个人提供满足,以保证协作体系持续运行的能力,或者说在于它对为了存续而提供个人满足的各种负担进行平衡的能力。①

显然,保证组织"有效能"或进行"平衡"是一个持续的过程,这可以有两种方法或途径:一是满足个人动机,如将协作体系的运营成果分配给成员个人,这些成果可以是物的成果,也可以是社会性的成果;二是改变个人动机,这是作用于协作体系成员个人的社会因素方面,即通过诱导或激发个人其他方面的动机来代替其当前的动机。

为了更好地说明这一点,不妨以工商企业为例。企业是以外部客户提供商品和服务为目的的一个协作体系。要想在复杂多变的环境中实现协作体系的目的,就必须向加入协作体系的成员个人提供诱因,这些成员包括投资者、供应商、消费者、员工等,使他们为实现协作体系的共同目的做出必要的贡献,这是一个持续的过程。因此,对于协作体系的维持和发展来说,正式组织是一个动态的、不可或缺的管理过程。

5.4.3 组织中人人都是管理者

巴纳德把组织定义为成员个人的互动行为构成的体系,同时,这个体系又协调着成员个人的活动和力量。这意味着,巴纳德的组织并非传统的结构意义上的概念,如部门结构、职权结构、工作结构、角色结构等,而是一个成员个人行为意义上的、动态的概念。需要强调的是,尽管没有人就没有组织,但是,组织的构成要素是人的行为,而不是人本身。②

根据巴纳德的管理思想,组织的构成要素应该是成员个人的行为,更准确地说是组织贡献者的行为,这些行为是互动的、受到协调的行为。在巴纳德的语境下,组织不是一个静止的、僵化的架构,而是一个动态的、有机的管理过程。在这个过程中,个人加入或退出组织的行为、个人为协作体系做出贡献的行为等,都会在不同程度上对组织产生

---

① 切斯特·巴纳德.经理人员的职能[M].孙耀君等译.北京:中国社会科学出版社,1997:47.
② 切斯特·巴纳德.经理人员的职能[M].孙耀君等译.北京:中国社会科学出版社,1997:67.

影响。

在有的情况下,个人的行为还会产生重大的影响。也许人们首先想到的是组织的最高领导人,如企业的总经理。德鲁克认为,管理是以人为中心的。[①]这里的"人"是指管理者,即管理是管理者的活动。如果这还不明确的话,那么,德鲁克指出,如果一个企业经营业绩不佳,那么就应该撤换企业的总经理,而不是解雇全部的工人。

但是,在一个组织中,并不是职衔越高,影响越大。事实上,组织中的所有人都可能对组织运行产生重大影响。例如,企业的一个技术骨干可能对企业产品的更新换代具有不可替代的作用。当然,他所做出的"贡献"越大,组织为之提供的"诱因"也应越大。这就是在现实中往往会出现"老板为员工打工"说法的原因。

根据弗雷德里克·泰勒的研究,工厂主或管理者给工人分派任务时,往往会遭到工人抵制,以至于出现大量的、长期的"磨洋工"现象,造成资源浪费、效率低下。即使是"计件工资制""利润分享制"这类把工人利益和工厂利益结合起来的制度,也不能真正发挥作用。如果有个别或少数工人为了追求自己的利益而增加产出,也会受到其他工人的施压、排挤和孤立,甚至人身威胁。由此可见,如果不能让组织成员个人产生为组织做出"贡献"的意愿和行为,那么,这样的组织(即管理过程)就是低效、无效甚至负效的。

如果说"有意的磨洋工"是大多数工人集体作出的行为,那也是这个集体内工人与工人之间互动的结果。泰勒并没有明确提出"人人都是管理者"的观点,但是,他要求在设计和执行任务时,管理者和工人承担均等的责任,这实际上已经蕴含了"人人都是管理者"的思想。这是因为,如果没有工人的积极配合、严格操作、认真总结,那就不可能在原有基础上进行改进性的设计和执行任务。因此,泰勒把雇主和雇员双方的"心理革命"视为科学管理的本质。即雇主和雇员双方都要改变对立的心理状态,共同合作,实现财富最大化的目的。

如果一定要说成员个人对组织运行结果的影响,那么可以看看法约尔讲的一个实例。1861年,法约尔还在科芒特里煤矿公司担任采矿工程师,他发现,由于一匹马在圣埃蒙德煤井摔断了腿,所有的工作就不得不停止。由于煤矿经理不在,所以找不到另外一匹马来替代,而且马厩管理员拒绝提供替代马匹,因为他没有权力这样做。[②]由此可以看出,如果成员个人不对结果负责,不以"结果"为导向产生相应的互动行为,而只坚守所谓的"职能",那就会给组织带来重大的负面影响,甚至是灾难性的影响。诸如此类的事促使法约尔形成了"管理是每个人的事"的观点,该观点与巴纳德的"组织中人人都是管理者"如出一辙。

当然,除了作为动词的组织概念,还有作为名词的组织概念。法约尔就把名词意义上的组织划分为物质组织和社会组织。法约尔所谓的社会组织实际上就是人与人之间的协作体系。法约尔强调指出,无论哪种情况,社会组织都要完成以下管理任务:执行、

---

① 彼得·德鲁克.管理的实践[M].齐若兰译.北京:机械工业出版社,2018:32.
② 丹尼尔·雷恩,阿瑟·贝德安.管理思想史[M].孙健敏等译.北京:中国人民大学出版社,2012:163.

协调、监督、激励、控制等。法约尔认为,所有这些管理任务都是由专职的管理人员完成的。①这与巴纳德的观点完全不同。巴纳德认为,协作体系中的管理任务是由组织(而不是管理人员)完成的。在巴纳德的语境下,组织中人人都是管理者。

巴纳德这一隐含的观点对德鲁克产生了巨大的影响。德鲁克明确提出了"人人都是管理者"的观点。他在《管理的实践》一书中讲了三个石匠的故事:有人问三个石匠在做什么,第一个石匠说他在"挣钱养家",第二个石匠说他在"用最好的技术干最漂亮的活儿",而第三个石匠说他在"建大教堂"。德鲁克认为,只有第三个石匠是一个真正意义上的管理者,因为只有他能够以"结果"为导向,管理自己的行为,使得自己在与他人互动的过程中为组织做出"贡献",共同完成"建大教堂"的任务。

在现代社会,"人人都是管理者"的意义日益突显。越来越多的现代组织认识到,一个组织要有活力,就必须充分激发所有成员个人的意愿和力量。如果能让组织成员拥有自主做事的充分自由,那么,员工的表现将会超出预期,表现出惊人的创新创造的热情和能量。②正如臭鼬工厂的首席执行官(CEO)穆宁在《臭鼬工厂的哲学》一书中所说的:一旦赋予员工自主决定、自由做事的权力,员工将会迸发出巨大的创造力。在《重新定义公司》一书中,谷歌公司创始人也表达了同样的观点:未来企业的成功之道,是为那些特立独行、卓尔不群的创意精英,营造优良的工作环境,提供必要的资源条件,帮助他们快速感知客户需求及其变化趋势,并充分发挥他们的想象力和创造力,精准而快速地创造相应的产品或服务。③

5.4.4 保持贡献与诱因的平衡

组织是由相互协调着的个人行为构成的,这些行为是为了实现协作体系的共同目的,同时,也为了满足自己的个人动机。因此,组织的一个重要而不可缺少的因素是个人通过其行为为协作体系做出贡献的意愿。如果个人没有这样的意愿,那么,个人就会选择退出协作体系;如果许多人都没有这样的意愿,那么,协作体系就会解体。

因此,为了维持一个协作体系,必须通过为组织成员提供诱因以激发其继续做出贡献的意愿。巴纳德认为,在任何一个协作体系中,个人都是最基本的战略因素。战略因素是巴纳德从经济学家康芒斯的《制度经济学》中引用的一个术语,用来表明个人对组织具有至关重要的影响。如果要使个人加入或留在协作体系中,进而产生有贡献的行为,就必须为个人提供诱因。

在为组织成员个人提供诱因时,必须保持贡献与诱因的平衡。在一个协作体系中,个人做出的贡献和提供给个人的诱因类似于天平两端的同等重量的砝码,这是一个协作体系得以有效运行的前提条件。巴纳德将贡献和诱因的关系比喻为一个"方程式",需要通过"配方"实现"平衡"。显然,这是一个动态的过程。

---

① 亨利·法约尔.工业管理与一般管理[M].迟力耕,张璇译.北京:机械工业出版社,2007:56.
② 李文,苗青.触变:混序管理再造组织和人才[M].北京:中信出版社,2015.
③ 埃里克·施密特.重新定义公司[M].靳婷婷等译.北京:中信出版社,2015.

在绝大多数情况下,许多协作体系的失败或解体,正是因为管理工作在这个方面缺乏有效性,未能实现贡献与诱因之间的平衡。因此,在各种类型的组织中,首要而且最重要的任务是为组织成员个人提供恰当的、有效的诱因,以便使协作体系能够持续运行下去。实现成员个人对协作体系的"贡献"与组织为成员个人提供的"诱因"的平衡是巴纳德管理思想的一个重要内容,也是巴纳德对管理思想发展做出的杰出贡献之一。

保持贡献与诱因的平衡对维持一个协作体系具有至关重要的作用。一般地,人们都会认为,协作体系常常是成功的,而且轻易就可以取得成功。之所以产生这种认识误区,是因为人们看到的几乎都是成功的协作体系,而看不到那些失败的协作体系,或者对失败的协作体系熟视无睹。实际上,失败的协作体系远远多于成功的协作体系。

在现实中,组织成员个人往往被要求做出更多、更大的贡献,却未能获得相应的诱因,从而使个人做出贡献的意愿衰减,直至退出协作体系。阿里巴巴创始人马云曾经说过:员工离职一般有两种原因:一是钱没到位,二是心受委屈了。个人退出协作体系可能会产生不同程度的影响,有时甚至会对协作体系带来致命的结果。

如果要激励个人为协作体系做出贡献,就必须为个人提供积极诱因,如增加工资、提供晋升机会等,或者消除消极诱因,如缩短工时、降低产量定额等。当然,巴纳德也指出,在现实中,尽管有时对"方程式"的一边采取了调节措施,如要求个人做出更多、更大的贡献,或提供个人更多、更大的诱因,但是,调节措施往往对"方程式"的两边都产生了影响,或者难以判断调节措施影响了哪一边。这是因为,许多管理工作或影响因素,既可以看成提供了积极诱因,也可以视为削减消极诱因。例如,提供新的操作方法和工具。

巴纳德进一步指出,比划分积极诱因和消极诱因更重要的是区别客观诱因和主观诱因。[①]所谓客观诱因,是指客观存在着的诱因,不因人的主观认识而改变。例如,物质财富和某种意义上的金钱就是客观的积极诱因,而工作时间和工作定额就是客观的消极诱因。对一个具有某种特定的思想、抱持某种特定的态度、产生某种特定的动机的个人,可以通过提供组合式的诱因(包括客观诱因和主观诱因),激励其为协作体系持续做出贡献。

如果不能为某种特定思想、态度、动机下的个人提供客观诱因,包括积极诱因和消极诱因,那么,唯一的选择就是设法改变个人的思想、态度、动机,以便使组织现有的客观诱因能够有效地发挥作用。简言之,一个组织可以通过提供客观诱因,或者通过改变个人的主观意识,来获得个人为协作体系做出贡献的意愿,并维持组织自身的持续运行。

巴纳德把提供客观诱因的方法称为"诱因方法",而把改变人们主观意识的方法称为"说服方法"。一般说来,企业组织中更多使用的是诱因方法,经济学关于人的"经济人假设"为这种诱因方法的运用提供了理论依据。当然,也有少数企业更加看重说服方法。在宗教组织和志愿者组织中几乎都是采用说服方法。实际上,无论在什么样的组织中,片面强调其中一种方法都是不恰当的。正确的做法是,将诱因方法和说服方法有机地结

---

① 切斯特·巴纳德.经理人员的职能[M].孙耀君等译.北京:中国社会科学出版社,1997:111—112.

合起来,灵活使用,保持诱因与贡献的动态平衡,才能取得最佳效果。

一般地,诱因包括以下类型:物质诱因、个人的非物质的机会、良好的物的条件、帮助实现理想、社会融合等。① 物质诱因是指雇佣工资、工作条件、服务报酬以及对贡献的金钱回报等。在现代社会,物质诱因的种类很多,应用范围很广,激励效果也很直接。但是,巴纳德强调指出,人们在物质方面的需要是如此的有限,以至于只要很少的数量就可以得到满足。巴纳德认为,对绝大多数人来讲,当最低限度的需要得到满足以后,物质诱因的激励作用就会急剧下降;如果不能提供其他诱因,那就几乎只能采用说服方法了。②

巴纳德也坦承,这一观点确实与人们的直觉相反,因而不容易被接受。巴纳德认为,这有几个方面的原因。第一,生产技术水平的提高使得物质生产效率越来越高,因而物质作为一种诱因的成本越来越低,进而导致组织更加倾向于将物质作为诱因。第二,尽管物质越来越丰富,作为诱因的作用越来越小,但是,随着人口的膨胀,必然稀释了物质总量增加的效应,从而导致物质在整体意义上仍然是强有力的诱因。第三,早期的经济学家和纯理论经济学忽视人的动机并过分强调理性思考过程,从而对人们的观念产生了误导。③

在物质诱因以外,非物质诱因对组织成员个人产生协作努力的意愿具有巨大的作用。优越感、尊重、威信、权力、获得领导地位的机会,在所有组织发展的过程中,具有无可比拟的重要性。即使在工商企业,如果没有尊重、地位、机会等方面的非物质诱因,而单纯地提供物质诱因,尽管在短期内有效,其效果也将急剧下降以致无效。另外,良好的工作条件、帮助实现理想等都是强有力而又容易被忽略的诱因。还有一个具有决定性作用的诱因是社会融合。在一个长期存在种族歧视、民族对立、阶层固化的社会中,社会融合尤其具有巨大的吸引力。不仅如此,除了种族、民族、阶层等方面的差异,教育水平、个人抱负、风俗习惯、道德规范等方面的差异也常常产生重要的影响,从而使社会融合成为强有力的诱因。此外,社会交往的吸引力,符合自己习惯的方法和态度的环境,更多参与的机会,情感交流的渠道,也都是非常有效的诱因。

5.4.5 经理人员居于中心地位

一个正式组织的要素包括三个方面,一是信息交流,二是贡献意愿,三是共同目的,这三个方面的要素缺一不可,共同构成组织初始成立的充分必要条件。从经理人员的角度看,要使组织在协作体系中发挥作用,经理人员就必须行使三项职能:一是提供信息交流的体系;二是促成个人付出必要的努力;三是提出和制定目的。

其中,需要特别说明的是,巴纳德在此使用的专门术语是"贡献意愿",而不是人们通常所使用的"协作意愿",主要是想强调组织成员必须做出"贡献"。许多人愿意加入或留在协作体系,只是想从协作体系中获得自己的利益,却缺乏对协作体系的贡献意愿。巴

---

① 切斯特·巴纳德.经理人员的职能[M].孙耀君等译.北京:中国社会科学出版社,1997:112.
② 切斯特·巴纳德.经理人员的职能[M].孙耀君等译.北京:中国社会科学出版社,1997:113.
③ 切斯特·巴纳德.经理人员的职能[M].孙耀君等译.北京:中国社会科学出版社,1997:113.

纳德是从个人行为的结果而不是从个人行为的动机来分析组织的,他甚至使用"贡献者"一词来取代"组织成员",这也可以说是巴纳德对组织理论的一个非常重要的"贡献"。①

所谓管理,就是在不断变化的环境中,使协作体系达到均衡,能够长期延续下去的专业过程或职能。巴纳德认为,"无论协作还是组织,都是对立的各种事实的具体的统一体,是人类对立的思想感情的具体的统一体,促进矛盾着的各种力量在具体的行为中统一,将对立着的各种力量、本能、利害、条件、立场、理想等加以调和,才是管理者的真正作用"。

任何一个协作体系离开了人都将没有意义,而组织是通过协调人的活动或力量来使协作体系运行的。正因为如此,使个人进行人际协作就成为一项十分重要的工作。巴纳德指出,虽然管理人员可以通过命令的形式要求个人进行协作,但是,只有符合以下四个条件,个人才会认为这种命令是有权威的,从而接受这个命令:第一,个人能够而且真正理解了命令;第二,在个人作出决定时,他认为这个命令与组织目的不存在冲突;第三,在个人作出决定时,他认为这个命令与他的个人利益不存在冲突;第四,他能够执行这个命令。

组织不仅在协作体系中占据核心地位,而且在巴纳德的理论框架中,组织也占据了核心地位。经理人员是依赖于组织而存在的,这是巴纳德的一个惊世骇俗的观点。由于组织是经理人员赖以发挥作用的载体,因此,巴纳德认为,首先必须深刻理解和把握"组织的本质"。否则,就无法理解和把握经理人员的各种职能。巴纳德指出:"我只不过是要把它作为对管理实践或领导能力的各种问题进行相关的评论时不可或缺的绪论,对经理人员必须利用它、通过它,或者是依靠它来工作的工具乃至装置的本质予以论述或陈述而已。"②

组织要履行管理职能——亦即所谓的管理过程,就需要经理人员发挥协调作用。当然,经理人员位于协作体系的中心,起着至关重要且不可或缺的作用。否则,组织就无法履行职能,甚至解体。泰勒强调科学,认为即使在简单的活动中也存在科学,这无疑是正确的。但是,在所有的归纳研究中,常识、正确的判断力、累积的经验和知识、一些独创性以及冒险精神是绝对不可缺少的。没有什么东西可以代替这些因素,即使是对科学方法的研究也不能代替。③

巴纳德这样解释他的这一观点:经理人员的职能实际上自始至终都作为正式组织的一个要素,即经理人员也在与组织中的其他人员进行持续的互动,这个持续互动的过程就是整个管理过程的一个有机组成部分。因此,并不存在一个独立的、具体的管理职能,如计划、组织、领导、控制等。经理人员的职能贯穿于管理过程的始终,具体表现为行为或行为的结果。许多行为在表面上与某一特定的职能有关,如制定目标通常与计划职能有关,但是,与其视这种行为为职能,不如将其看作只是经理人员为了实现某种目的而与

---

① 切斯特·巴纳德.经理人员的职能[M].孙耀君等译.北京:中国社会科学出版社,1997:61.
② 饭野春树.巴纳德组织理论研究[M].王利平等译.北京:三联书店,2004:186.
③ 切斯特·巴纳德.经理人员的职能[M].孙耀君等译.北京:中国社会科学出版社,1997:239.

人们进行互动所表现出来的行为本身。例如,任命一个人担任某一项职务,人们习惯于认为这是人事职能或领导职能,实际上,从管理过程的角度看,这只是维持组织信息交流的一个必要的、具体的行为。更重要的是,无论从这种行为的起源看,还是从这种行为的结果看,任命行为都不能偏离协作体系的目的,或者说,任命行为无法独立于或外在于任命者与组织中其他成员的互动过程。

如果将经理人员的行为划分并归属于各种特定的职能,可能会使经理人员的行为脱离人际互动过程,成为一种孤立的、自我封闭的存在,最终导致无法取得这些行为的预期结果。总之,经理人员的行为只有在人际互动过程中才能判断是否有利于实现协作体系的目的。如果答案是肯定的,经理人员的行为就是有意义的;否则,就是无意义的。

导致组织失败的原因有很多,如团队精神、协作意识、领导能力、沟通机制诸方面存在欠缺等,但是,巴纳德强调,正式组织不稳定或很快消亡的根本原因来自外部力量,因为这些外部力量既为组织提供作为投入的资源,又限制了组织的行动。[①]巴纳德进一步指出,一个组织的存续取决于在不断变动的外部环境中,物的、生物的和社会的各种物质、要素和力量的复杂性之间维持平衡。这就要求调节组织内部的各种过程,这个调节过程是在组织中完成的。

经理人员职务的一个特征是,他们代表着组织决策过程的专门化——而这正是经理人员职能的本质。[②]尽管从总体的重要性来看,主要关心的应该不是经理人员的决策,而是非经理人员的组织成员的决策。[③]但是,在巴纳德看来,"只要沟通必须途经那些核心职位,那么经理人员的职能就是充当沟通渠道"。巴纳德对沟通的强调无以复加。巴纳德还是讨论企业工作中的道德因素的第一人。他认为:"经理最重要的品质不仅仅是自己遵守一套复杂的道德戒律,他同时还要为他人制定这样的戒律"。[④]正是这个原因才使得许多经理人员的决策成为必要。因为经理人员的决策促进了其他许多人的正确行为,以及作出恰当的决策。

5.4.6　组织行为以目的为导向

个人行为与组织行为不同。前者从原则上可以分为有意识的、主观的、能动的、深思熟虑的行为和无意识的、自动的、反应的、由现在或过去的内外情况决定的行为;后者是人们由组织目的(而不是个人目的)决定的行为。[⑤]简言之,组织行为以组织目的为导向。如果说正式组织是一个管理过程,那么,这个管理过程的本质是,有意识地采用实现目的的手段。[⑥]

与个人行为相比,组织行为的核心是决策。从正式组织的定义看,组织的构成要素是人与人之间彼此协调着的协作努力。这种协作努力包含两种决策行为:一是个人决

[①] 切斯特·巴纳德.经理人员的职能[M].孙耀君等译.北京:中国社会科学出版社,1997:5.
[②] 切斯特·巴纳德.经理人员的职能[M].孙耀君等译.北京:中国社会科学出版社,1997:184.
[③] 切斯特·巴纳德.经理人员的职能[M].孙耀君等译.北京:中国社会科学出版社,1997:151.
[④] 切斯特·巴纳德.经理人员的职能[M].孙耀君等译.北京:中国社会科学出版社,1997:149.
[⑤] 切斯特·巴纳德.经理人员的职能[M].孙耀君等译.北京:中国社会科学出版社,1997:146.
[⑥] 切斯特·巴纳德.经理人员的职能[M].孙耀君等译.北京:中国社会科学出版社,1997:147.

策,即个人关于是否贡献自己的努力的选择活动,这是决定着个人是否是或是否继续是组织的贡献者的持续的、反复的选择活动;二是组织决策,巴纳德称之为非个人性的决策,由于组织并不能作出决策行为,因此,所谓组织决策是由个人作出的,但从其意图和结果来看,这种决策是非个人性的、组织的决策,与个人结果没有直接的或特别的关系。如果从这种决策对组织运行的影响以及与组织目的的关系来看,这种必须作出决策的努力显然是非个人性的。①

决策必须考虑的因素包括两个方面,一是目的,二是影响目的实现的资源条件,包括物的、生物的、人的、社会的因素等。这两个方面在性质和起源上有着根本的区别,共同构成了决策的客观环境。所谓决策,就是调节这两个方面的关系:要么改变目的,以适应目的实现的条件;要么改变条件,以促进目的的实现。

这里需要说明的是,巴纳德将目的视为决策的客观环境要素。这是因为,第一,在制定新的目的时,既有的目的作为在以前条件下所作决策的结果,已经是一个客观的存在,因而可以而且应当作为制定新目的的一个要素;第二,在个人代表组织作出决策时,组织目的是一个必须考虑的客观事实,这是非个人性的,与这个人是谁无关,即使换成其他人也是如此。

只有在组织目的存在且明确的情况下,决策的客观环境中的其他因素才有意义。例如,一个经验丰富的研发人员,只有在企业准备向市场推出新产品时才是有价值的。如果企业只是想做代工业务,接单生产,那么,这个研发人员对企业就不是有价值的。因此,必须要有一个辨别的基准来判断各种资源条件及其组合是否具有意义,进而在此基础上进行增减、调整、升级等活动。换言之,目的决定了应该做什么或不做什么。

当然,离开了环境,目的也是没有意义的,即目的只能用环境来说明。②例如,一个人如果要到达一个目的地,那么,他自然就会想到或看到相应的路径以及其中的设施、状况、障碍等。这种对环境的明确化的认识会导致更详细、更具体的目的。目的的明朗化、显著化是反复决策的结果。如此反复循环,最终实现目的。这样,通过连续的决策,目的和环境在一系列的阶段中反复交互作用,并逐渐具体、明确地呈现出来。一般地说,一系列的决策都是无意识地实现的,但日积月累就实现了一般目的并形成了一条经验路径。

相应地,决策所要求的分析就是对"战略因素"的分析。所谓战略因素,实际上就是阻碍目的实现的制约因素,是指在恰当的时间和地点,以恰当的方式加以控制,就可以建立起一个满足目的的要求的新体系或一组条件的因素。③战略因素的确定本身成为使目的达到新水平的新决策,使得在新的形势下必须去探求新的战略决策。

从实现目的的角度看,制约因素无疑是至关重要的,如果没有或改变这些因素,那么,目的实现的状况或可能性也会随着改变;但是,除了制约因素之外,还有一类因素是补充因素,这类因素在一定程度上的增减或改变不会改变目的实现的状况或可能性。当

---

① 切斯特·巴纳德.经理人员的职能[M].孙耀君等译.北京:中国社会科学出版社,1997:148.
② 切斯特·巴纳德.经理人员的职能[M].孙耀君等译.北京:中国社会科学出版社,1997:154.
③ 切斯特·巴纳德.经理人员的职能[M].孙耀君等译.北京:中国社会科学出版社,1997:159—160.

然,制约因素与补充因素是可以相互转换的。制约因素一旦得到控制就会成为补充因素,补充因素一旦改变超过一定程度以致影响实现目的的状况或可能性,就会成为制约因素。

战略因素决定着组织中的支配性行为。支配性行为不是所缺因素本身,也不是对所缺因素的分析,而是获得所缺因素的行为,即做什么或不做什么。决策是关于行为的:分析缺少什么因素、确定什么因素需要改变,等等。因此,有效决策的意义就在于:控制可变的战略因素,即在恰当的时间、恰当的地点,以恰当的方式、恰当的数量加以控制,以便恰当地再确定并实现目的。[1]总之,战略因素是决策环境的中心,是进行选择之处。

需要强调的是,当决策涉及环境的社会因素时,绝对不能把"过去"与"现在"混淆起来。现实中,人们经常把现在的情况与过去相比,并认为过去的做法是最优的,因而"萧规曹随";或者认为现在的决策不能不考虑过去的影响,即"路径依赖",从而把"过去"作为接近"现在"的一种手段,甚至认为"过去"就是"现在"。

巴纳德指出,"过去"的合理的意义不在于现在的客观环境,而在于确定新目的的道德方面。这是因为,当目的必须改变或重新确定时,必须以对未来后果的估计为依据。这是估计目前行为的可能后果的问题。人们过去的认知无法影响现在的事实,只能在现在以关于过去的经验为依据,从现在的目的出发,就现在观察的情况来判断其未来的意义。目的是联系"过去"和"未来"的桥梁,而目的只有以"现在"为依据才能发挥作用。不从"现在"的以后开始,就没有"未来";所有的"过去"都结束于"现在"之前;任何一个目的都是"现在"的目的。[2]因此,在决策时,不应该让"现在"受到"过去"的干扰。即过去的决策及其结果不是现在的决策依据。借用经济学术语来讲就是,"沉没成本"不应作为当前决策的依据。

总之,决策是一个权变的过程,它以现有目的和客观环境为起点。其中,客观环境包括物的、生物的、人的、社会的因素等。在理想的情况下,决策就是综合考虑过去的历史、经验和知识,在预测目前行为可能产生的未来结果的基础上,鉴别战略因素并改变或再确定目的。

因此,经理人员的核心职能是确定目的。但是,必须强调的是,对外界环境发挥作用和影响的是组织,而不是经理人员。经理人员主要关心的问题是,促进或阻碍其他决策的决策,以便组织能够有效果和有效能地运行。

在正式组织中,所有行为的目的都是由社会过程产生的,它们除了受到人际协作行为的方法、手段、途径和条件的影响,通常以组织"利益"为依据,通过互动而演变为明确的形式。一般地,组织"利益"不仅影响组织内部的平衡,而且影响它与一般环境(包括社会环境)的关系的外部平衡。无论如何,组织目的始终与未来有关,并包含以愿望的某些标准或准则来呈现的预期结果。巴纳德将组织目的的这一方面称为"道德因素",并

---

[1] 切斯特·巴纳德.经理人员的职能[M].孙耀君等译.北京:中国社会科学出版社,1997:161.
[2] 切斯特·巴纳德.经理人员的职能[M].孙耀君等译.北京:中国社会科学出版社,1997:164—165.

认为,如果没有"道德因素",那么正式组织中的行为是不可能出现的,更不必说影响了。①

本章结语

巴纳德的核心管理思想是他的组织管理思想。这里的"组织"不是一个常规的、有形实体存在意义上的概念,而是一个独特的、互动行为体系意义上的概念。巴纳德给正式组织下的定义是:"有意识地协调两个或两个以上的人的活动或力量的一个体系。"如果没有这种"人与人之间相互协调着的互动关系",协作体系只是一个无生命的、僵化的骨架。

巴纳德的组织管理思想包括以下方面内容:组织是能动的管理主体,组织是动态的管理过程,组织中人人都是管理者,保持贡献与诱因的平衡,经理人员占据中心地位,组织行为以目的为导向。巴纳德认为,协作是整个社会得以正常运转的基本而重要的前提条件,协作体系是人类社会运行的基本载体,而组织承担着促进、调节和保障协作体系运行的基本职能。在这个意义上,巴纳德认为组织的本质是有意识地采用实现目的的手段。②

组织管理思想是巴纳德的核心管理思想,是巴纳德在管理思想史上作出的最杰出、最独特的贡献,而这也是巴纳德最受误解或者说最被忽视的管理思想。巴纳德研究的是正式组织,不过,与一般的组织理论家不同的是,他看到了正式组织中人与人之间的互动关系,正是这种互动关系调节着协作体系中全部成员的活动和力量。他把由人与人之间的互动关系构成的协作体系定义为组织,让人们看到了组织中的人以及人的行为。在组织管理思想中,把组织目标与个人目标结合起来的思想,被认为是管理思想史上具有里程碑意义的思想。这也是巴纳德在管理思想发展过程中所做出的独特的、巨大的、卓越的贡献。

---

① 切斯特·巴纳德.经理人员的职能[M].孙耀君等译.北京:中国社会科学出版社,1997:157—158.
② 切斯特·巴纳德.经理人员的职能[M].孙耀君等译.北京:中国社会科学出版社,1997:147.

第6讲

彼得·德鲁克管理思想

彼得·德鲁克1909年出生于奥地利维也纳。1937年,德鲁克移民美国,终身以教学、研究、写作、咨询为业。1939年,德鲁克出版了第一本著作《经济人的末日》。这是一本政治学著作,也是德鲁克的成名之作。1942—1949年,德鲁克被聘为佛蒙特州本宁顿学院的政治学和哲学教授。1950年,德鲁克成为纽约大学商学院的管理学教授,这是世界上第一个管理学教职。1971年,德鲁克被聘为加利福尼亚州克莱蒙特大学研究生院的社会科学克拉克讲座教授。后来,为纪念德鲁克在管理研究领域的杰出贡献,克莱蒙特大学研究生院以他的名字命名,成为彼得·德鲁克研究生院。2005年,德鲁克去世,结束了他光辉的一生。

6.1 德鲁克管理研究与评价

德鲁克在其一生中,工作经历丰富,研究兴趣广泛。他做过记者,拥有法学博士学位,研究过政治经济学,当过政治学、哲学和管理学教授。他担任过许多组织的管理顾问,以独一无二的"德鲁克方法"为这些组织提供管理咨询服务,他关于管理的研究成果与他的管理咨询服务经历有着密切的关系。尽管德鲁克在很多领域都取得过杰出的成就,但是,相对而言,德鲁克在现代管理学领域的研究最为持久、精深,影响更为广泛、深远,是当代最著名的管理学家,他也因为卓绝的管理思想和巨大的社会影响而被尊称为"管理学宗师""现代管理学之父""大师中的大师""当代不朽的管理思想大师",等等。

6.1.1 德鲁克的成就与贡献

德鲁克笔耕不辍,著作等身。在60多年的职业生涯中,他总共出版了39本影响深远的著作。在《经济人的末日》出版之后,德鲁克陆续出版了许多极具影响力的著作,主要包括:《工业人的未来》(1942)、《公司的概念》(1946)、《管理的实践》(1954)、《成果管理》(1964)、《卓有成效的管理者》(1966)、《断层时代》(1968)、《管理:任务、责任和实践》

(1974)、《动荡年代的管理》(1980)、《创新与创业精神》(1985)、《管理的前沿》(1987)、《非营利组织的管理》(1990)、《管理未来》(1992)、《后资本主义社会》(1993)、《21世纪的管理挑战》(1999),等等。他还在著名的《哈佛商业评论》杂志上发表了38篇论文,其中有7篇获得麦肯锡最佳论文奖。

德鲁克是现代管理学的开创者和奠基人,也是20世纪下半叶现代管理学领域最具影响力的思想家。[①]英国《经济学家》杂志认为,德鲁克在管理学领域的各个方面都做出了开拓性的贡献。[②]如果一个人对管理思想发展的影响可以由他的著作种类及其在世界范围内的销量来衡量的话,那么,没有一个人的影响能够与德鲁克相比。[③]德鲁克是20世纪公认的、无可非议的管理思想大师,对管理思想发展产生了广泛、深刻、持久的影响。[④]德鲁克曾先后获得美国、比利时、英国、日本、西班牙和瑞士等国多所大学的19个荣誉学位,以及奥地利和日本政府颁发的荣誉勋章。2002年,为表彰德鲁克在管理学领域做出的杰出贡献,时任美国总统乔治·布什授予德鲁克"总统自由勋章",这是美国公民可以获得的最高荣誉。

不过,他本人并不认可自己的研究成果和贡献只是局限于管理学领域,而认为自己自始至终关注的是社会生态,他更愿意称自己是一个"社会生态学家"。也就是说,德鲁克研究管理是为了获得更好的社会生态。他认为,管理在20世纪的兴起是人类社会发展过程中的重要事件,对经济发展、社会改良乃至人类文明进步都产生了广泛、巨大、深远的影响。因此,管理研究不应该只是进行一些经验总结、知识分类、技能培训之类的活动,而应该是一个从整体上认识人类社会的过程,其目的是更好地解决社会所需要解决的问题。反之,如果不能解决社会问题、改进社会生态,那么,所谓的学术研究、理论构建都是没有意义的。

德鲁克的一个重要观点是,管理机构是组织的器官,各种类型的组织是社会的器官。德鲁克的观点既清晰地阐释了管理机构、组织与社会的关系,也为他漫长的研究生涯奠定了极具魅力的基调。他强调指出,管理机构是一种器官,是赋予组织生命力、行动力、竞争力的器官。没有组织(如工商企业),就不会有管理机构。但是,如果没有管理机构,那就只会有一群乌合之众,而不会有组织。而各种类型的组织本身又是社会的一个器官,它之所以存在,只是为了给社会、经济和个人提供所需的成果。[⑤]

在研究社会生态时,德鲁克的管理研究是在宏大的社会视角下,选择企业为研究对象,关于管理的研究主要聚焦于企业管理。这是因为,企业是一种新兴的、具有代表性的、发展速度很快的、对社会具有巨大作用和影响的组织,而在当时,无论是学术界还是实践界,人们只知道社会和社区,对"组织"所知甚少,甚至根本不了解"组织"。尽管组织

---

① 彼得·德鲁克,约瑟夫·马恰列洛.德鲁克日记[M].蒋旭峰等译.上海:上海译文出版社,2006.
② 斯图尔特·克雷纳.管理必读50种[M].覃果等译.海口:海南出版社,1999:60.
③ H.波拉德.管理思想的发展[M].曹俊喜译.北京:中国人民大学外经所,1984:25.
④ 凯罗·肯尼迪.管理思想精粹:世界顶级管理大师告诉你[M].吴小丽译.上海:上海财经大学出版社,2005:77.
⑤ 彼得·德鲁克.管理的实践[M].齐若兰译.北京:机械工业出版社,2018:4.

与社会和社区相比有着相同的要素,但是,在存在理由、运行方式、竞争环境、本质内涵、结构特征等方面,组织迥然不同于社会和社区。德鲁克正是在"组织"的语境下创建了他的现代管理学框架。

6.1.2 德鲁克角色与地位

需要特别强调的是,德鲁克的赫赫声名主要是在实践界,更具体地说是在企业界。事实上,阅读德鲁克的文章堪称工商企业界的必修课,尤其是那些从事管理工作的职业经理人,对德鲁克简直奉若神明,德鲁克也因此被赞誉为"美国公司总裁的导师"。在德鲁克的崇拜者中,不乏世界顶尖的职业经理人和企业家,如英特尔公司前领导人安迪·格鲁夫、通用电气公司前领导人杰克·韦尔奇、微软公司创始人比尔·盖茨等,他们都对德鲁克推崇备至。杰克·韦尔奇坦承:"我的核心经营理念从彼得·德鲁克的著作中得到了支持。我从70年代末期开始阅读德鲁克的文章,在我接任CEO职位前的过渡时期,通过安迪·琼斯(前任CEO)认识了这位管理学大师。如果真要我推举一位货真价实的管理哲学家的话,非彼得·德鲁克莫属,在他的管理学著作中,处处蕴藏着独到而珍贵的真知灼见。"[1]

一般认为,德鲁克的主要贡献是在管理实践领域。美国管理思想史研究领域的权威丹尼尔·雷恩就把德鲁克封为"管理实践的宗师"。[2]世界著名的管理杂志《哈佛商业评论》甚至这样说过:"只要一提到彼得·德鲁克的名字,在企业的丛林中就会有无数双耳朵竖起来听。"他的许多头衔是纯粹的学术圈之外的人或机构赠送给他的。世界著名财经杂志《经济学家》曾经这样评价德鲁克:"假如世界上真有所谓'大师中的大师',那么,这个人必定是彼得·德鲁克。"斯图尔特·克雷纳认为,一个不争的事实是,德鲁克对全球工商企业界都产生了巨大的、无可匹敌的影响,而且可以预见的是,他对工商企业界的影响还将持续下去。[3]由于德鲁克管理思想广为各种组织所接受,他的影响力也变得更加广泛,甚至扩展至警察机构、交响乐团、政府部门,毫无疑问,德鲁克是20世纪最具影响力的人士之一。[4]

也有一些学者身份的人是德鲁克的重量级"粉丝",如吉姆·柯林斯、托马斯·彼得斯等人。柯林斯在《基业长青》中坦言:"我们发现,我们的研究成果和德鲁克的著作深深契合,事实上,我们对德鲁克的先见之明深为敬佩。研读德鲁克的经典之作,如1946年出版的《公司的概念》、1954年出版的《管理的实践》、1964年出版的《成果管理》,你会深深叹服他遥遥领先今日管理思潮的程度。事实上,在我们做这个研究时,遇到了很多深受德鲁克作品影响的公司,惠普、通用电气、宝洁、默克、摩托罗拉和福特只是其中的几家

---

[1] 赵曙明,杜鹏程.德鲁克管理思想解读[M].北京:机械工业出版社,2009:39.
[2] 丹尼尔·雷恩,阿瑟·贝德安.管理思想史[M].孙健敏等译.北京:中国人民大学出版社,2012:320.
[3] 斯图尔特·克雷纳.影响世界的西方管理思想[M].董洪兰译.北京:中央编译出版社,2007:15.
[4] 彼得·德鲁克,约瑟夫·马恰列洛.德鲁克日记[M].蒋旭峰等译.上海:上海译文出版社,2006.

而已。"①吉姆·柯林斯在回顾自己的职业生涯时指出,德鲁克管理思想对自己影响巨大,尽管《基业长青》和《从优秀到卓越》两本书取得了巨大的成功,但其实这两本书可以用同一个书名,即《德鲁克是正确的!》②商业畅销书《追求卓越》的作者托马斯·彼得斯认为,在德鲁克之前,并无现代管理学的存在。③德鲁克也常常被人们赞誉为"现代管理学之父"。

但是,德鲁克不是一个纯粹的学术圈中人,或者说,德鲁克不是一个严格意义上的管理学者,因而在纯粹的学术圈几乎没有什么地位。克劳德·小乔治在《管理思想史》一书中,并没有评述德鲁克的管理思想,更不必说肯定德鲁克对管理理论和管理实践的贡献了。当然,克劳德·小乔治也提到了德鲁克的名字,并在注释中提到了他的《管理的实践》。不过,令人颇为尴尬的是,克劳德·小乔治仅仅引用了德鲁克赞扬弗雷德里克·泰勒的科学管理的一段话,压根没有讲到德鲁克本人的管理理论。④

在中国,这种情况也长期而普遍地存在。上海人民出版社在翻译出版"德鲁克管理经典"系列著作的出版说明中,把德鲁克称为一个企业管理顾问,一个教育家和著作家。⑤一项研究以《中文社会科学引文索引》(2000—2007)数据为来源,运用统计分析方法,甄选出对管理学研究领域最有学术影响的122种国外学术著作,结果发现,在德鲁克的众多著作中,被赞誉为"把管理开创为一门学科"的《公司的概念》没有上榜,被追捧为"管理学的圣经"的《管理的实践》没有上榜,被称颂为"管理学的百科全书"的《管理:任务、责任与实践》也没有上榜,德鲁克本人自认为"第一本涉及企业战略主题,并且比单纯论述'战略'的书更全面,现在仍旧使用最广泛"的《成果管理》还是没有上榜。有一本与德鲁克相关的《知识管理》上榜,名列第46位,但这本书并非德鲁克本人的著作,而是一本论文集,其中只是收录了德鲁克的一篇文章《新型组织的出现》,如此而已。

6.1.3 德鲁克风格与追求

德鲁克总是从宏大的社会视角来研究管理,这使得他眼中的管理与其他学者眼中的管理有着很大的不同:管理是现代组织社会的基本器官和功能。这意味着,管理是现代社会中所有组织的器官,而不仅仅是企业的器官,尽管德鲁克首先研究的是企业管理。德鲁克"器官说"的含义是,管理作为组织的器官,其运行目的和成果在组织之中;组织作为社会的器官,其运行目的和成果在社会之中。以企业为例,管理者在管理企业时,应该把社会利益作为企业自身利益来考虑。在德鲁克的管理研究生涯中,他始终聚焦于人与权力、价值观、结构和方式来研究管理,并将这些要素建基于责任。

他通过自己的观察(他称自己为"旁观者")、教学、研究、写作和咨询等工作,采用了

---

① 詹姆斯·柯林斯,杰里·波拉斯.基业长青[M].真如译.北京:中信出版社,2002:259—268.
② 赵曙明,杜鹏程.德鲁克管理思想解读[M].北京:机械工业出版社,2009:序二.
③ 米可斯维特,伍尔德里奇.企业巫医[M].汪仲译.北京:华夏出版社,2007:44.
④ 克劳德·小乔治.管理思想史[M].孙耀君等译.北京:商务印书馆,1985:174.
⑤ 系列著作包括《公司的概念》《工业人的未来》《创新与创业精神》《新社会:对工业秩序的剖析》等。

一种他称为"后现代主义"的思考与分析方式,即从理解全局或整体出发,寻找不同事物之间的内在关联性,达到把握和解决个别问题的目的。①在研究过程中,萦绕德鲁克脑海中的总是这样一个问题:社会需要组织做什么?即他总是从外部视角来考虑组织的管理问题,而不是从内部出发考虑组织的运行效率。换言之,对组织和管理而言,目的、成果、责任、贡献才是最重要的内容。正如德鲁克所说的,"未来是'有机体'的时代,由任务、目的、策略、社会的和外在的环境所主导,这就是我在40年前写的《管理的实践》一书所倡导的"。②

德鲁克的研究目的、研究方法、叙事风格、写作特点等,都使得德鲁克迥然不同于管理研究领域的"学院派",也注定了德鲁克及其管理研究成果不会被纯粹的学术圈所接受。事实上,德鲁克一直与所谓的主流管理学界格格不入。如果要说明纯粹的学术圈与德鲁克、柯林斯、彼得斯等人的区别,那么,简单地说,前者是"出世"的,后者是"入世"的。前面之所以说柯林斯和彼得斯是"学者身份的人",是因为他们出版的商业畅销书并不是学术意义上的专著——尽管他们都声称运用了严谨的科学研究方法。在"学院派"看来,他们都已经与纯粹的学术圈产生了越来越大的距离,而向实践界渐进靠拢了。

或许还可以用这样一个例子来说明。德鲁克在著名的《哈佛商业评论》发表了30多篇文章,这是一个惊人的数字,绝对可以说是空前的,甚至可以说是绝后的,因为除德鲁克之外还没有人能在这本影响力巨大的杂志上发表如此多的文章。但是,纯粹的学术圈中的人很是不屑在这种杂志上发表文章,那些顶尖的学者甚至反对在这种杂志上发表文章。这种情形不独出现于管理学界。诺贝尔经济学奖获得者保罗·克鲁格曼在《纽约时报》开设专栏,就遭到了许多同行的非议;被尊称为竞争战略理论权威的迈克尔·波特,自认为是正统的产业组织经济学家,但是,一些很有声望的经济学家对迈克尔·波特自称经济学家表示愤怒,原因就在于他居然在《哈佛商业评论》这样极不严谨、没有数学含量的杂志上发表文章。

当然,德鲁克本人并不看重诸如"管理学家""管理学宗师"这样的头衔,他更在意的是他的研究成果能否对经济发展、社会进步产生积极的影响。他曾经这样谈论自己的职业:"写作是我的职业,咨询是我的实验室。"尽管德鲁克不被纯粹的学术圈所接纳,但他对自己的研究成果和社会影响从来就不缺乏自信。他在《公司的概念》一书的序言中这样写道:"人们总是赞誉《公司的概念》把管理开创为一门学科和一个研究领域。我却认为它还做了一些更重要的事:它把组织确立为一个独立的实体,把对组织的研究确立为一门学科。"③

在管理理论发展过程中,德鲁克的书也经历了时间的考验。在《管理:任务、责任和实践》(1985年版)"自序"中,德鲁克指出:"本书可以向读者确定两件事:一是书中所论及

---

① 彼得·德鲁克.管理:使命、责任、实践(责任篇)[M].陈驯译.北京:机械工业出版社,2019:推荐序一(邵明路).
② 彼得·德鲁克.旁观者[M].廖月娟译.北京:机械工业出版社,2019:自序.
③ 彼得·德鲁克.公司的概念[M].罗汉等译.上海:上海人民出版社,上海社会科学院出版社,2002:1993年版序言.

的管理知识都已在管理实践中得到印证和发展,深得要理,行之有效;二是书中内容都已通过管理学莘莘学子的检测,深入浅出,意义长远。"①他在《成果管理》一书"前言"中指出,这是第一本最广泛的关于"企业战略"主题的书;这本书在20年后仍然比那些单纯论述"企业战略"的书更全面,更深刻,更受欢迎;在如何分析经营环境和如何在经营环境中摆正企业的位置方面,这本书仍然是独树一帜的;在分析如何在管理今天的企业与创造企业的明天之间取得平衡方面,这本书仍然是绝无仅有的。②他在《管理的实践》"自序"中说:"本书出版后,不但在美国一炮而红,在全球各地也都非常成功,包括欧洲、拉丁美洲,尤其在日本更是备受重视。的确,日本人认为本书的观念奠定了他们经济成功和工业发展的基石。"③如果真如德鲁克所说的这样,那么,还有什么比这些能更好地体现一个学者的研究成果的价值呢?

6.2 德鲁克多样化管理概念

德鲁克被推崇为"管理学宗师",他的绝大部分著作也都是关于管理的。尽管德鲁克致力于探讨管理的概念,他也自认为创建了管理学科——关于管理的"知识体系",但是,在德鲁克的著作中,并没有关于管理的明确定义。相反,德鲁克给出了关于管理在不同语境下的多样化表述,从而在不同程度上给人们的阅读和理解带来了困扰。

6.2.1 德鲁克著作中的不同表述

《公司的概念》是德鲁克关于管理研究的第一本书,人们赞誉它把"管理"开创为一门学科和一个研究领域。据德鲁克本人说,在该书出版后,当时美国的很多技术学院都把该书作为管理课程的基本教科书;法国时任总统戴高乐在创建国家管理学院后,要求学生阅读的第一本书就是《公司的概念》。④但是,该书并没有关于管理的明确定义。当然,如果按照"管理是……"的句式在书中寻找的话,那么也可以在本书后面的附录"1983年版跋"中发现这样的表述:"管理首先是一种实践,虽然它与医学一样,把很多科学研究的方法当作工具使用。"⑤这或许是该书关于管理概念的最明确的表述了。

《管理的实践》被认为是最能代表德鲁克管理思想的书,他在该书中多次谈到了管理。他先是指出,"管理是一个基本的、具有支配地位的机构";⑥他接着指出,对企业来讲,管理是企业的具体机构和具体机制;⑦他后来又指出,(企业)管理的第一个定义是:它

---

① 彼得·德鲁克.管理:使命、责任、实践(责任篇)[M].陈驯译.北京:机械工业出版社,2019:德鲁克自序(1985年).
② 彼得·德鲁克.成果管理[M].朱雁斌译.北京:机械工业出版社,2009:前言.
③ 彼得·德鲁克.管理的实践[M].齐若兰译.北京:机械工业出版社,2009:自序.
④ 彼得·德鲁克.公司的概念[M].罗汉等译.上海:上海人民出版社,上海社会科学院出版社,2002:1993年版序言.
⑤ 彼得·德鲁克.公司的概念[M].罗汉等译.上海:上海人民出版社,上海社会科学院出版社,2002:246.
⑥ 彼得·德鲁克.管理的实践[M].齐若兰译.北京:机械工业出版社,2009:4.
⑦ 彼得·德鲁克.管理的实践[M].齐若兰译.北京:机械工业出版社,2009:8.

是一种经济机制,确切地说,是工业社会的一种特定的经济机制;管理所涉及的每一项活动、每一项决策、每一种考虑都必须以经济作为首要维度。①不过,德鲁克在这里所讲的"管理",如果作为一种机构的话,应该是指管理部门,有的中文版本把它译为"管理层";如果作为一种机制的话,应该是指管理作为整体的构成要素及其关系、结构、功能与运作模式。

《管理:任务、责任和实践》出版于1973年,是德鲁克在为企业以及其他各类组织进行数十年咨询服务后所获得的经验基础上创作的鸿篇巨制,也被认为是"百科全书"式的管理经典,甫一出版就在工商企业界引起了巨大反响,在美国商业畅销书中大名鼎鼎。在这本书中,德鲁克的一个核心思想是:观念必须转化为行动才能对社会产生影响。德鲁克"把管理界定为一门学科,即管理是一套理性化的'认知体系',因而适用于任何地方。在这个意义上说,管理就是'文化'。管理不是所谓'价值中立'的科学。管理是一种社会职能,深嵌于文化、社会、价值传统、风俗习惯、信仰教义、政治体系以及政府职能之中。管理本身就是,也应该是以文化为前提;反过来,管理学与管理者也可以塑造文化与社会的形态"②。

《管理新现实》一书第15章的标题是"管理的社会职能及博雅技艺",第15章第5节的标题是"管理是一种博雅技艺"。所谓博雅,是指管理涉及基本原理、自我认知、智慧和领导力;所谓技艺,是指管理是人的有意识的、有目的的活动,是一种实践技能和应用艺术。1999年,德鲁克已经是90岁高龄,在面对"我最重要的贡献是什么"这个问题时,他郑重写下这段话:"我着眼于人和权力、价值观、结构和规范去研究管理学,而所有这一切都建基于'责任',这意味着我是把管理学当作一门真正的'博雅技艺'(liberal art)来看待的。"③

6.2.2 德鲁克多样化表述的原因

概括地说,德鲁克关于管理的多样化表述有以下几方面的原因:第一,管理既是人类的一种基本活动,也是一种复杂的社会现象。换言之,管理本身是多维度的,需要对人、财、物、事进行综合性、统筹性的安排,以取得预期的成果,实现人类的目的。在一般意义上,人类的需要也是多维度的,包括经济需要、政治需要、文化需要等。这意味着,一方面,所有管理活动都必须以目的为导向,否则,任何一个方位或层次的管理活动即使是有效的,也不能代表整体意义上的管理活动是有效的;另一方面,由于客观资源条件和主观意识选择的作用和影响,管理活动只能满足特定时期某种主导需要。这意味着,不同的人在相同的资源条件下可能会作出不同的选择,在不同的资源条件下可能会作出相反的选择。例如,一个实力雄厚、声名显赫的在位企业可能会作出谨慎保守的决策,而一个缺乏资源、毫无名气的初创企业可能会作出大胆激进的决策。正如弗雷德里克·泰勒指出

---

① 彼得·德鲁克.管理的实践[M].齐若兰译.北京:机械工业出版社,2009:10.
② 彼得·德鲁克.管理:使命、责任、实践(责任篇)[M].陈驯译.北京:机械工业出版社,2019:德鲁克自序(1973年).
③ 彼得·德鲁克.管理新现实[M].吴振阳等译.北京:机械工业出版社,2019:插页.

的,管理是一种复杂的、系统的活动,任何简明的定义都无法揭示管理的本质内涵。①也正因为如此,亨利·法约尔用管理涉及的活动要素来定义管理职能:"管理就是实行计划、组织、指挥、协调、控制。"②

第二,"管理"一词本身具有多种含义。德鲁克在《管理:任务、责任和实践》第1章中指出:在美语中原本没有"管理"(management)一词,它应该是弗雷德里克·泰勒率先使用的,其意是想表明他的"科学管理"(scientific management)与众不同,引起社会公众对"科学管理"的重视,以便应用和推广他提出的科学管理原理。但是,"管理"是一个非常难以解释的词汇:它首先出现在美式英语中,有着难以言表的复杂语义,很难翻译成其他语言,甚至在使用很长时间后都没能进入英式英语;它既表示一种专业职能,又表示执行这种专业职能的人;它既是一种社会地位和社会阶层,同时也是一门学科和一个研究领域。③在德鲁克的管理著作中,"management"有时指管理,有时指管理部门,有时指管理行为,有时指管理学科,这给人们的理解带来了极大的障碍,甚至对专业翻译人员在翻译其著作时也造成了许多困扰。

第三,不同的组织要求管理承担不同的职能。或者说,在不同的组织中,至少管理的首要职能是不一样的。尽管德鲁克认为"管理是所有组织的器官",但在《管理的实践》中,该书主要讨论的是企业管理。对企业而言,管理所涉及的每一项活动、每一项决策、每一种考虑都必须以经济作为首要维度——管理的首要职能是创造经济绩效;在《21世纪的管理挑战》中,德鲁克表明:"本书是讨论管理的书,而不是只讨论企业管理的书。""管理是所有组织所特有的和独具特色的工具。"④对政府而言,管理所涉及的每一项活动、每一项决策、每一种考虑都必须以行政作为首要维度;对大学而言,管理所涉及的每一项活动、每一项决策、每一种考虑都必须以知识作为首要维度;对军队而言,管理所涉及的每一项活动、每一项决策、每一种考虑都必须以作战作为首要维度;等等。

6.2.3 德鲁克的矛盾表述与变化

在德鲁克的著作中,经常会出现一些相互矛盾的表述。在《管理的实践》中,德鲁克强调,"管理决不可能成为一门精确的科学"。但是,他紧接着说,"管理工作具备了明显的专业特性和科学的一面"。⑤ 事实上,他在许多著作中频繁使用了"管理科学"(management science)一词,在《管理:任务、责任和实践》一书"自序"中,德鲁克表明:"多年来,我个人一如既往地对管理科学的应用方法持有浓厚的兴趣,尤其对管理者的逻辑和分析工具很有兴趣。""关于管理科学的应用话题,本书也只是在简短的章节中提及。因为我要把大量的篇幅留在讨论高层管理以及管理的结构和战略等话题上。"⑥另外,在

---

① 弗雷德里克·泰罗.科学管理原理[M].胡隆昶等译.北京:中国社会科学出版社,1984:33.
② 亨利·法约尔.工业管理与一般管理[M].周安华等译.北京:中国社会科学出版社,1982:5.
③ 彼得·德鲁克.人与绩效:德鲁克管理精华[M].闾佳译.北京:机械工业出版社,2015:11.
④ 彼得·德鲁克.21世纪管理的挑战[M].朱雁斌译.北京:机械工业出版社,2009:6—8.
⑤ 彼得·德鲁克.管理的实践[M].齐若兰译.北京:机械工业出版社,2009:10.
⑥ 彼得·德鲁克.管理:使命、责任、实践(责任篇)[M].陈驯译.北京:机械工业出版社,2019:德鲁克自序(1973年).

"是否存在通用管理技能"问题上,德鲁克在《管理的实践》中指出,企业管理的技巧、能力和经验是不能被照搬运用到其他类型机构的,一个人成功的企业管理生涯并不能保证他从政也会成功。但是,在《卓有成效的管理者》中,德鲁克指出,"当时,华盛顿的战时政府从企业界、大学和专业人员中吸收了一些人,以充实它的各个机构。这些人后来明显顺利地成为成功的行政官员。"①其实,这可以说明,也正是德鲁克所强调的,管理者的有效性是可以通过学习获得的。即管理者可以通过学会管理自己而成为卓有成效的管理者,这应该与管理者身处哪个行业或哪个领域无关。德鲁克进一步指出:"我们可以系统化地对管理者的工作进行分析和分类,换言之,管理一家企业绝非单凭直觉或天赋就能胜任。管理的要素和要求是可以进行分析的,是能够予以系统地组织的,是能够被任何具有正常天资的人所学会的。"事实上,从一个行业或领域到另一个行业或领域取得成功的管理者大有人在。在美国,国防部长必须由文职人员担任,而国务卿经常是由大公司的高管担任。

尽管德鲁克作为一代管理思想大师,很早就具有很高的声望,但是,德鲁克在著作中经常会改变他的用语,甚至改变他的观点。尤其是与早期的管理概念相比,晚年德鲁克的管理概念发生了较大的变化。人们如果不通读德鲁克的著作,在整体上把握德鲁克的管理思想,而是寻章摘句,那么就会"见木失林",感到困惑也就不足为奇了。

在《公司的概念》(1946年)中,德鲁克认为管理者是那些对下属的工作负有责任的人。②在《管理的实践》(1954年)中,德鲁克丰富了他的管理概念的内涵,认为管理者的工作包括管理企业、管理管理者、管理工人和活动。③后来,德鲁克认为这仍然是一个狭隘的概念。在《成果管理》(1964年)中,德鲁克把企业内部所有的管理工作"打包"为一个整体,强调"为外部成果而管理"。在《管理:使命、责任、实践》(1974年)中,德鲁克进一步强调管理是"完成任务的活动",并"以成果为验证"。在《创新与企业家精神》(1985年)中,德鲁克在社会层面而不是在机构层面对管理提出了更高的要求:管理必须引导经济转型。④在《后资本主义社会》(1993年)中,德鲁克认为,正确的定义是,管理者对知识的应用和成就负责。⑤

在他的早期管理著作中,德鲁克认为应该存在一种基本的、通用的管理方式,但在后来,德鲁克改变了这一观点。尤其是在亚伯拉罕·马斯洛的影响下,德鲁克认为对不同的人应该采取不同的管理方式。⑥在战略研究的初始阶段,德鲁克接受出版商等人的建议,将其战略研究著作命名为《成果管理》而不是《企业战略》,并认为这是一个正确的决定;后来,德鲁克也慢慢接受和使用"企业战略"这一概念了。⑦在《管理的实践》(1954年)

---

① 彼得·杜拉克.有效的管理者[M].吴军译.北京:求实出版社,1985:序言.
② 彼得·德鲁克.公司的概念[M].罗汉等译.上海:上海人民出版社,上海社会科学院出版社,2002.
③ 彼得·德鲁克.管理的实践[M].齐若兰译.北京:机械工业出版社,2009.
④ 彼得·德鲁克.创新与企业家精神[M].蔡文燕译.北京:机械工业出版社,2009:15.
⑤ 彼得·德鲁克.后资本主义社会[M].张星岩译.上海:上海译文出版社,1998:48.
⑥ 彼得·德鲁克.21世纪的管理挑战[M].朱雁斌译.北京:机械工业出版社,2009:16.
⑦ 彼得·德鲁克.非营利组织的管理[M].吴振阳等译.北京:机械工业出版社,1999:49.

中,德鲁克在讲到管理者时,使用的单词是"manager";在《卓有成效的管理者》(1966年)中,德鲁克则用"executive"指代管理者。尽管两者是同义词,在一般情况下可以替换使用,但是,琼·玛格丽塔还是对此提出疑问:管理者是否不再像以前那样受到欢迎和推崇了?①事实上,在德鲁克的后期著作中,管理本身依然重要,但是,管理的相对重要性毫无疑问是下降了,甚至美国经济也从"管理型经济"转化为"创业型经济"了,当然,管理是引导美国经济转向创业型经济的一种新技术。②

6.3　德鲁克管理实践观

由于德鲁克人生经历丰富,职业身份多样(包括教授、研究者、作家、咨询师),学科知识广泛(研究领域涵盖管理学、经济学、社会学和政治学诸多范畴),德鲁克经常会在不同场合用不同术语表达他关于管理的观点,例如,在《管理的实践》中,德鲁克认为,管理是企业具有特殊职能的器官。在《管理:任务、责任和实践》一书中,德鲁克给出了多种不同的说法:管理是任务;管理是工作,它拥有自己的技能、工具和技术;管理是一门学科;等等。在《创新与企业家精神》一书中,德鲁克指出,管理是引导美国经济转向创业经济的一项新技术。③诸如此类的情况导致人们经常根据自己的理解和需要,选择性地引述和应用德鲁克的管理概念,进而导致人们对德鲁克的管理概念莫衷一是。因此,理解德鲁克的管理概念极为重要。

6.3.1　管理是一种实践

人们常常听到这样的说法:管理既是一门科学,也是一门艺术。在德鲁克看来,这样的说法似是而非。他强调指出,管理不是一门科学,甚至也不是一个专业,而是一种实践。④实际上,早在1946年出版的《公司的概念》一书中,德鲁克就明确指出:"管理首先是一种实践,虽然它与医学一样,把很多科学研究的方法当作工具使用。"⑤这一概念贯穿于德鲁克的所有管理著作,是德鲁克管理思想的逻辑起点。

管理是人类的一种有意识、有目的的活动。管理的本质属性是活动,是人类为了实现自己的目的而进行的一种活动。换言之,管理必须"做",必须"起作用",必须是"有成效的",除此以外,任何思想、任何创意、任何知识、任何经验、任何能力、任何计划、任何制度、任何文化都不能称为管理。德鲁克第一本专门研究管理的著作是《管理的实践》,德鲁克之所以将书取名为《管理的实践》,而不是《管理原理》或《管理原则》,正是因为管理本身是一种实践。德鲁克的管理实践观贯穿于他的管理著作中。

《公司的概念》是德鲁克第一本论及管理的著作。这本书得以完成并出版,得益于德

---

① 琼·玛格丽塔,南·斯通.什么是管理[M].李钊平译.北京:电子工业出版社,2003:6.
② 彼得·德鲁克.创新与企业家精神[M].蔡文燕译.北京:机械工业出版社,2009:引言.
③ 彼得·德鲁克.创新与企业家精神[M].蔡文燕译.北京:机械工业出版社,2009:15.
④ 彼得·德鲁克.管理的实践[M].齐若兰译.北京:机械工业出版社,2009:11.
⑤ 彼得·德鲁克.公司的概念[M].罗汉等译.上海:上海人民出版社,上海社会科学院出版社,2002:246.

鲁克对通用汽车公司的调研。在这本书中,德鲁克从宏大的社会视角揭示了一个大型公司实际上是如何运行的,它所面临的挑战和应当遵循的基本原理,目的是使人们理解工业社会的本质,理解工业社会的内在结构和运行机理,理解工业社会的基本单元——企业及其管理的样貌。简言之,管理的职能是使组织更好地运行,承担社会责任,使社会成为更好的社会。显然,履行管理职能的过程就是管理作为一种实践的活动过程。

《管理的实践》是德鲁克创建管理学科的第一本著作,书名就揭示了管理的实践属性。由于该书讨论的是企业管理,因此,在这本书中,德鲁克明确指出,管理的首要职能是创造经济绩效。显然,经济绩效只有通过实际运行才能创造出来。这正是德鲁克所强调的"管理者必须管理"。"在每个企业中,管理者都是赋予企业生命、为企业注入活力的要素。如果没有管理者的领导,'生产资源'始终只是资源,永远不会转化为产品。在竞争激烈的经济体系中,一个企业能否获得成功,能否基业长青,完全要视管理者的素质与能力而定,因为管理者的素质与能力是企业唯一拥有的有效优势。"[①]履行管理职能,必须完成三个方面的管理工作:一是管理企业,二是管理管理者,三是管理工人和活动。这些工作无一例外都反映了管理的实践属性。

《管理:任务、责任和实践》是《管理的实践》的升华版,也是德鲁克的一部"百科全书"式的著作,堪称德鲁克创建管理学科的巅峰之作。与一般的管理学著作不同,这本书是在宏大的社会视角下讨论管理的。德鲁克认为,一个功能正常的社会至少包含三类组织:一是政府组织,二是企业组织,三是非营利组织。现代管理首先出现并兴起于企业组织,然后扩展至政府组织和非营利组织。换言之,管理已成为组织的器官,组织已成为社会的器官。在各类组织中,有效的管理可以使组织得以良性运作,进而使社会成为更好的社会。从这个意义上说,管理是工作。在这个过程中,管理必须"起作用"或"有成效"。也只有如此,管理才具备了正当性或合规性。这也是现代管理在相当短的时间内以不可阻挡之势迅速发展的原因。

《卓有成效的管理者》是德鲁克杰出而独特的著作。之所以说该书是杰出的,是因为该书充满真知灼见,受到了长期而广泛的欢迎,甚至企业中非管理岗位的技术人员读了之后也对该书称赞有加。之所以说这本书是独特的,是由于三个方面的原因:第一,这是一本专门写给管理者的书;第二,这是一本不讲管理者如何管理他人,而是专门讲管理者如何管理自己的书;第三,这是一本讲解每个人都可以通过学习而成为卓有成效的管理者的书,包括两个卓尔不凡的理念:一是人人都是管理者,二是平凡人完全可以做出不平凡的绩效。那么,一个人如何成为卓有成效的管理者?答案只有一个:实践。即一个人只有在实践中才能学习与成长。德鲁克提供的建议包括:记录并分析时间,着眼于贡献,充分发挥人的长处,要事优先,有效决策。这些建议与中国明朝大儒王阳明的"人须在事上磨,方立得住"的观点基本上是一致的。

---

① 彼得·德鲁克.管理的实践[M].齐若兰译.北京:机械工业出版社,2009:3.

6.3.2 管理不是一门科学

也许最需要澄清的一个认识是,"管理是科学"。管理学者非常渴望管理学能够进入科学殿堂,因而自觉或不自觉地将管理与科学联系起来,或者干脆直接称之为"管理科学"。但是,学者们在这方面的底气并不是很足,因而常常如此表达:管理是一门实践性很强的科学。其实,这样的表述并没有真正反映管理的本质属性。试问:数学、物理、化学哪个不是实践性很强的科学呢?德鲁克本人也含糊地说:"管理绝不可能成为一门精确的科学。"之所以说这一说法是含糊的,是因为该说法有歧义:是管理不能成为科学,还是管理只能成为模糊的科学?

众所周知,弗雷德里克·泰勒被誉为"科学管理之父",主要是因为泰勒将科学方法应用于管理研究,进行了著名的"动作研究"和"时间研究",并在研究成果基础上,总结、归纳出"科学管理原理",这是泰勒对管理理论发展做出的巨大贡献。的确,泰勒明确讲过:写作《科学管理原理》的目的之一是,"证明最先进的管理是真正的科学,说明其理论基础是明确定义的规律、准则和原则,并进一步表明可把科学管理原理应用于几乎所有人类活动中去"[①]。或许正是由于这个原因,人们经常认为管理是一门科学。

如果联系当时的实际背景就可以发现,泰勒原本将他提炼的管理模式称为"任务管理模式",但是,在推广和应用过程中,"任务"一词往往被认为过于"严厉",因而受到批评和抵制,其中不乏吉尔布雷斯这样的科学管理运动核心骨干。泰勒为了推广和应用他提出的科学管理原理,将管理界定为"真正的科学",并在路易斯·布兰代斯的建议下将"任务管理"改为"科学管理",很大程度上是为了让更多的人关心、接受和应用科学管理原理。实际上,从管理的根本目的看,泰勒在《科学管理原理》中开宗明义:"管理的主要目的是实现雇主的财富最大化,同时也实现每一位雇员的财富最大化。"显然,目的必须通过行动才能实现。正如一句谚语所说:"没有行动的崇高目的,就像不结果实的大树。"

在泰勒的心目中,管理在本质上是一项技术。他在书中多次使用了"管理技术"一词。泰勒在题为《工厂管理》的论文中明确指出,工厂生产率低下的重要原因之一是人们不重视或不懂得科学管理原理,而不重视或不懂得科学管理原理的主要原因是"管理还没有被视为一项技术"。[②]泰勒给出了管理技术的定义:"确切地知道要求他人做什么,并要求他人用最好的方法做"[③]。他还强调,"任何简明的定义都无法说清楚管理技术的内涵"。显然,科学和技术是两个不同层面的概念。科学是发现,科学研究的目的是认识世界,研究成果是精神层面的知识,而技术是发明,技术应用的目的是改造世界,应用成果是物质层面的财富。由此也可以看出,泰勒在书中强调"管理是科学",如果不是因为他对管理的认识是模糊的,那么就是因为他为了兼顾现实世界中普罗大众的认识水平而有

---

① 弗雷德里克·泰勒.科学管理原理[M].马风才译.北京:机械工业出版社,2007:前言.
② 弗雷德里克·泰罗.科学管理原理[M].胡隆昶等译.北京:中国社会科学出版社,1984:31.
③ 弗雷德里克·泰罗.科学管理原理[M].胡隆昶等译.北京:中国社会科学出版社,1984:33.

意为之。

实际上，我们还可以从他的书中找到更多的例证。泰勒对管理思想发展所做出的最杰出贡献是他的任务管理思想，任务管理模式的第一项工作就是"创建专业科学"。在任务管理模式下，管理必须将工人的"活计"分解成各个动作，并通过科学分析确定最有效、最省力的动作及其组合，以及完成"活计"所需要的时间，进而在此基础上，确定每个工人每天必须完成的任务，并制定相应的工资制度。泰勒强调指出，即使在最简单的"活计"中，也存在科学的成分，需要加以研究并创建科学，如砌砖、铲砂、搬运铁块等。[①]泰勒在介绍了关于铲运工作的研究后指出，"这一部分科学知识在铲运工作上起到了重要作用"。[②]由此也可以看出，在泰勒心目中，管理本身并不是科学，而是通过科学研究或运用科学知识开发管理技术，以便更好地设计和完成任务。简言之，管理不是科学，但具有科学性。

6.3.3 管理不是一门艺术

还有一个需要讨论的问题是，管理是艺术吗？这是一个无法回避的问题，因为太多的人总是认为："管理既是一门科学，又是一门艺术。"晚年德鲁克曾经回答过这个问题。不过，由于"management"一词有多重含义，不同的人对这个词有不同的理解，不同中译本对这个词也有不同的译法。甚至在同一中译本中，中译者和"推荐序"等的作者对此词的翻译也不同。例如，在德鲁克的一份签名信笺上有一段话，中译者的翻译为："我围绕着人与权力、价值观、结构和方式来研究这一学科；尤其是围绕着责任。管理学科是把管理（management）当作一门真正的'综合艺术'（liberal art）。"而一位"推荐序"作者的翻译是："我着眼于人和权力、价值观、结构和规范去研究管理学，而在所有这些之上，我聚焦于'责任'，那意味着我是把管理学（management）当作一门真正的'博雅技艺'（liberal art）来看待的。"姑且不论"liberal art"应该翻译为"综合艺术"还是"博雅技艺"，首先值得注意的是，两段译文中，一说"管理是艺术"，另一说"管理学是艺术"。那么，到底"管理是艺术"，还是"管理学是艺术"？

必须强调指出的是，管理学是一门学科，或者说，管理学是关于管理的"知识体系"，因此可以肯定地说，管理学不是艺术。那么，管理是艺术吗？也可以肯定地说，管理不是艺术。这是因为，从根本上说，管理是一种实践。由于这种实践是人的活动，或者说是管理者的活动，因此，管理必须考虑人，考虑人的心理和行为，考虑组织，考虑组织的权力来源、结构和运用，考虑组织本身的结构、规范、价值观，考虑人与组织的互动关系，如此等等。这就要求管理者在管理时必须考虑到方方面面，这也是中译者将"liberal art"翻译为"综合艺术"的原因。同时，管理又是一种精神层面的活动，致力于促进人的心智成熟，为人提供成就感和归属感，这是"推荐序"作者认为"liberal art"应该翻译为"博雅技艺"的原因。总而言之，管理不是艺术，但具有艺术性。管理需要具有想象力、人文精神、价值追求、专业意识、敬业精神等。

---

① 弗雷德里克·泰勒.科学管理原理[M].马风才译.北京：机械工业出版社，2007：49.
② 弗雷德里克·泰勒.科学管理原理[M].马风才译.北京：机械工业出版社，2007：50.

最能反映德鲁克的管理实践观的,是下面这段诗一般的语言:归根到底,管理是一种实践。管理的本质不在于"知"而在于"行";其验证不在于"逻辑"而在于"成果"。管理的唯一权威是"成就"。①我们可以从三个层面来理解这段话。

第一,从管理的角度看,作为人类的一种实践活动,管理必须"做",必须"起作用",必须"有成效"。需要说明的是,这里的"成就"(achievement)不是指"绩效"(人们通常用利润、收入来衡量绩效),而是指"把事做成",或者说,是指"实现目的""取得成果"。之所以强调这一点,是因为如果将"成就"理解为"绩效",那就意味着将关注焦点放在内部、放在目标上了。只有将"成就"理解为"把事做成"或"实现目的""取得成果",才能牢牢把握住"目的在外部""成果在外部"的管理铁律。

第二,从管理学的角度看,管理学就是关于管理者如何"把事做成",或者说如何"实现目的""取得成果"的"知识体系"。正如德鲁克所指出的,"管理是一门学科,这首先就意味着,管理者付诸实践的是管理学而不是经济学,不是计量方法,不是行为科学。无论是经济学、计量方法还是行为科学都只是管理者的工具。但是,管理者付诸实践的并不是经济学,就好像一个医生付诸实践的并不是验血那样。管理者付诸实践的并不是行为科学,就好像一位生物学家付诸实践的并不是显微镜那样。管理者付诸实践的并不是计量方法,就好像一位律师付诸实践的并不是判例那样。管理者付诸实践的是管理学"②。一言以蔽之,管理是一种实践,管理学是关于管理实践的"知识体系"。

第三,从管理机构的角度看,在任何一个组织中,都存在着管理机构。③管理机构是由不同层级、不同部门的管理者组成的履行管理职能的单位,也称管理当局或管理部门。管理机构是组织中的一种器官,是赋予一个组织生命力、行动力和竞争力的器官。管理机构是管理活动的能动主体,如果没有管理机构,任何一个组织都不会有管理活动,这就如同人体没有器官就无法行动一样;但是,如果一个组织没有管理活动,那么,这个组织就无法成为真正意义上的组织,充其量只是一群乌合之众而已。同样,组织本身又是社会的器官,组织存在的意义就在于,它能够为社会、经济以及个人所需结果做出贡献。器官从来不是根据"它们做什么"来定义,更不是根据"它们如何做"来定义,而是根据"它们所做的实际贡献"来定义。④显然,只有"做"——实践,才能产生实际贡献。

6.4 德鲁克整体管理思想

无论如何评价德鲁克的研究成果,人们都无法否认,德鲁克创建的现代管理学是一

---

① 彼得·德鲁克.管理:使命、责任、实践(责任篇)[M].陈驯译.北京:机械工业出版社,2019:德鲁克自序(1973年).
② 彼得·德鲁克.管理:使命、责任、实践(责任篇)[M].陈驯译.北京:机械工业出版社,2019:4.
③ "Management"除可以翻译为"管理""管理学"外,还可以翻译为"管理机构"。有的中译本将其翻译为"管理层""管理当局""管理部门"等。本书认为将其翻译为"管理机构"似乎更可取。这是因为,所谓机构,是指由两个或两个以上构件通过活动联结形成的构件系统。
④ 彼得·德鲁克.管理:使命、责任、实践(责任篇)[M].陈驯译.北京:机械工业出版社,2019:德鲁克自序(1973年).

个博大精深的体系。那么,什么是德鲁克的核心管理思想?如果仔细研读德鲁克的著作就会发现,德鲁克的核心管理思想应该是整体管理思想——这也是德鲁克本人所总结的。德鲁克在《管理的实践》一书的前言中指出:"这是第一本视管理为整体、率先说明管理是企业的特殊功能、管理者肩负了明确责任的管理书籍。"①

6.4.1 整体管理思想产生的理论背景

在《管理的实践》出版之前,已有一些关于管理的著作问世,如弗雷德里克·泰勒的《科学管理原理》、亨利·法约尔的《工业管理与一般管理》、玛丽·福列特的《生气勃勃的管理工作》、埃尔顿·梅奥的《工业文明中的人的问题》、切斯特·巴纳德的《经理人员的职能》,等等。这些著作在其涉猎的研究领域提出了令人赞叹、极富启迪的真知灼见,因而普遍拥有广泛的读者,并显示出旺盛、持久的生命力,成为管理思想史上的不朽经典。

德鲁克是从宏大的社会视角来考察管理的。在这一点上,德鲁克迥然不同于以往的管理学者,这也是德鲁克能够提出整体管理概念的重要原因。例如,法约尔视管理为企业的六种基本活动之一,管理活动包含计划、组织、指挥、协调、控制五种要素。这一概念被作为管理过程学派的核心概念得到了传承和推广,哈罗德·孔茨以这一概念为基础,建构了管理学相关著作的管理职能框架。弗雷德里克·泰勒将考察管理的目光聚焦于管理者为工人设计劳动任务上,并将管理定义为"确切地知道要别人干什么,并要求他们用最好最经济的方法去干"。

德鲁克本人对这些著作也是不吝溢美之词:泰勒在工业经济时代产生的科学管理思想对知识经济时代的管理仍然具有重大的指导意义,即我们必须理解知识工作者的工作,研究如何使知识工作者的工作有利于提高生产力;法约尔在工业管理和一般管理方面的观点即使在今天也仍然是独特的创见;梅奥关于"质量循环"和"员工参与"的观点,至今仍然被许多现代组织奉为圭臬;巴纳德在组织行为和组织心理方面的分析结论,毫无疑问是现代组织中的管理者的工作指南;福列特是"管理学的先知",她奏响了管理学交响乐的每一个音弦;等等。

一般认为,1911年弗雷德里克·泰勒《科学管理原理》一书的出版,标志着管理科学的诞生。但是,管理科学与管理学显然是两个不同的范畴。管理科学与管理学之间是什么关系,历来争议颇多。也许是由于无法澄清两者的关系,哈罗德·孔茨在其《管理学:管理职能的系统分析方法和随机制宜的分析方法》一书中就把管理科学和管理学相提并论。②德鲁克的研究者和追随者认为,德鲁克是现代管理学的开创者,其代表性著作《管理的实践》的出版是现代管理学诞生的标志。

如果我们把当前通用的管理学相关著作讲授的知识体系视为"管理学"的话,那么,管理学的开创者应该是法约尔,他在《工业管理与一般管理》一书中提出的"管理五要

---

① 彼得·德鲁克.管理的实践[M].齐若兰译.北京:机械工业出版社,2009.
② 哈罗德·孔茨,西里尔·奥唐奈.管理学:管理职能的系统分析方法和随机制宜的分析方法(第6版)[M].中国人民大学工业经济系外国工业管理教研室译.贵阳:贵州人民出版社,1982:28.

素",被哈罗德·孔茨升格为管理的五职能,并作为管理学相关著作的内容框架。当然,法约尔在书中提出的管理五要素是指计划、组织、指挥、协调、控制,而孔茨的管理五职能则包括计划、组织、人事、领导、控制。在此之后,几乎所有管理学相关著作都采用了基于管理职能的内容框架。不过,现在绝大多数管理学相关著作采用的都是管理的四职能框架,即计划、组织、领导、控制。或许还有其他职能框架,但基本上大同小异。

在德鲁克看来,尽管许多管理学者在"特定领域"取得了重大成就(甚至迄今也没有人能超越这些成就),为管理学奠定了坚实而持久的基础,但是,这些管理学者所研究的并不是整体意义上的管理,而只是整体管理的一部分。德鲁克指出,在他的《公司的概念》于1946年出版之后,管理学界对于高层管理者的职能一直未能提出什么新的创见,许多方面甚至停留在泰勒时期的水平上,以至于人们想要了解知识工作者的工作内容,学习如何提升知识工作的生产力时,甚至还要重读泰勒的经典著作《科学管理原理》。[1]

德鲁克第一本涉及管理的著作是1942年出版的《工业人的未来》。在这本书中,德鲁克认为,早期社会中许多由家庭和社区担负的社会任务已经改由组织来承担,其中,企业是最主要的组织形式。[2]也正是因为这本书的影响,德鲁克于1943年获得通用电气公司的邀请,研究该公司的高管团队、组织结构和经营政策,研究成果反映在1946年出版的《公司的概念》一书中,这是他的第一本以企业为对象来研究管理的书。也就是在这项研究中,德鲁克发现,当时已有的关于企业管理的书籍根本不能解释通用汽车公司的现状,也无法指导通用汽车公司的未来行动,因为这些著作都只探讨了企业管理的某个方面,而且由于这些方面相互独立、缺乏关联,还无法将它们组合起来。德鲁克用了一个比喻来说明这种状况,即已有的管理书籍各自讨论了人体的某个部分,如手,却完全没有讨论手臂,更没有讨论身体。

尤其是所谓的职能管理是碎片式管理,并没有描绘出真实世界中管理的全貌。亨利·明茨伯格甚至认为,肇始于法约尔、成型于哈罗德·孔茨、普遍被各种管理学著作采纳的管理职能观点,其实并没有揭示管理者真正在做什么,充其量只是说明了管理者在工作时的一些模糊目标。[3]除了那些经典的管理学著作之外,还有许多著作讲述了某种职能意义上的管理,如营销管理、生产管理、技术管理、财务管理、人事管理等。这些著作由于主题突出、针对性强,因而受到了实践界的广泛欢迎,这种现象更加强化了人们对碎片式管理的认识。另外,自弗雷德里克·泰勒的《科学管理原理》出版以及他在美国国会上所作的证词传播开来之后,管理咨询行业迅速繁荣起来,许多管理咨询师打着科学管理的旗号,热衷于为工厂设计提高劳动效率的方案,这一方面促进了科学管理的广泛传播,另一方面也使人们对科学管理产生了狭隘的理解,误以为科学管理就是在生产现场拿着秒表对工人的动作和时间进行测量,从而形成科学管理就是碎片式管理的印象,进而阻

---

① 彼得·德鲁克.管理的实践[M].齐若兰译.北京:机械工业出版社,2009:彼得·德鲁克自序.
② 彼得·德鲁克.工业人的未来[M].黄志强译.上海:上海人民出版社,2002.
③ Mintzberg Henry. The Manager's Job: Folklore and Fact[J]. *Harvard Business Review*,1975,(7-8):49-61.

碍了科学管理的发展。

但是,德鲁克在《管理的实践》"前言"中指出,尽管已有很多关于管理的著作,《管理的实践》仍然是第一本关于管理的书——第一本把管理看作一个整体的书。德鲁克认为,《管理的实践》"把管理看作一个专门的职能,把进行管理看作一种特殊的工作,把当一个经理人看作专门的责任,这是第一个尝试"。主要原因就在于,以前的所有著作都是论述管理工作的某个方面。例如,巴纳德的《经理人员的职能》分析的是,居于组织中心地位的管理者,如何通过组织内部信息和组织成员意愿的交流,维持组织的存续和促进组织的发展。即使是德鲁克的《公司的概念》——被人们赞誉为"把管理开创为一门学科和一个研究领域"的一本书,德鲁克也坦承,这本书讨论的是大公司的高层管理、组织结构和政策。总之,与以往的管理学著作相比,《管理的实践》首先反映了德鲁克的整体管理思想。

德鲁克强调,他是从管理的外部而不是内部来考察管理的。[①]与过去的管理研究聚焦于管理的要素、管理活动、管理者的工作不同,德鲁克是从宏大的社会视角来研究管理的。这种视角的转换为德鲁克整体管理思想的产生提供了前提和基础。德鲁克认为,管理是一种社会职能,存在于文化,社会,由价值观念、社会习俗和信仰构成的传统,以及政府和政治体制之中。管理不但以社会文化为前提,而且可以塑造社会文化。[②]

在组织承担新任务的情况下,自然而然地,管理也必须承担自己的新任务。从这个意义上说,管理正迅速成为现代社会的核心资源以及现代社会运行的基本需要。管理正在从工商企业的关注焦点转变为现代社会的基本器官。德鲁克指出,无论是企业还是大学,是医院还是军队,是研究机构还是政府部门,管理都是这些组织的基本器官。换言之,这些组织要想有效运行,就必须进行卓有成效的管理。"管理是组织的基本器官"意味着任何组织都需要管理。具体地说,无论是公司,还是政府、医院、学校、军队,抑或其他类型的组织,如慈善机构、志愿者组织,它们都需要管理。同时,管理必须既是有效果的又是有效率的。在德鲁克看来,诸如"什么是管理""管理者做什么"之类的问题将逐渐成为社会公众普遍关心的问题,而不再只是专业人士才会讨论的问题。各种组织的管理水平将日益成为现代社会运行质量的保证。社会公众会像关注可衡量的管理结果那样,越来越关注管理所传达的基本信仰和价值观念。

在这种背景下,无论是美国还是其他国家和地区,非企业类组织的管理问题正在受到人们越来越多的关注。在美国,参加高级管理课程的管理人员越来越多地来自医院、军队、政府以及学校的行政部门,而不是企业。美国哈佛商学院甚至为大学校长开设了越来越受欢迎的高级管理课程。美国国防部、纽约市政府这样的政府机构已经成为美国大型管理咨询公司的黄金客户。在法国,海军军需学校设有"管理学精要"课程,亨利·法约尔在 1918 年受邀在高级军事学校作了一系列关于管理原则的讲座,马歇尔·莱厄蒂经由驻摩洛哥法军部队传播了 2000 本把亨利·法约尔的管理原则应用于军事管理的

---

① 彼得·德鲁克.人与绩效:德鲁克管理精华[M].闾佳译.北京:机械工业出版社,2015:7.
② 彼得·德鲁克.管理:任务、责任和实践[M].刘勃译.北京:华夏出版社,2008:3—4.

小册子。①尤其是随着战后管理热潮的兴起,管理已经成为非企业类组织的基本需求。②在加拿大,政府在20世纪60年代末决定实行将陆军、海军和空军合并在一起的联合军事服务制度时,所召开的由将军和上将参加的第一个会议讨论的不是战略,而是"目标管理"。在德国,以公共行政管理而闻名的汉堡市政府也为其公共服务机构建立了管理中心,并将管理看作是市政府高级官员的主要职责之一。

在德鲁克看来,管理是组织中的一个执行特定任务、履行特定职能、为组织提供特定服务的器官,一个可以赋予组织生命并使之充满活力的、能够持续发挥培训作用的器官。如果没有组织,管理也就不复存在了;如果没有管理,组织也只不过是一群乌合之众而已。③因此,在理论层面,任何关于管理的研究,都必须首先探讨管理的任务,否则就会脱离管理作为组织的器官所应承担的整体责任和所应发挥的整体职能,从而对管理实践产生巨大的误导。德鲁克强调,管理并不是一个独立的存在,而是内生于组织并且依附于组织的存在,这种存在的合规性正是来自于管理对组织所应承担的整体责任和所应发挥的整体职能。这一显然的事实要求任何一个从事管理研究的学者都必须将管理研究的焦点放在管理的任务上。德鲁克首先分析了组织在社会中的地位和作用,然后分析了管理在组织中的地位和作用,并在此基础上提出了整体管理思想,即,管理在整体层面所应承担的任务。

从人类社会的整体视角看,非企业类组织的管理将越来越重要,也将越来越多地受到人们的关注。但是,企业管理可以被当作一个范例。亨利·法约尔在《工业管理与一般管理》中就致力于探讨工业企业管理的一般原则和基本要素。德鲁克在论述管理的任务时,也是以企业为研究对象的,并认为现代管理最早出现在工商企业中,工商企业管理也最为成功,堪称楷模,因而完全可以将企业管理的一般原则运用于其他各种类型的组织。

6.4.2 整体管理思想产生的实践背景

德鲁克认为,第一个出现的现代组织是美国铁路公司。④作为一家现代组织,美国铁路公司显著区别于已经出现的大量纺织工厂。美国铁路公司规模庞大,远非当时的纺织工厂所能比拟,而且业务高度分散,分布于许多地区,无法通过委派管理人员巡查和监督几百个车站与几千英里铁路的方法来进行管理,这也明显不同于纺织工厂只在一个地区从事生产的情况。丹尼尔·雷恩认为,美国铁路公司要求用一种不同于以往的、系统化的方式进行管理,管理的关键就在于通信技术和沟通方法的应用,从而突破了地理因素对企业经营活动的限制,使得跨区域生产、跨区域运输、跨区域销售成为可能。⑤

---

① 亨利·法约尔.工业管理与一般管理[M].周安华等译.北京:中国社会科学出版社,1982:英译本序(厄威克).
② 彼得·德鲁克.管理:任务、责任和实践[M].刘勃译.北京:华夏出版社,2008:8.
③ 彼得·德鲁克.管理:任务、责任和实践[M].刘勃译.北京:华夏出版社,2008:前言.
④ 彼得·德鲁克.管理:任务、责任和实践[M].刘勃译.北京:华夏出版社,2008:9.
⑤ 丹尼尔·雷恩,阿瑟·贝德安.管理思想史[M].孙健敏等译.北京:中国人民大学出版社,2012:63.

不仅如此，铁路公司经营的复杂性也对管理提出了极高的、不同于以往的要求，主要表现在以下方面：第一，铁路公司在铺设铁轨和购置车辆方面的投资极其巨大，因此，必须根据市场的分布状况和发展趋势来制订长期的投资计划，以缓解固定资产投资所带来的巨大资金压力，降低固定资产投资所面临的巨大市场风险。第二，铁路公司的核心业务是运送乘客和运输货物，因此，保障乘客安全和正点到达目的地，保护货物免遭破损或遗失，对铁路公司来说至关重要。铁路公司曾经因为协调不力而出现过一次重大安全事故，导致全美上下强烈要求铁路公司改善管理。第三，铁路公司的日常运作表现出复杂多变的特点，因此，铁路公司必须制订周密的铁路运行计划，建立畅通的信息沟通管道，创建完善的业务监控系统，以及制定长期而有效的规章制度和经营政策来指导各个层级的管理者作出有关业务的决定。①

丹尼尔·雷恩和阿瑟·贝德安的研究发现，当年美国的一些铁路公司为了适应公司业务发展的需要，在公司组织结构方面进行了大幅度调整。1841年，在一连串的安全事故之后，马萨诸塞州的西部铁路公司确定了具体的责任领域和清晰的权力结构，以保障铁路运行能够得到有效的管理。1847年，巴尔的摩—俄亥俄铁路公司进行业务重组，实行运营和财政分离，并根据职能设立各种部门，如机械加工车间、铁路巡查机构、车辆维修中心等。

如果说美国西部铁路公司和巴尔的摩—俄亥俄铁路公司在组织结构方面对公司业务发展作出了管理上的反应，那么，纽约—伊利铁路公司堪称美国铁路行业中实行系统化管理的先驱。而这与丹尼尔·麦卡勒姆在管理方面的才能是分不开的。麦卡勒姆于1848年加入纽约—伊利铁路公司，1854年被任命为公司总经理。麦卡勒姆认为，如果想有效地管理铁路公司，就必须有严格的工作纪律、明细的工作职责、及时准确的信息交流、基于贡献的薪酬体系和奖励晋升制度、权责明确的权力结构，以及令行禁止的执行流程。麦卡勒姆订立的管理原则包括：明确划分职责，充分授权以履行职责，建立报告和检查制度，评估职责履行情况，处罚并纠正玩忽职守行为，表彰并奖励忠于职守行为。

麦卡勒姆还制定了一系列非常详细的实施细则以确保这些管理原则得到有效的执行。首先，他根据任务来划分和确定员工等级，并要求所有员工穿戴一套能够识别其等级的特定制服，以保证上级能够指挥下级，尤其在紧急情况下。其次，他制定了详细的规章制度要求每个人都对业务运营承担责任。例如，如果火车出轨，即使是扳道工人操作不当，火车司机也是有责任的。这条规定是为了使火车司机在经过所有岔道时，无论是否停车，都要放慢车速，亲自检查岔道的状况。最后，麦卡勒姆还制定了一张正式的组织结构图，这张图采取树状形式，反映出权力和责任的层次结构、部门和职能的分工情况、信息和命令的传达路径，等等。在这张图中，树根代表董事会和董事长，树枝是五个业务部门，以及为业务部门提供辅助服务的机修部门、车厢部门、桥梁部门、电报部门、印刷部门、出纳部门和秘书办公室，树叶是各个地方的货运控制点、车票销售点，以及相应的主

---

① 丹尼尔·雷恩，阿瑟·贝德安.管理思想史[M].孙健敏等译.北京：中国人民大学出版社，2012：64.

管、乘务员、业务员等。

德鲁克的整体管理思想可以追溯至弗雷德里克·泰勒之前的一个现代管理的倡导者亨利·普尔。亨利·普尔是《美国铁路杂志》的编辑。由于职业的缘故，普尔对美国铁路系统的发展过程非常熟悉。普尔认为，美国铁路系统需要一个有着明确的组织结构、职能分工和权责制度的"管理系统"，在这个"管理系统"中，人们应该、必须而且能够对铁路安全正点运行负完全的责任。在当时，普尔已经发现现代管理的系统性特征，并提出了"全员参与""成果""贡献""责任"等关键词汇，这对德鲁克整体管理思想的形成影响巨大。

由于在推广现代管理上的巨大贡献，亨利·普尔被阿尔弗雷德·钱德勒称为"管理哲学家"。19世纪中叶迅速发展起来的铁路是首先发现大规模作业会提出一些与小企业所碰到的不仅在程度上而且在性质上不同的问题的工商业组织。普尔认为，这种新型的大企业组织要求有新型的管理体系。管理科学对美国铁路的成功有着巨大的影响，其中包含着一些应予充分阐述和详细讨论的事实和原则。普尔提出了三项原则：组织原则、联系原则、情报原则，其中，最基本的组织原则是实行明确的分工。他提出，应对制度进行设计，以保证每个人的时间和铁路的资本设备得到充分的利用。联系原则被解释为一种使管理人员了解业务进展情况的报告系统；情报原则是指掌握对报告进行分析的知识，以及能为改进业务提供可能的方法。①

德鲁克认为，现代管理首先产生于美国铁路公司，这是第一类能够称为得到了"管理"的企业。②德鲁克所谓的"管理"(management)迥然不同于传统的管理，无论这种传统的管理是"行政管理"(administration)、"上级命令"(command)，还是"事务控制"(control)、"情况处理"(handle)、"问题解决"(solve)，抑或"人性操纵"(manipulate)、"灵活操作"(manoeuvre)，等等。尽管在美国铁路公司之前已经有大量的纺织企业存在，但在纺织企业中，所谓的管理其实是指"老板"的管理，即所有人都必须服从"老板"的命令。在企业中，只有"老板"对企业经营负责，其他人只有服从命令的义务，不需要承担为了完成任务而作出决策的责任。经济学认为，企业家创办企业，拥有"剩余索取权"，因而对企业经营的回报负责，这是显而易见的。但是，经济学家并没有讨论企业中的责任结构，即除了企业家，其他人承担了什么责任，隐含了其他人都听从企业家命令的假设。在德鲁克之前，管理学也没有涉及责任的分布情况。因此，无论是经济学还是管理学，都没能反映现代企业管理的新要求。

实际上，管理者从事管理活动，只对他应当完成的任务负责，而不是对他的"老板"负责。准确地说，管理者的工作应该以能够达到公司目标的任务为基础，能对企业的成功产生明显而且可以清楚衡量的贡献。这意味着，管理者应该受绩效目标的指引和控制，而不是由上司指导和控制。③显然，德鲁克的观点受到了麦卡勒姆关于"责任"的观点的启

---

① 欧内斯特·戴尔.伟大的组织者[M].孙耀君等译.北京：中国社会科学出版社，1991：24.
② 彼得·德鲁克.人与绩效：德鲁克管理精华[M].闾佳译.北京：机械工业出版社，2015：7.
③ 彼得·德鲁克.管理的实践[M].齐若兰译.北京：机械工业出版社，2009：103.

发。麦卡勒姆指出,"执行一项严格的纪律制度……对获得成功是不可或缺的。所有下属应该只对他们的直接上级负责,并且接受他们的指挥。如果直接负责的领班因为某上级领导直接向该领班的下属发布命令而受到干扰,那么该上级领导发布的命令不能被执行"①。麦卡勒姆认为,这种统一指挥的原则不应该存在任何例外情况;否则,他的基于个人责任的控制系统将会被破坏。但是,麦卡勒姆的观点是不彻底的。对任何一个管理者而言,他所承担的责任要优先于直接上级的命令。这是因为,如果管理者是受他自己工作的目标要求所控制,并且是根据他的绩效进行衡量,那就不必存在这样一种监督:告诉下属做什么,然后设法确保下属做其所被要求做的事。②

6.4.3　整体管理思想的基本内涵

德鲁克的整体管理思想有着十分丰富的内涵,既是对已有管理思想的集大成,又是对已有管理思想的创新发展,主要表现在空间、时间和主体三个维度上。

(1) 管理必须履行多层面职责

在所有关于管理的著作中,德鲁克都没有明确给出管理的定义。但是,德鲁克强调,管理是由管理任务所决定的一种客观职能。因此,要理解和把握管理的概念,必须首先明确管理的任务。如前所述,从企业的角度看,从事管理的机构是企业的器官,它必须帮助企业完成三个方面的任务:一是实现创造经济成果的特定目的和使命;二是使工作具有生产力并使员工自我实现;三是发挥积极的社会影响并履行社会责任。因此,管理必须履行多层面职责:一是管理企业;二是管理管理者;三是管理员工和工作。

第一,管理企业。在传统的概念中,管理是在一个既有组织中的活动。例如,最早撰写管理学著作的哈罗德·孔茨认为,管理者的任务是,设计和维护一种环境,使组织中的成员能够相互协作,从而有效地实现组织目标。这种概念或观点有一个隐含的假设,即管理是在一个既定组织中的活动。这一认识反映在几乎所有管理学著作中。丹尼尔·雷恩在《管理思想史》中表达了这样的观点:正是因为有了组织,所以才需要进行管理。卡斯特和罗森茨韦克在《组织与管理》一书中认为,"管理是人们在组织环境中从事的智力活动"。丹·海瑞格尔在《管理学:基于能力的方法》中明确指出,"管理是指在负责一个组织或其中的一个单位时涉及的任务和行动,包括计划、组织、领导和控制"。总之,对管理者而言,组织是一个已然的客观存在,管理就是在组织内部进行的一系列活动。从根本上说,这个概念是错误的,尽管它们在特定的情境下也是有其合理的成分的。错误的根源就在于,这些概念或观点都把特定组织作为管理的前提条件,而不是管理的首要对象和重要结果。

实际上,无论哪种类型的组织,它们都是人类为了满足自身需要而创造出来的。因此,组织不是人类管理活动的前提,而是人类管理的首要对象和重要结果。换言之,并不是因为有了组织才需要管理活动,恰恰相反,组织是人类管理活动的重要结果。琼·玛

---

① 丹尼尔·雷恩,阿瑟·贝德安.管理思想史[M].孙健敏等译.北京:中国人民大学出版社,2012:66.
② 彼得·德鲁克.管理的实践[M].齐若兰译.北京:机械工业出版社,2009:104.

格丽塔在《什么是管理》一书中指出，正是因为人类长于管理，才创建了各种类型的组织。管理是人类区别于动物的一项特殊才能。正是因为通过管理创建了组织，人类才能获得并运用远远超过个体能力的强大力量。中国古代思想家荀子指出，对人类而言，"力不若牛，走不若马，而牛马为用，何也？曰：人能群，彼不能群也"。赫伯特·西蒙在《管理行为》中指出，单独一个人的行为，不可能达到任何较高程度的理性，正是组织，使个人得以无限接近客观理性。总之，组织显著地提升了个人的理性，增强了个人的力量，因而可以"让平凡的人做不平凡的事，并取得非凡的绩效"。可以说，组织是人类最睿智、最伟大的管理成果。

因此，企业管理首要的职责是管理企业。事实上，管理者是为企业服务的，他必须对企业的生存和发展负责。如果企业失败了，那当然是管理者的失败。德鲁克是在宏大的社会视角下考察企业的，即企业是社会运行的基本器官。德鲁克把企业定义为："企业是一个以满足社会需求为目的，把人们联合起来的社会机构。"[①]根据这一定义，必须明确的是，企业经营的目的不在企业自身，而在企业外部。在最基本的商业意义上，企业经营目的的唯一有意义的定义是"创造顾客"。要"创造顾客"，企业就必须决定"做什么"。这就需要回答三个问题——"企业的业务是什么？""企业的业务应该是什么？""为什么？"这三个问题也被称为德鲁克经典三问题。从这个意义上说，是顾客决定了企业是什么和不是什么。

与经营目的相应的问题是经营成果问题。需要强调的是，企业经营成果不在企业内部，而在企业外部。在这个前提下，企业内部所做的一切都只是成本，成本能否转化为收益取决于顾客是否认可和接受企业的产品或服务。如果认可和接受，企业的经营才是有成果的，那么，管理者的管理才是有成效的，管理也才具有正当性和权威性。

第二，管理管理者。在人们的观念中，管理是管理者对被管理者的管理。或者说，管理者的工作就是管理手下的人。那么，如何管理管理者呢？德鲁克首先提出了这个十分重要的问题。之所以说这个问题十分重要，是因为随着现代工商企业的兴起，由职业经理人所管理的大企业已经取代了传统的家族小公司，而成为从事生产和分销活动的主导力量，即（在美国）出现了所谓管理型资本主义。[②]德鲁克也认为，管理在20世纪的兴起是人类社会发展史上的重大事件。[③]特别是从第二次世界大战结束到20世纪60年代末的25年中，一股管理热潮席卷整个世界。在这个时代背景下，一个经理阶层蓬勃兴起，成为社会经济生活中的中坚力量。具体到一个企业，在其内部必定存在一个管理机构，由为数众多的管理者组成，这些管理者分布在企业中的各个管理层级、各个管理岗位。换言之，企业中的管理者已经成为一个数量庞大、作用突出的群体，不考虑对他们的管理显然是不全面、不完整的。甚至在一些生产高度自动化的工厂里，可以没有传统意义上的工

---

① 彼得·德鲁克.公司的概念[M].罗汉等译.上海：上海人民出版社，上海社会科学院出版社，2002：1993年版序言.
② 小艾尔弗雷德·钱德勒.看得见的手：美国企业的管理革命[M].重武译.北京：商务印书馆，1987.
③ 彼得·德鲁克.管理：任务、责任和实践[M].刘勃译.北京：华夏出版社，2008：前言.

人,但绝对不会没有从事管理工作的管理者。

因此,如何对管理者进行管理就成为管理的一个重要内容。目标管理是德鲁克在总结大公司的成功管理实践的基础上提炼出来的一种管理模式,被视为德鲁克一生中最伟大的研究成果之一。目标管理也可以说是管理学对人类经济社会发展做出的堪与自然科学成果相媲美的重要贡献。然而,也许人们并不清楚,目标管理并不是一般意义上的管理模式,实际上,目标管理是专门用来管理管理者的管理模式。众所周知,管理者是为企业服务的,他必须对企业的生存和发展负责。因此,对管理者进行管理,首先就必须要求管理者努力完成管理企业的职责,而这只有通过实现企业的目标来衡量。本质上,管理管理者就是使管理者通过目标和自我控制来进行管理,这是与以往的管理模式迥然不同的方面,也是德鲁克独特的管理哲学的最重要方面。[1]

第三,管理员工和工作。管理是对员工的管理,这大概是最没有争议的说法了。这是因为,在人们的观念中,管理的最基本含义就是对员工的管理。关于管理的一个简洁而广泛流传的概念是,管理就是让人做事。然而,德鲁克所强调的管理的第三个层面的职责是:管理员工和工作。即管理者必须把员工和工作作为一个整体进行管理。

德鲁克指出,无论是理论界还是企业界,一般都是将员工和工作分开考虑,而没有将员工和工作视为一个有机整体来考虑,这注定不可能是一种有效的管理。德鲁克认为,如果管理者仅仅将工作视为员工谋生的手段,而不将工作作为员工承担的责任和追求的意义,那就不可能让工作真正持久地取得成效,也不可能让员工真正达到自我实现。如果工作成效以牺牲员工自我实现为代价,那么,这样的管理是失败的;如果员工自我实现是以牺牲工作成效为代价,那么,这样的管理也是失败的。之所以说这两种情况都是失败的,是因为工作成效和员工自我实现是相辅相成的关系,任何一方离开另一方,都不可能长久维持。

之所以强调要把员工和工作结合起来考虑,以及强调工作是一个过程而非一项单纯的操作,是因为工作需要员工来完成。需要强调的是,所谓"完成",并非指"做好手头的工作",而是指实现目的、取得成果、做出贡献。进一步说,任何工作都需要员工的主动反馈和自我控制,如果没有员工的主观努力是不可能做到的,而这种主观努力取决于员工的内在动机,这种内在动机的产生只能通过沟通和激励,而不能靠恐吓和压榨。

在一个组织化社会中,人与组织的关系是现代管理者必须考虑的重要内容之一。在一个企业中,人需要工作,工作也需要由人来完成。但是,随着经济社会的发展,工作已经不再是单纯意义上或传统意义上的工作,而成为员工的生活方式,甚至成为员工的存在方式。因此,管理者应当把工作与岗位、个性与责任、团队与贡献、贡献与奖励、权力与利益等结合起来考虑,并进行认真的研究,从而在此基础上分析和设计工作,配备和培养员工。

必须指出,让工作卓有成效的因素迥然不同于让员工达到自我实现的因素。因此,

---

[1] 彼得·德鲁克.管理的实践[M].齐若兰译.北京:机械工业出版社,2018:122.

单纯的员工激励与单纯的工作设计都不可能在让员工达到自我实现的同时让工作卓有成效，而必须将两者结合起来考虑，实现两者之间的动态匹配。德鲁克认为，泰勒所做的动作研究及其成果是一个杰出的贡献，但泰勒的缺陷在于，他没有意识到工作必须重新组合，即工作必须通过将各种动作重新组装整合成一个过程。员工的工作岗位实际上就是若干动作组合而成的。不仅如此，对团队的工作、业务的流程也应采用这种整体思维，即在分析的基础上进行综合。工厂管理的一个重要原则是，将单独的操作组装成一个岗位，进而将单独的岗位组装成"生产流程"。在这方面，甘特图是一个杰出的实践，是甘特对现代管理的一个重要贡献。

在21世纪，管理面临前所未有的挑战，即如何提高知识工作者的生产率。在知识工作中，进行工作分析、将工作组合为业务流程、实现业务流程中的反馈和控制是三个至关重要而又不可缺少的要素。德鲁克指出，知识工作的特点是，它的成果不是实体产品，而是知识对他人的贡献。换言之，知识工作者的产出总是成为他人的投入。但是，新的问题或挑战在于，知识工作的产出难以测评，甚至难以观察，它只能通过从最终成果倒推投入来进行考核或分析。另外，知识工作的这种特点也决定了它不受活动流程所控制。因此，知识工作需要更好的设计，恰恰是因为它不能由管理者为知识工作者设计工作，只能由知识工作者自己设计工作。从这个意义上说，将员工和工作分开是不可能真正持久有效的。

在对待员工的观念上，德鲁克与泰勒有所不同。泰勒强调，"过去，人是第一位的；未来，系统是第一位的"[①]。当然，这并不是说泰勒不重视人。哈罗德·孔茨早就指出，那种轻率地认为像泰勒这样的"古典管理思想家""把人看成无生命的工具"的观点是错误的。[②]事实上，泰勒相当重视人。他认为，"管理者的天职和良机是系统地联合培养并造就这样有才干的人，而不是猎取别人培养的人"，并强调，"只有充分认识到了这一点，我们才算走上了提高全国性效率的正确道路"。当然，必须指出的是，泰勒在对待员工的观念上是任务导向的。即工人必须完成基于科学管理原理设计出来的任务，只有如此，他才能算是一个合格的人，用泰勒的话说，他才能成为"头等工人"——这是一个极具争议、甚至让他不得不在国会接受质询的名词。泰勒的所谓"培养并造就工人"，是作为管理者的责任来讲的。管理者采用任务管理模式，要求工人在特定时间内完成最大的工作量，从而在实现雇主财富最大化的同时，也实现自身财富最大化。在泰勒的心目中，管理者必须占据主导地位，他要承担绝大部分的责任，或承担至少一半的责任，而工人则在完成任务的前提下实现自己的财富最大化目标。

德鲁克当然同样重视人。但是，与泰勒不同的是，德鲁克把组织当作员工的一种归宿，把工作当作员工的一种存在方式。德鲁克认为，管理者要对工作进行组织，使工作成

[①] 弗雷德里克·泰勒.科学管理原理[M].马风才译.北京:机械工业出版社,2007:前言.
[②] 哈罗德·孔茨,西里尔·奥唐奈.管理学:管理职能的系统分析方法和随机制宜的分析方法(第6版)[M].中国人民大学工业经济系工业管理教研室译.贵阳:贵州人民出版社,1982.

为最适合人类的工作。①这对于创建一个和谐、文明的现代社会至关重要。德鲁克认为，人是一种特殊的资源。一方面，作为一种资源，它有着独特的生理特点、能力和限制，因此，管理者对待人力资源应该像其他物质资源一样予以同等的关注；另一方面，每个员工都有自己的个性和公民权，能够掌控自己是否要工作，以及工作多少和绩效高低，因此，每个员工都需要激励、参与、满足、领导、奖励、地位和功能，而这只有通过管理者的管理活动才能满足员工的这些需要。

(2) 管理必须实现跨时期平衡

德鲁克指出，管理的一个基本维度是时间，管理者必须在跨时期意义上从事管理活动。②如前所述，管理是一种实践，而且是一种创造性实践；管理是指向未来的，是一种创造未来的实践。正如赫伯特·西蒙指出的，管理是一个创造"人工物"的过程。③这就意味着，管理者必须综合考虑企业的当前状况和长远未来，在管理今天的企业与创造企业的明天之间取得平衡。④这是因为，管理者是为企业组织服务的，他必须对企业组织的持续生存和发展负责。在这一点上，德鲁克与许多管理学者的观点明显不同。在许多管理学者的概念中，管理就是管理者现在"做什么"：作出什么决策，从事什么活动，采取什么措施，解决什么问题，等等。总之，在他们看来，管理是在当下意义上的活动，或者说是在一个时点上的活动，未来是管理的方向，未来状态是管理活动要取得的结果。例如，亨利·法约尔强调计划，即管理者首先要"指出所要得到的结果，采取的行动，经过的阶段，使用的手段"。美国著名的管理思想史学家丹尼尔·雷恩直接将亨利·法约尔定位为一名战略学者。⑤但是，需要指出的是，法约尔以及其他许多管理学者的计划是"立足于现在，放眼于未来"。"现在情势"是管理决策的约束条件，而"未来状态"是现在"情势"的延伸，是管理者的预测结果。换言之，管理者在进行决策时，他所关心的是，现在"这么做"会得到"什么样"的未来。

在德鲁克的语境下，"现在的企业"和"未来的企业"都是管理者必须考虑的因素，两者都是管理者决策的限制因素。这意味着，"未来状态"不是管理者的预测结果，而是管理者的预期结果。即管理者在进行决策时，他所关心的是，要得到"那样的"未来状态，企业现在必须"做什么"。管理者在观念上必须澄清的一个认识误区是，企业的明天绝对不只是今天的自然延续。⑥德鲁克强调，如果管理者为了获得企业的当前利益而损害企业的长远利益，甚至危及企业的生存，那他就不是在从事有效的管理；如果管理者为了追求企业的长远利益而给今天的企业带来灭顶之灾，那他也不是在进行负责任的管理。⑦

德鲁克指出，在管理决策中，时间因素不但是特别重要的，而且考虑时间因素也是格

---

① 彼得·德鲁克.管理的实践[M].齐若兰译.北京:机械工业出版社,2009:11.
② 彼得·德鲁克.管理的实践[M].齐若兰译.北京:机械工业出版社,2009:11.
③ 赫伯特·西蒙.人工科学[M].武夷山译.北京:商务印书馆,1987.
④ 彼得·德鲁克.成果管理[M].朱雁斌译.北京:机械工业出版社,2006:前言.
⑤ Wren Daniel A. Henri Fayol as Strategist: A Nineteenth Century Corporate Turnaround[J]. *Management Decision*, 2001, (39):475-487.
⑥ 彼得·德鲁克.动荡年代的管理[M].屠端华等译.北京:工人出版社,1989:34.
⑦ 彼得·德鲁克.成果管理[M].朱雁斌译.北京:机械工业出版社,2006:6.

外困难的。这是因为,第一,经济和技术进步使得证实决策成效和收获经营成果所需的时间不断延长;第二,管理者必须在管理今天的企业与创造企业的明天之间取得平衡。① 管理者现在所作的管理决策决定了企业明天的绩效。例如,管理者所作的研究与开发投入决策,或者管理者所作的兼并与收购决策,毫无疑问决定了企业明天的经营业绩。但是,一般地说,取得这个经营业绩需要的时间普遍地拉长了。同时,现在的研发与投入决策或并购决策又会极大地影响企业当前的经营业绩。这正是管理者需要在当前和长远之间取得平衡的原因。

时间维度为管理所固有,因为管理注重的是行动决策。行动总是以未来结果为目标。凡是负责行动的人(而不是致力于思考或认识的人)都需要着眼未来。② 时间维度为管理决策赋予独特的性质,它是管理者整合当下和未来的行动。管理永远包含两个方面:一方面是充分利用现存的东西,另一方面是创造淘汰现状的不同未来。经验是基于过去的,而实践是面向未来的。这对管理者而言是极具挑战性的方面。

(3) 管理者是管理活动的主体

在德鲁克整体管理思想中,管理是以"人"为核心的。这里的"人"是指管理者。管理者是企业中最重要且不可替代的资源,是赋予企业生命并使企业充满活力的活性要素。德鲁克认为,如果没有管理者,那么,所谓的"资源"只是资源,永远也不会转化为对社会有用的"成果"。因此,企业能否经营成功,能否基业长青,完全取决于管理者的管理活动的有效性。因此,企业的成功就是管理者的成功,企业的失败就是管理者的失败。在德鲁克看来,管理者的素质与绩效是企业唯一拥有的有效优势。③

一般地,人们普遍认为管理者是有下属的人。例如,斯蒂芬·罗宾斯就认为,管理者是那些通过他人完成任务的人。④ 实际上,这样的认识是片面的。德鲁克认为,作为一个企业管理者,意味着承担了创造经济绩效的责任,不被期望承担这一责任的就不能算是企业管理者。诸如研发工程师、销售员、会计等被期望作为为企业取得经济绩效承担责任的人,其实就是管理者,即使他们不是"老板",没有下属,他们只管理自己。⑤

德鲁克在他的多本书中都讲过"三个石匠的故事":有人问三个石匠在做什么?第一个石匠说,"我在挣钱养家";第二个石匠说,"我在用最好的技术干最漂亮的活儿";第三个石匠说,"我在建大教堂"。德鲁克指出,第三个石匠是管理者,他有明确的任务和目标,他为了完成任务和目标而管理自己;对于第二个石匠来讲,尽管他努力干活儿,但他不是一个管理者。哪怕他认为自己干的是世界上最漂亮的活儿,他也不是一个管理者。这是因为,他缺乏这样一种观念,即为了完成任务和目标而管理自己,他不知道自己需要做出怎样的贡献。第二个石匠的麻烦在于,他可能是一个好的员工,也可能是一个坏的

---

① 彼得·德鲁克.管理的实践[M].齐若兰译.北京:机械工业出版社,2009:11.
② 彼得·德鲁克.人与绩效:德鲁克管理精华[M].闾佳译.北京:机械工业出版社,2015:36.
③ 彼得·德鲁克.管理的实践[M].齐若兰译.北京:机械工业出版社,2018:3.
④ 斯蒂芬·罗宾斯,戴维·德森佐,亨利·穆恩.管理学原理[M].毛蕴诗主译.北京:中国人民大学出版社,2008.
⑤ 彼得·德鲁克.人与绩效:德鲁克管理精华[M].闾佳译.北京:机械工业出版社,2015.

员工——如果组织的任务和目标已经改变,那么他执着于"漂亮的活儿"是没有意义的,甚至有害于组织的任务和目标的完成。

尽管经常会出现"消灭管理者""管理已死"之类耸人听闻的话,但是,德鲁克明确指出,这种情况是不会出现的。即使在完全自动化的工厂,可能只需要少量受到严格训练的技术人员和专业人士,几乎不需要其他工人,但管理者是一定会有的。即使在一个人人自主的律师事务所、广告公司等知识密集型组织中,只要他们明确了组织的任务和目标,并为此而自我管理,以便为组织做贡献,那么,他们就是管理者,就是在从事管理工作,只不过他们是在自我管理。

在知识经济时代,管理者所拥有的自主决策权比工业经济时代要大得多,他们所承担的责任也比以前重要得多。当然,现代管理对管理者的要求也高得多,同时,培养一名管理者所要付出的投入也要大得多。这意味着,人人都是管理者是知识经济时代的必然要求,是迎接 21 世纪管理挑战的唯一选择,是提高知识工作者生产率的最佳途径。

 ## 本章结语

无论人们是否认可德鲁克的大师身份,也无论人们如何评价德鲁克的研究成果,都不能否认这样一个事实:德鲁克对管理学理论发展的影响和贡献是巨大的、不可磨灭的。他自认为"创建了管理这门学科",并围绕人与权力、价值观、结构和方式,尤其是责任,开展了卓有成效的研究,取得了丰富的研究成果,并产生了重大的社会影响。他的整体管理思想,他的目标管理模式,他提出的"让平凡的人做出不平凡的业绩"的观点,都是独特而卓越的。

纵观管理思想发展史,德鲁克的整体管理思想堪称管理思想史上继弗雷德里克·泰勒科学管理思想之后的又一座高峰。这是因为,第一,德鲁克的整体管理思想是以往管理思想的集大成;第二,德鲁克的整体管理思想是德鲁克在宏大的社会视角下通过冷静的观察、睿智的思考、全面的分析而形成的管理思想,因而是最具理论解释力和实践指导力的管理思想。自产生以来,德鲁克管理思想不断得到理论研究和实践探索成果的验证,为企业成长、工业振兴、经济发展、社会进步,甚至为个人的自我实现等,都做出了广泛而巨大的贡献,因而他无愧于"管理学宗师""现代管理学之父""大师中的大师""当代不朽的管理思想大师"等称号。

第 7 讲

亨利·明茨伯格管理思想

　　1939年,亨利·明茨伯格出生于加拿大蒙特利尔市。1961年,获得加拿大麦吉尔大学机械工程学学士学位;1962年,获得乔治·威廉士大学文学学士学位;1965年,获得美国麻省理工学院管理学硕士学位;1968年,获得美国麻省理工学院管理学博士学位。明茨伯格毕业后回到加拿大,任麦吉尔大学管理学院管理学讲座教授、克莱格霍恩讲座教授,后来受邀担任欧洲工商管理学院组织学客座教授。明茨伯格是一位特立独行、极具创见、与管理学术界和工商企业界的管理新潮格格不入的管理学家,经常提出打破传统观念及偶像迷信的独到见解。2001年,明茨伯格被英国的《金融时报》推举为全球最重要的管理思想家之一。

7.1 明茨伯格学术成就简介

　　明茨伯格是加拿大麦吉尔大学管理学教授,是管理学界的一位特立独行的管理学家,在管理学、组织理论、战略管理等研究领域取得了十分丰富的成果。他因为常常提出打破传统观念及偶像迷信的独到见解而被称为"离经叛道者"。在对待明茨伯格的管理思想方面,推崇他的人认为,他是一个伟大的"反传统的斗士";批评他的人则认为,他是一个地地道道的"异端分子"。他的管理思想独树一帜,自成一家,在管理理论和管理实践领域都获得了很高的地位,并产生了巨大的影响。

　　尽管明茨伯格以"反潮流"闻名于世,但这无损于他在管理学术界享有崇高的地位和威望,这从他担任的许多社会职务可见一斑:他是《战略管理》《管理研究》《一般管理、经济与工业民主》《行政管理》《商业战略》期刊的编委。1980年,他成为加拿大皇家学会会员,是该学会第一位管理学教授出身的会员。1988—1989年,他担任战略管理协会主席。由于声望卓著,他被世界上多所大学聘为客座教授。

　　明茨伯格工作勤勉,研究不辍,著作颇丰。代表著作主要包括:《管理工作的本质》(1973)、《卓有成效的组织》(1979)、《组织内外的权力斗争》(1983)、《明茨伯格论管理》(1989)、《战略历程:纵览战略管理学派》(1991,1998)、《战略规划的兴衰》(1994)、《管理者而非 MBA》(2004)、《管理进行时》(2009)、《管理和你想的不一样》(2010),等等。他的著作《我为什么讨厌坐飞机》也颇具特色:以辛辣的笔触讽刺了那些自以为管理卓越而顾客体验糟糕的航空公司。

明茨伯格的研究成果在学术界产生了重要而广泛的影响,获奖颇多。1995 年,他的经典著作《战略规划的兴衰》获管理学会颁发的乔治·泰瑞奖;1998 年,明茨伯格被授予加拿大国家勋章(加拿大最高荣誉)与魁北克勋章;2000 年,明茨伯格因为对管理研究所做出的巨大贡献而获得管理学会颁发的杰出学者奖。他多次在著名的《哈佛商业评论》杂志上发表文章,其中,他的成名作《管理者的工作:传说与事实》,以及另一篇影响巨大的文章《左脑规划,右脑管理》,分别获得了当年的"麦肯锡最佳论文奖"。

明茨伯格得到了学术界同行的高度赞誉。商业畅销书《追求卓越》的作者汤姆·彼得斯认为:"亨利·明茨伯格也许是世界上第一位管理思想家。"[1]"核心能力理论"的开创者加里·哈梅尔给出了五条他喜欢明茨伯格的理由:"一,他是世界级的偶像终结者;二,他喜欢纷繁复杂的活生生的公司世界;三,他是讲故事的大师;四,他既提出了概念性的理论,又讲究实用;五,他不相信容易的答案。"[2]

7.2 明茨伯格实然管理观

明茨伯格的实然管理观起始于他对"管理者真正做什么"的思考。[3]关于这个问题的思考源于他在麻省理工学院参加的一次管理学研讨会。在这次"非常重要"的会议上,他吃惊地发现,那些"峨冠博带"的"衮衮诸公"居然缺乏理解管理工作的知识框架。更严重的是,明茨伯格在查阅了相关管理学领域的文献后发现,尽管关于管理的研究起步很早,研究成果也很丰富,但是,"从来就没有人认真讨论过管理者真正在做什么"。由于缺乏对管理的真正理解,从实践的角度看,很多关于管理者工作的建议都是错的,是白费劲。[4]

于是,明茨伯格开始对"管理工作的性质"展开研究,他分别观察了五位首席执行官在一个星期内的繁忙活动。尽管一个星期的时间不算很长,但是,明茨伯格关心的是管理者工作的节奏和本质,而非管理者工作的长期状况和演变趋势。1968 年,明茨伯格把他的观察和思考写成系列论文;1973 年,明茨伯格将研究论文结集成书,以《管理工作的本质》为书名出版;[5] 1975 年,明茨伯格在《哈佛商业评论》发表了题目为《管理者的工作:传说与事实》的论文,声名鹊起。这项研究及其成果奠定了明茨伯格作为管理思想家的基础。

---

[1] 斯图尔特·克雷纳. 管理必读 50 种[M]. 覃果等译. 海口:海南出版社,1999:推荐语+148.
[2] 斯图尔特·克雷纳. 管理必读 50 种[M]. 覃果等译. 海口:海南出版社,1999:推荐语+148.
[3] 实然,本义指实际是什么样,与应然(应该是什么样)相对。在法律中,有实然法和应然法。
[4] 亨利·明茨伯格. 管理者的工作[A]. 明茨伯格论管理[C]. 闾佳译. 北京:机械工业出版社,2010:3.
[5] 由于该书与主流管理界的观点格格不入,因而曾经被多家出版社拒绝出版。

7.2.1 管理者角色观

明茨伯格在研究的基础上把管理者的工作描述为：在不同时间和场合扮演不同的"角色"，或采取与其职位相关的一整套行为。经过归纳和分类，明茨伯格将管理者扮演的角色概括为三类十种，这些角色直接来源于其职位的正式权威。如图7-1所示。

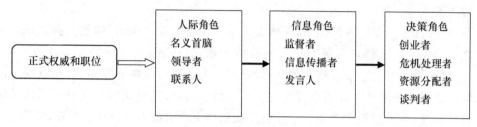

图7-1 管理者的角色

（1）人际角色

第一，名义首脑。作为一个组织的管理者，他必须扮演一些名义上的角色，履行一些仪式性的职责。例如，参加员工集体婚礼并讲话，在新年晚会上发表贺词，出席有重要客户参加的宴会，等等。根据明茨伯格的研究，组织管理者有12%的社交时间用于履行仪式性职责；他们所收到的信件，17%都是与其职位有关的感谢信、邀请书和采访预约函。[①]

第二，领导者。领导者的角色主要表现在员工管理方面，通常涉及雇用、晋升、教育、培训、沟通、激励等工作。每个管理者都承担着凝聚下属员工力量、鼓舞下属员工士气的责任，使员工的个人需要与组织的整体目标保持一致。显然，领导者角色涉及领导权问题，正式权力不仅赋予管理者权威，而且在很大程度上决定了管理者实际使用权力的方式和方法。

第三，联系人。联系人角色是指管理者扮演的与组织员工、下属之外的人进行联系的角色。研究表明，管理者用于与组织之外的人联系的时间，与跟组织员工、下属联系的时间几乎相等，两者各占其总社交时间的45%。之所以要扮演联系人角色，是因为管理者要扮演好信息类角色，就必须建立起非正式的、私人的、口头的，同时又非常有效的外部信息网络。

（2）信息角色

第一，监督者。在任何类型的组织中，管理者都必须严密监督组织的运行状况。因此，管理者必须通过与组织员工、下属以及组织之外的人进行人际交往，使自己成为组织的信息流转中心，以及作出重要决策并发布重要指令的神经中枢。扮演监督者角色的基础条件是，通过正式途径和非正式途径获得全面、及时、真实、有效的信息。其中，非正式途径尤其重要。根据明茨伯格的研究，管理者的大部分信息都是以口头形式获得的，包括闲谈、道听途说或猜测。

---

① 亨利·明茨伯格.管理者的工作[A].明茨伯格论管理[C].闾佳译.北京：机械工业出版社，2010:10.

第二，信息传播者。传播信息是管理者工作的重要组成部分。在任何组织中，管理者在搜集信息方面都处于得天独厚的地位，比组织中任何一个员工、下属的信息都更灵通，他能接触到一些员工、下属无法接触的外部信息，因而在整体上毫无疑问会比任何一个员工、下属知道得更多。管理者必须在组织内部通过正式或非正式的方式和途径与组织员工、下属分享信息，以便提供他们无法接触到的信息，从而帮助组织员工、下属作出有效的决策。

第三，发言人。在许多情况下，管理者必须代表组织发表讲话，即把一些信息传递给组织之外的人。由于管理者拥有正式的权威和职位，因此，只有他的发言才具有效力。例如，管理者对外发表企业战略变革计划，与其他企业签订战略合作协议，在重要产品投放市场时亲临现场演示并向用户说明，在企业出现重大经营危机时接受新闻媒体采访以获得股东信任，在出现重大丑闻时让社会公众相信企业有能力履行社会责任，等等。

（3）决策角色

第一，创业者。作为组织管理者，他必须对组织的生存和发展负责。明茨伯格认为，管理者必须不断改进组织运作，增强组织活力，使组织适应外部环境的变化。管理者所扮演的人际角色和信息角色，也是为了管理者能在此基础上产生创意，以创业者身份发起、推进组织发展项目。明茨伯格发现，在CEO层面，发展项目有两个特点：一是丰富多样。发展项目通常涉及新产品开发、流程优化、海外并购、市场扩张、公共关系、营业推广等。二是复杂琐碎。发展项目往往需要花费管理者的大量时间和精力，处理各种各样的棘手问题。

第二，危机处理者。在明茨伯格看来，与管理者作为创业者主动发起变革、谋求发展不同，作为危机处理者，管理者通常被动地应对压力、解决问题。许多压力和问题并不在管理者的控制范围内，如产业政策变化、宏观经济滑坡、供应商违约、客户破产、工人罢工等。明茨伯格认为，任何管理者都不可能预料所有的突发情况，也不可能预料自身行动将会引发的一切后果，因此，他必须花费大量时间和精力处理令人紧张的意外混乱。

第三，资源分配者。组织的任何业务或项目的推进，都必须有资源的投入。管理者承担作出组织资源分配决策的责任，有人甚至把资源分配等同于企业的战略决策。此外，管理者还要负责设计或优化组织结构，以服务于企业的发展战略。另外一个重要而常常为人忽略的方面是，管理者还必须作出自身时间资源的分配。一般地说，管理者应该将自身时间资源分配于战略性问题上，而不能让那些虽然紧急但不重要的问题占用宝贵的时间资源。

第四，谈判者。研究表明，无论处于哪一层级的管理者，都要花费大量的时间开展谈判工作。例如，与供应商的谈判，与客户的谈判，与下属部门负责人的谈判，与要求辞职的高管人员的谈判，与要求加薪的技术骨干的谈判，等等。明茨伯格认为，由于管理者掌握谈判所需的重要信息，以及拥有实时分配组织资源的权力，因此，谈判既是管理者的常规工作，也是管理者不可推卸的责任。正如塞尔斯所认为的，谈判是精明能干的管理者的"生存之道"。

7.2.2 企业战略浮现观

管理者的三类十种角色表明,管理者的工作相当繁重、复杂、琐碎。因此,"管理者的工作性质"吸引明茨伯格开展了长达几十年的研究。其中,为组织制定战略,或至少监督制定过程,是管理者的重要工作之一。明茨伯格指出,管理者如何制定战略是一个令人着迷的问题,同时是一个争论不休的问题,自然也一直是他的研究兴趣所在。

为了真正理解战略究竟是如何制定出来的,明茨伯格领衔的研究团队于1971年跟踪调查了多家组织数十年的战略沿革;不仅如此,在接下来的十多年间,他们还以连锁超市、航空公司、官办电影机构、小型报社、大学等为对象,开展了一系列专题研究。这些研究使明茨伯格在关于战略制定问题上得出了迥然不同于传统观点的结论。

此后,明茨伯格一直在考虑以何种方式来表述他的战略制定观点,直到有一天,他看到他的妻子——以制陶为业的陶艺师——在地下室烧制陶器时,他感觉豁然开朗。他意识到,他妻子的制陶工作和管理者的战略制定工作表现出惊人的相似性。例如,在陶器上偶然发现的"瑕疵"类似于企业之"机遇","对陶土的灵感"类似于"对企业的认知",等等。明茨伯格认为,制定战略的过程几乎就是制陶过程的翻版。于是,明茨伯格形成了"企业战略的浮现观",并于1987年写成一篇题为《手艺化战略》的文章,发表于《哈佛商业评论》上。[1]

明茨伯格的主要观点是,尽管人们普遍认为战略制定是一个深思熟虑的过程,采用的是理性的、规范的"正统规划"方法,但是,真实的情况并非如此。明茨伯格用制陶来比喻战略制定:陶制品是陶艺师在制陶过程中"边制边想边改"的结果,与此相似,战略是企业"边行动边思考边调整"的结果。换言之,现实中几乎没有一个预先制定、等待执行的战略。战略的制定与执行融入了一个不断学习的动态过程中,并在这个过程中逐渐演化出富有创造力的战略。在明茨伯格看来,管理者是陶艺师,战略是最后成型的陶器。管理者和陶艺师一样,手中掌握企业长期以来积累的经营能力,以及对未来市场机遇的认知。手艺化战略的本质是,管理者就像真正的陶艺师一样,必须把对手头材料的认知与理解应用到工作中,从而形成战略。

那么,什么是战略?明茨伯格认为,战略既是对未来行动的规划,也是源于过去的模式。这是因为,无论是从战略的规范定义来说,还是从战略的军事词源来说,战略都要发挥两种作用,一是解释过去的既有行为,二是描述未来的预期行为。[2]这里,规划比较容易理解,它是关于未来状况的描绘以及关于未来行动的指南。什么是模式?模式是指长期以来形成、一直得到有意识遵循或无意识沿袭的习惯做法。明茨伯格认为,过去的行动模式就是已经实现的战略。明茨伯格指出,正如规划无须建立模式,模式也无须源自规划。在一般情况下,企业在经营活动过程中会无意识地形成一种模式,即一个已实现的战略。这就是企业战略的浮现观。

---

[1] Mintzberg Henry. Crafting strategy[J]. *Harvard Business Review*, 1987, (7-8): 61-69.
[2] 亨利·明茨伯格. 塑造战略[A]. 明茨伯格论管理[C]. 闾佳译. 北京: 机械工业出版社, 2010: 19.

在明茨伯格看来,最能说明企业战略浮现观的当属"本田摩托开拓美国市场"的经典案例。本田公司计划向美国市场推出50cc、125cc、250cc、305cc四款车型的摩托车,每款车型的摩托车存货量均为总量的25%。从实现企业销售收入目标的角度出发,本田公司倾向于销售价格更高的大型摩托车。同时,本田公司销售人员认为,大型摩托车也更加符合美国人偏爱粗犷风格的产品的心理特点。然而,现实却与本田公司的预期相反。当本田公司人员出于开发市场的需要,骑着50cc小型摩托车到处奔波时,这种小型摩托车吸引了人们的注意。美国大型连锁零售商西尔斯打电话给本田公司在美国市场的负责人要求供应50cc小型摩托车时,本田公司的管理层对此感到惊讶,并且犹豫不决。但在当时,大型摩托车销售受阻,只能接受西尔斯的订单。结果,50cc小型摩托车在美国市场取得了惊人的成功。[①]

7.3 明茨伯格平衡管理思想

明茨伯格非常注重对企业管理实践的观察和研究,并在此基础上总结和提炼相应的管理理论。他的"管理者角色观"和"手艺化战略观"就是基于这样的研究路径和方法而出现的。企业管理实践由于其复杂性、多样性以及动态演变的特点,对管理理论产生了巨大的挑战。为了更好地满足现实世界对管理理论解释和指导管理实践的要求,明茨伯格不断修改和完善其管理理论,并逐渐形成了平衡管理思想。

7.3.1 管理者需要平衡兼顾扮演好三类重要角色

明茨伯格经过研究发现,管理者需要在管理工作中扮演三类十种重要角色:一是人际角色,包括名义首脑、领导者、联系人;二是信息角色,包括监督者、信息传播者、发言人;三是决策角色,包括创业者、危机处理者、资源分配者、谈判者。

明茨伯格强调,对管理者而言,这三类角色是三位一体、不可分割的,它们共同构成了一个"完形格式塔",一个具有生命力的有机整体。无论剥离其中任何一种角色,都会让管理者的工作失去统一性和完整性。例如,不扮演好人际角色就很难扮演好信息角色,而不扮演好信息角色就很难扮演好决策角色。具体来讲,不扮演好联系人角色的管理者就会缺乏外部信息,也就无法向下属传播信息,更无法作出利用外部环境机会的战略决策。

基于这个观点,明茨伯格对所谓的团队管理持怀疑态度。这是因为,同一个管理职位不能由两个或两个以上的人共同占据。换言之,这三类十种角色不能由不同的人分别扮演,除非这些人能够有效结合为一个同心同德、步调一致的整体。尤其是信息角色,如果这类角色分别由不同的人来扮演,而又不能做到完全的信息共享,那么,团队管理就必然会失败。明茨伯格强调,由于管理者必须综合各方面的信息才能作出有效的决策,因

---

① 该案例被很多学者引用和研究,成为战略管理教学与研究领域最著名的案例之一。

此,单个管理者的工作不能出于分工目的而随意拆散,如把管理者的信息角色拆分为对外角色和对内角色。

当然,明茨伯格也指出,管理者的三类十种角色构成了一个整体,并不意味着管理者对每一种角色都必须给予同等程度的重视。事实上,不同岗位职能的管理者关注的焦点是不同的。例如,销售主管花在人际角色上的时间相对较多,这反映了营销活动的外向本质;生产主管花在决策角色上的时间相对较多,这反映了他们对生产流程效率的关注;人事主管花在信息角色上的时间相对较多,因为他们管理的部门要为组织的其他部门提供建议;等等。[①]

7.3.2 战略决策需要管理者平衡兼顾分析与直觉

毋庸置疑,战略决策是一个非常重要而又令人着迷的问题。一般认为,战略决策建立在理性分析的基础上。因此,分析能力被视为管理者的重要能力之一。尤其在战略管理研究领域,随着企业战略理论的发展,各种各样的分析工具也层出不穷,名目繁多。比较著名的分析工具包括 SWOT 分析矩阵、安索夫分析矩阵、波士顿分析矩阵,以及各种各样的 2×2 分析矩阵,等等。然而,明茨伯格认为,通过分析进行决策只不过是人们的一厢情愿而已。现实中,管理者常常过度依赖分析,结果导致组织决策按部就班,组织行为墨守成规。更要命的是,所谓的理性分析往往由于试图穷尽所有的影响因素而出现了"分析瘫痪"(analysis paralysis)。

明茨伯格指出,分析与管理的关系始于弗雷德里克·泰勒在工厂中的实验。作为"科学管理之父",泰勒把动作研究和时间研究引入管理研究,并在此基础上得出了所谓的"科学管理原理"。诞生于"二战"期间的运筹学及其在"战后"的兴起,使得分析在管理中的声望得到了迅速提高。随着"计划项目预算体系"(planning programming budgeting system, PPBS)以及"成本—收益分析方法"在"越战"中的应用,分析在管理决策中的地位如日中天。但是,也正是由于美军在"越战"中的失败,分析在管理决策中的地位和作用遭到了越来越多的质疑和挑战。实际上,对分析的不满早就存在,只不过分析从顶峰的衰落更引人注目。

明茨伯格指出,分析本身存在着重大缺陷。这种缺陷主要表现在,许多因素是分析无能为力的,如情感、灵感、意志、意义等。自管理学诞生以来的一百多年间,人们对理性分析的盲目推崇以及对直觉灵感的天然排斥,已经使得管理学研究领域乃至整个社会付出了惨痛的代价。例如,越南战争时期担任美国国防部长的罗伯特·麦克纳马拉在卸任之后,曾反思美军为什么遭到惨重失败,发现主要原因之一就是过于相信理性分析,而忽略了情感、灵感、意志、意义等非理性因素的影响。明茨伯格认为,管理效率从根本上取

[①] 亨利·明茨伯格.管理者的工作:传说与现实[A].明茨伯格论管理[C].闾佳译.北京:机械工业出版社,2010:14—15.

决于分析和直觉的结合。①

　　这一观点与诺贝尔经济学奖获得者赫伯特·西蒙的观点有重合之处,但并不完全一样。西蒙认为,直觉当然很重要,但把分析和直觉这两种管理风格对立起来是完全错误的,这是因为,直觉本身就是"凝结成习惯的分析"。明茨伯格则不同意这一观点。他认为,西蒙把直觉作为分析的一个构成要素,忽略了人类具有创造性洞察力这一重要现象。

　　明茨伯格概括了分析与直觉的不同特点:第一,从成本的角度看,分析的运作成本高,但投资成本相对较低;直觉的运作成本低,但投资成本相对较高。这是因为,一个人如果没有对某一主题的深入了解,没有在有关主题领域通过长期历练取得的宝贵经验,就不可能产生直觉。第二,从后果的角度看,分析在一般情况下更加精确,但一旦出错则往往错得离谱;直觉很难通过理性判断对错,但是,即使出错,直觉出错的范围也相对较小,不会错得离谱。因此,明茨伯格强调,组织不仅需要用系统化分析梳理直觉的思考,也需要用"具备常识"的直觉关注正式分析得出的结果。第三,从简便易行的角度看,分析在处理简单问题时会非常烦琐,在处理复杂问题时更是常常出现"分析瘫痪";直觉在处理简单问题时可以当机立断,并付诸行动,在处理复杂问题时也相对简单,至少能够得出结论。明茨伯格引用柯蒂斯的话说:"偏爱直觉的人往往在思考之前就采取行动,甚至干脆不作复杂思考;偏爱分析的人往往在采取行动前先思考,甚至干脆不行动。"第四,从创造性的角度看,分析技术(也包括规划)大多只能带来渐进式的适应和改动,而很少实现突破性的创新。也就是说,"分析不能带来机会"。相反,由于分析师只能分析"可以分析"的内容,因此,"过早终止"是分析存在的一个主要问题。分析技术通常采用所谓的"优选机制",使得分析师能够继续进行评估,并套用大部分适合于分析的技术,从而过早使问题结构化,使分析程序化,使方案标准化。明茨伯格引用麦金尼和基恩的话说:"系统分析法偏爱程式化的问题,而直觉可能是创造性方案的源泉,尤其是需要独创性的问题。"当然,明茨伯格也指出,尽管直觉可能是创造性方案的源泉,但它也会受到经验和传统的限制。例如,营销人员只看得见与市场有关的问题,财务人员只看得见与数字有关的问题,运营人员只看得见与生产有关的问题。总体而言,分析可以提供适当的改变和有限的创意,而直觉既可能带来巨大的创造力,也可能囿于经验和传统而缺乏变化。

　　明茨伯格指出,在企业战略管理领域,人们存在着许多似是而非的认知:战略制定是一个稳定、有序的理性分析过程,管理者可以通过系统化的分析方法和分析程序预测环境变化及其趋势;只要管理者掌握全面、及时、真实、有效的信息,就能制定出完美、具有可操作性、等待执行的战略;通过依赖于分析的战略决策系统,就可以形式化或程序化战略决策过程;等等。这些错误认知的根源就在于,分解即重构,或分析即综合。实际上,综合与分析是方向、性质、内容和方法根本不同的两个过程。综合不是分析,而是植根于神秘的直觉中。

　　人们之所以天然地排斥直觉,或者不承认直觉的独立存在,是因为迄今为止人们还

---

① 亨利·明茨伯格.在管理中把分析和直觉结合起来[A].明茨伯格论管理[C].闾佳译.北京:机械工业出版社,2010:41—59.

不能真正理解直觉到底是什么,即它到底是人类固有的快速认知结构,还是人类在精神上的超感知觉？对管理者而言,不能因为目前还不理解直觉,就排斥直觉或不承认直觉的独立存在。但是,许多管理者就经常在这方面犯了这样的错误。他们往往认为,无论是企业战略本身还是战略制定过程,都很理性,因而很完美,而这种理性、完美的战略之所以失败,主要是因为执行不力。实际上,在很大程度上,战略失败是因为战略制定存在重大缺陷,即排斥了直觉的重要作用。无论如何,在管理决策中,直觉具有重要的、不可或缺的地位和作用,任何组织都不能承受纯粹理性分析可能带来的损失。因此,管理者在决策时必须把直觉和分析结合起来。

7.3.3 管理者决策需要平衡兼顾规划和管理活动

明茨伯格很早以前就发现,仅仅通过分析是无法进行有效的战略决策的。但是,他一直没能找到这方面的理论依据,也无法用适当的语言来描述他的观点。直到他读到罗伯特·奥恩斯坦的一篇阐述人类大脑分为两个半球的通俗文章《意识心理学》时,他才意识到,在他的脑海里,他一直推崇直觉,而直觉与分析处于人类大脑的两个不同半球。

尽管对人类来说直觉是个难以理解的思维过程,但是,心理科学和神经科学的发展使得人们探讨分析和直觉之间的关系成为可能。通俗地说,一个人会有两个独立的半脑对同一刺激作出反应,一个专门用于语言沟通,另一个则用来比画手势。人的左脑是"有意识的",能够知道自己的身体和情感发生了一些情况,但不知道是什么情况导致了身体和情感的反应,只有"无意识的"右脑才知道。也就是说,人类大脑存在两种独立意识之间的分工。

人的左脑擅长推理,这是一种我们明确了解的思维过程,我们能清晰地阐释它,它是一种线性的、连续的、分析性的思维过程；而右脑擅长想象,这是一种我们尚未真正了解的思维过程,它是并行性的、关联性的、整体性的思维过程。由于左脑与右脑之间存在功能分工,而且我们的左脑似乎不能清晰地阐明我们的右脑了解的事情,导致的结果就是,我们"不知道"我们"知道"的,进而就排斥我们"不知道"我们"知道"的。

从管理者的角度说,管理者推崇分析,实际上就是在他们"知道"他们"知道"的方面做出了很多工作——这是一种思维明区；但是,与此同时,管理者排斥直觉,意味着他们没有到他们不"知道"他们"知道"的地方去——这是一种思维暗区。

有一个故事讲的是,一个人在有光亮的地方找他丢失的钥匙,只是因为这里有光亮,而不是因为钥匙丢失在这个地方。人们推崇分析,就如同只愿意在有光亮的地方找钥匙一样；人们排斥直觉,就如同不愿意到丢失钥匙的地方找钥匙,只是因为那个地方没有光亮。明茨伯格说得更为直白:管理研究者们以及组织管理者们一直在亮堂的逻辑分析区寻找那把遗失的管理"钥匙",但它很可能就藏在漆黑的直觉区。

因此,明茨伯格认为,在规划和管理之间存在着一个根本的差异,这种差异类似于人类大脑左右两个半球之间的差异。规划是线性的、连续性的、系统化的活动,是基于理性分析的活动,人们推崇分析,正是出于一个美好的愿望,即通过一系列符合逻辑的有序步骤来作出战略决策。规划使用的是一套和左脑思维类似的分析流程。一般说来，人们沉迷于一个系统化的有序世界，对关联性和整体性更强的思维方式毫无兴趣。因为"不知道"或"难理解"，就当它不存在了。这就是为什么在战略规划活动中，各种新潮的规划模型、分析技术一个接一个地走向失败。例如，计划项目预算系统，战略规划模型，管理信息系统，业务开发模型，等等。

众所周知，管理是一种复杂的活动。明茨伯格甚至认为管理是一种神秘的活动。这是因为，管理者总是必须处理大量含糊的信息，使用的总是"只能意会不能言传"的思维方式。明茨伯格认为，这些过程，与其说是有序的、连续的，不如说是关联的、整体化的；与其说是依赖于分析，不如说是依赖于直觉。即，管理是最典型的右脑活动。

管理作为一种右脑活动，主要表现包括：第一，管理者偏好口头沟通，尤其是开会这种形式，而不是书面沟通，如分析报告、电子邮件。第二，管理者对正式的、规范的分析性数据几乎没有太大的兴趣，而更青睐从非正式渠道获得的不确定消息，甚至是"小道消息"。也只有这类信息对管理者而言是"独占的""新鲜的"，他们可以从关联性和整体性的角度利用这些信息。正是大量这类信息，帮助管理者从潜意识上理解自身组织及其外部环境，以利于"掌控全局"。正是基于这些信息，管理者进行"综合"，而不是"分析"。第三，管理者（尤其是企业家或CEO）常常独断专行。之所以如此，是因为管理者自己虽然形成了一个综合判断，却又难以向下属做出逻辑清晰的解释。还有一种情况是，管理者作为组织中的信息流转中心，他们很难把自己的"难以言表"的信息传递给下属。因此，在给下属布置重要、紧急而复杂的任务时，他们常常只能提出结果方面的要求，而无法交代背景信息，也无法对完成过程给予有效的指导。第四，管理者的工作通常是并行性的、关联性的、经验性的，因此，这些全部都是与右脑有关的特征。第五，明茨伯格认为，在管理者扮演的三类十种角色中，领导者、联系人、危机处理者无疑是最难扮演的角色。这些角色的活动也是典型的右脑活动的表现。

领导者描述的是管理者如何跟自己的下属打交道，但是，迄今为止，无论是管理者还是研究人员，从各种各样的领导理论以及各种各样的领导力模型来看，人们对领导的本质知之甚少，甚至都说不清为什么有些人能领导，而有些人只能追随。人们通常认为领导力是一种神奇的力量，甚至还有一种领导叫"魅力型领导"，这也从某一方面说明，现阶段人们对领导的认识仍然处于"我们'不知道'我们'知道'的状态"。

在联系人的角色中，管理者建立起一套与外界联系的网络，作为自己的个人信息系统。这一角色的活动，同样无法为我们明确的知识领域所涵盖。在关于知识的分类中，有一种观点将知识划分为显性知识和隐性知识，显性知识是格式化的、可以表达的知识，而隐性知识是非格式化的、只可意会不可言传的知识。显性知识包括关于"是什么""为什么"的知识，隐性知识包括关于"如何做""谁知道（会做）"的知识。由此可见，知道跟谁联系、从谁那里获得所需信息、将有效信息传递给谁，等等，是人类右脑的活动内容。

在危机处理者的角色中，管理者必须解决组织面临的各种各样的、预料中的或突发性的问题。虽然有关分析性决策的研究成果汗牛充栋，但是，这些成果很少能对管理者在压力之下作出决策提供有效的帮助。明茨伯格认为,这些活动依然游离于管理科学的领域之外,只能划归到直觉和经验的范畴中。尤其是判断,对管理者而言,只有先作出判断,才能确定决策的方向,这是战略决策中至关重要的步骤,但是,有关战略规划和管理决策的文献几乎都是探讨如何对既定方案作出正式评估,而没有提及方案制定之前的判断。

另外,战略决策过程中存在很多动态因素,它们都能造成显著影响,战略决策过程也会因为受到干扰而中止,或者因为时机原因而被拖延或加快速度,或是不断产生分歧,停滞不前。可是,前后相继的有序分析技术,恰恰很难处理这些动态因素。于是,尽管动态因素十分重要,管理学文献还是很少提到它们。例如,许多企业行为,如新产品投放市场、实施多元化经营战略、实施国际化经营战略等,都很讲究时机,需要考虑先发后发、行动快慢等,可能因为抢占先机而提前,也可能因为避免牵涉太广而推迟,等等,这些动态因素都很重要,必须考虑清楚才能采取行动。针对这些涉及关联性的动态因素,管理者必须采取并行思维模式。

一般地,当管理者被迫在若干备选方案中作出选择时,可以有三种基本模式:一是分析模式,二是协商模式,三是判断模式。在这三种模式中,管理者实际上很少使用逻辑清晰的分析模式。尽管采用协商模式的也不少,但经常使用的是判断模式。最典型的情况是,备选方案和各类相关数据输入管理者的大脑,之后就作出了选择。管理者从来不会解释自己是"如何"选的。管理学文献也没有解释过管理者是"如何"选的。

战略制定并不像大量战略规划研究论著中所说的,是一种定期的、连续的、系统化的过程,而是一种不定期的、间断的、非系统化的过程。在企业发展过程中,既有较为稳定的时期,也有探索期、震荡期和全面变革期。明茨伯格认为,"战略"代表的是动态的环境和稳定的运作系统之间的协调力量。战略是组织在某个时期内如何应对环境的一种"构思"。由于人们往往对温和的刺激反应不足,而对强烈的刺激反应过度,因此,意在协调环境和组织的战略不可能按照固定的模式变化。在这种情况下,战略规划技术无法描述和分析这些不规则的变化,这就需要管理者基于直觉和经验来处理外部环境的变化。

管理一家组织所必需的重大政策流程,在很大程度上依赖于人类右脑的能力。当然,这并不否认人类左脑的重要性。每一个管理者在采取行动时都必须进行准确的计算,大多数直觉也必须翻译成左脑的线性模式,才能明确地进行阐释,并最终付诸实施。显然,没有左脑的配合,与右脑有关的强大力量毫无用武之地。

总之,明茨伯格认为,战略规划不可能得出创新战略。创新战略来自于非正式流程——一种含糊的、交互式的,以及最重要的,对所有不同因素加以综合的流程。在所有管理过程中,创造一套整体战略,用以应对纷繁复杂的外部环境,必然最强调使用全面的、关联的思维方式,而不是基于理性分析的战略规划方法。

管理者通常使用的词汇也表明了这种思维过程。例如,管理者常常用"预感"一词。例如,"我预感这款产品会畅销。"该词似乎指的是管理者应用大脑在潜意识中形成的隐含模型得出的结果。再如,管理者常常会用"直觉"一词。在明茨伯格看来,这或许是通过口头表达能力形容神秘思维过程的一个专属词汇。"我的直觉告诉我",或者,"他的直觉很灵",等等。这些都表明某个人的右脑中具有良好的隐含(只可意会,不能言传)的模型。

因此,真正出色的管理者往往都能把左右脑的有效运作结合起来,即把表达、逻辑和分析能力与预感、直觉和综合能力结合起来。明茨伯格认为,组织的运作效率并不存在于"理性"这个狭隘的概念中,而是存在于头脑清晰的逻辑和强烈的直觉中。[①]

战略规划最致命的缺陷是缺乏创造性。所谓的战略规划是一种安排既定战略的途径,即正式地说明这套战略的含义,而不是创造战略的途径。战略规划在本质上是分析性的,它的基础是分解,而战略创造在本质上是一个综合的过程。因此,如果想通过正式规划创造战略,往往会导致对现有战略的归纳,或是照搬竞争对手的战略。

当然,并不是说战略规划一无是处。明茨伯格指出,在某种意义上,战略规划者往往是由专业的分析团队担任的,它们就是战略制定系统的分析师。他们可以进行研究,提供管理者容易忽视的信息,比如某种新技术正在破坏现有市场,竞争者的态势似乎发生了改变,在某个领域组织丧失了竞争优势,等等。战略规划者还可以仔细观察管理者有意追求的战略之可行性,甚至研究组织中意外形成的潜在战略苗头。战略规划者还可以成为催化剂,但不是像宣扬宗教那样去推广战略规划,而是鼓励战略思考,维持组织的生存和发展。

7.3.4 管理者需要平衡兼顾预设战略和浮现战略

所谓预设战略,是指在理性分析的基础上预先设计出来、等待执行的战略。人们通常把战略制定过程视为一种深思熟虑、精心设计的过程。换言之,人们总是先思考再行动,先计划再执行。所谓浮现战略,是指在缺乏有意识的战略制定行为的情况下,企业运作过程中出现了符合管理者关于发展预期的结果,或者在预设战略实施过程中出现了另外一种更好的情况或境况更佳的局面,那么,当前企业的实际做法就是企业的战略。[②]

浮现战略其实是一种比较常见的战略。例如,销售人员在拜访客户时,通过与客户交流得到了关于产品的改进建议。企业将该建议付诸实施,推出了性能更好的产品,并打开了一个全新的市场,公司由此也改变了战略方向。

也有可能出现这样的情况。一些销售人员在与客户互动的过程中形成了产品改进的创意,并说服公司开发和生产新产品。他们有效执行自己的战略,其他人可能没有注意,也可能毫不关心。或者,销售人员的创意并没有得到公司管理者的认可和接受,但在数年之后,公司当前战略遭到失败,公司经营业绩大幅滑坡,于是,管理者着手寻找新的方向,并觉得当初销售人员的创意是可行的,于是,公司采纳了销售人员当初的创意,并形成了新的企业战略。

这种情形并非只有企业才有。明茨伯格以加拿大电影局为例,说明其他类型的组织

[①] 亨利·明茨伯格.左脑规划,右脑管理[A].明茨伯格论管理[C].闾佳译.北京:机械工业出版社,2010:54.
[②] 亨利·明茨伯格.塑造战略[A].明茨伯格论管理[C].闾佳译.北京:机械工业出版社,2010:22.

也经常会出现浮现战略。该局是一个政府机构,原本擅长拍摄纪录片,在这方面创意迭出,专业经验十分丰富。数年之前,该局资助的一位制片人偶然拍摄了一部故事片。为了发行该影片,加拿大国家电影局向电影院求助,在不经意间获得了推广故事片的经验。不仅如此,其他制片人也纷纷拍摄故事片。最终,该局发现自己已经形成了一套拍摄故事片的模式。

明茨伯格强调指出,战略不仅可以事先理性设计,也可以在行动过程中自然浮现。在这个过程中,行动激发思维,战略得以浮现。一套已经实现的战略,既可能是为了适应不断变化的形势而逐步浮现出来的,也可能是通过先规划后执行的流程有意识地设计出来的。如果既定意图未能产生预期行为,根据上述流程制定出来的战略就叫作"未能实现的战略"。此外,还有一种虽然经过思考但是根本不可能实现的意图叫作空想战略。

明茨伯格及其研究团队将没有明确意图(或不管用意到底是什么)就出现的战略称为自然生成战略,即"浮现战略"。在这种战略模式中,行动(在无意中)直接聚合成为模式。当然,如果高层管理者意识到某种模式的存在,并将之确立下来,它们就变成了有意识的行动。但是,必须指出的是,这仍然属于行动先于意图。

在各种战略理论学派中,只有明茨伯格及其团队持有"浮现战略观",可谓独此一家,别无分店。明茨伯格也承认,这一概念及其内涵不断遭遇人们的抵触。这是因为,"战略"一词本来与提前行动和自由意志有着密切的联系,但是,"浮现战略"概念及其内涵却如此消极,完全没有考虑人的主观意志和目的。更何况,在人们的观念中,战略就意味着对全局的通盘考虑和控制。因此,他们一直试图揭示浮现战略的内在逻辑。

明茨伯格解释了他们坚持"浮现战略"这一概念的根本理由:组织学习。对组织而言,完全在事前准备的理性设计战略一旦确定下来,就意味着拒绝了学习、修正的可能性;在组织运作过程中逐渐生成的自然浮现战略却鼓励不断学习和修正。人们有序采取行动,并逐步对内外环境变化作出响应,通过这样的方式,最终形成模式。

明茨伯格多次在书中说明,他的"浮现战略观"受启发于陶艺师的制陶过程。陶艺师在工作室中,转动黏土,想把它塑造成一件圆形陶器。在旋转造型的过程中,黏土变成棍状,中心出现了一个圆。陶艺师也许就此产生许多想法。例如,陶艺师想做一个长颈花瓶,或者想做一个独立式的雕塑。于是,不同的想法逐一出现,最终形成了新的模式。也许,陶艺师一开始并不成功,于是,他不断修改,甚至另起炉灶,从头开始。终于,历经几天、几周、几月甚至几年,陶艺师得到了自己想要的成品。这样,他形成了一套新的战略。

当然,在实践中,所有制定战略的过程,都包含两个方面,既需要事先深思熟虑,也需要在摸索中逐步形成。只靠事前规划而作出的战略,妨碍了学习和修正;只靠自然生成的战略,则会阻碍有意识的控制。因此,两者不可偏废,而必须将学习与控制结合起来。正因为如此,明茨伯格及其研究团队将理性设计战略与自然生成战略都划归为"战略"。

7.3.5 管理者需要平衡兼顾保持稳定和发起变革

明茨伯格对传统战略的功能亦有完全不同的看法。他指出,传统的战略功能观认为,变革是战略的题中应有之义,组织应当不断发起变革以适应外部环境的变化。但是,明茨伯格强调指出,战略概念强调的是稳定性,而不是动荡性。这是因为,缺乏稳定性就意味着没有战略。所谓稳定性,即战略不仅需要发挥对未来行动的指导作用——如果没有稳定的方向,谈何指导?而且需要沿袭过往的模式——没有习以为常的程式,人们将不知所措!明茨伯格进而指出,确定一套战略,其实质是化动荡为稳定,而不是所谓的发起变革。

明茨伯格认为,管理者(尤其是战略决策者)需要承担的一个职责是,平衡兼顾保持稳定和发起变革。这意味着,管理者必须一方面关注成果,维持运作效率;另一方面要根据不断变化的外部环境,对现状作出调整。这也正是战略制定的根本困境所在。

明茨伯格研究发现,只有在极少数情况下,组织才会进行重大的战略转向。在一般情况下,管理者都是通过先抓一方面再抓另一方面的方式平衡这两股相互冲突的力量。如果观察一下就可以发现,组织在一段时间保持稳定,而在另一段时间发起变革。

明茨伯格对总部设在蒙特利尔的大型连锁超市斯坦伯格进行过调查,结果发现,从它创立到20世纪70年代中期的60年时间里,它只进行过两次重大转向:一次是1933年转为自助式销售,另一次是在1953年引入购物中心和公共融资的做法。另外一个典型例证是,德国大众汽车公司在20世纪40年代到70年代之间只进行过一次战略转向,即从传统的甲壳虫汽车转为奥迪类车型,此外并没有进行过战略转向;加拿大航空公司在它创立的40年里从未进行过任何战略调整,一直保持着原有的定位。

明茨伯格把管理稳定性而非变革性作为管理者的首要任务。[①]这是因为,所谓的"断层时代""动荡环境""剧烈变化"只是人们的自我恐吓,实属杞人忧天。大多数时候,环境变化是微小的、暂时的,并不需要在战略上作出响应。真正重大的断层期难得一见,那种一切重要的东西仿佛在一夜之间面目全非的巨大变动,几乎没有发生。即使偶尔发生,也很容易发觉。他强调,实际上,大多数时候,高层管理者完全不应当规划战略,而应当让组织在既定战略的道路上尽可能地高效运作。这就像"工匠"一样,因为技艺娴熟而声名鹊起。换言之,要管理战略,关键不在于推动变革,而在于弄清楚到底应该在什么时候进行变革。明茨伯格甚至认为,如果为了所谓的适应环境变化而不断发起变革,必然会导致组织机能紊乱,人心惶惶,无所适从。不断地调整组织战略,就像频繁跳槽、离婚一样——往往会让人发疯,至少也会让人因为困惑、担忧或恐惧而丧失活力。当然,频繁、机械地重复正式规划过程,就会使组织丧失对真正变革的敏锐洞察力,更加沉醉于既有的模式,从而鼓励组织只进行小规模的调整。

因此,塑造战略的真正挑战,在于觉察有可能在未来对组织造成破坏的微妙断层。因此,它不需要技术,不需要程序,只需要一个对局势有着敏锐感知力的头脑。这种断层往往出人意料且毫无规律可言,从本质上讲,它们不可预测。只有当有了一个既与现存模式协调一致,又可感知现存模式中突发变化的头脑,才能应对这种断层。总之,管理者

---

① 亨利·明茨伯格.塑造战略[A].明茨伯格论管理[C].闾佳译.北京:机械工业出版社,2010:28.

必须在大多数时间内沿着既定的战略方向进行管理,同时必须注意找出真正重要的偶发断层。

明茨伯格认为,这种平衡兼顾保持稳定和发起变革的做法在现实中相当普遍。明茨伯格在麦吉尔大学的同事丹尼·米勒和彼得·弗里森将这种模式命名为"战略变革量子论"。其基本观点是,在不同的时期,组织会采取两套截然不同的行为模式。大多数时候,组织会沿着某个特定的战略方向前进。尽管在这个过程中也经常会发生变化,但是,大多数情况都与该战略相符,只是需要优化而已,如完善一套产品营销方案,而且相似活动较多。很多组织都喜欢这种稳定期。事实上,大多数组织能够成功并不是因为不断改变战略,而是因为挖掘出现有战略。在这种情况下,组织就和陶艺师这类手艺人一样,运用自己在既定道路上的独特能力持续改善。

当然,任何事情都不可能一帆风顺。本质上,外部环境是不断变化的,只是有时缓慢,有时剧烈。因此,组织的战略方向会逐渐或突然变得与外界环境不相适应。在这种情况下,就会出现丹尼·米勒和彼得·弗里森所谓的战略革命,从而打断组织长期的演变进程,迅速改变组织已经适应的既定模式。实际上,战略革命就是使组织快速跳进一个新的稳定期,形成一套新的战略、结构和文化,使组织进入一个全新的发展轨道。

战略变革量子论认为,真正新颖的战略一般会藏身于组织的某个角落,耐心地等待战略革命爆发。这时,组织不必从零开始建立一套新战略,也不必从竞争者那里引入可以通用的战略,而是从它自己逐步形成的模式中寻找新方向。在这个过程中,随着原有组织战略的瓦解,新的组织战略的种子四处播撒,并生根、发芽、开花、结果。

明茨伯格认为,战略变革量子论尤其适用于分析大规模生产的大型组织,因为它们相当依赖标准化程序,故此对战略转向的抗拒情绪十分强烈。于是,常常会出现这样的现象:突破性变革导致组织出现短暂的混乱期,打破了组织长时间的稳定。

无论是量子突变式革命,还是集中与分散的循环,组织似乎都需要及时区分变化和稳定的原动力,通过逐一应对的方式来调和它们。战略管理就是塑造思想和行动,加强控制与学习,既要求稳又要求变。很多战略失败的原因,要么是把两者混为一谈,要么是只重其一,顾此失彼。因此,管理者需要平衡兼顾保持稳定与发起变革。

 本章结语

明茨伯格以其"特立独行""离经叛道"赢得了在管理思想史上的声望和地位。总体来讲,明茨伯格特别注重考察和分析管理者的管理活动实际是什么样的,并提出了"实然管理观",主要包括两个方面:一是"管理者角色观"。他认为,管理者在管理工作中应当扮演三类十种角色:第一类是人际角色,包括名义首脑、领导者、联系人;第二类是信息角色,包括监督者、信息传播者、发言人;第三类是决策角色,包括创业者、危机处理者、资源分配者、谈判者。二是"战略浮现观"。他认为,战略并不都是采用规范的"正统规划"方法预先理性设计出来的,在大多数情况下,战略往往是在企业经营过程中自然浮现出来的。过去的行动模式就是已经实现的战略。明茨伯格指出,正如规划无须建立模式,模式也无须源自规划。在一般情况下,企业在经营活动过程中会无意识地形成一种模式,即一个已实现的战略。

基于实然管理观,明茨伯格形成了他的平衡管理思想。第一,管理者在管理活动中常常扮演三类角色,包括信息角色、人际角色和决策角色,管理者需要在这三类角色中取得平衡;第二,管理既是一种科学,也是一种艺术,还是一种技艺,管理者需要平衡兼顾管理的三种特性;第三,从战略决策的性质看,战略决策是一个综合过程,而不是一个分析过程,它要求战略决策者把分析和直觉结合起来,在分析和直觉之间取得平衡;第四,从战略决策的机制看,在战略决策者的大脑中,左半脑负责规划,右半脑擅长管理,依赖于任何半脑的活动都是不可靠的,必须将两者结合起来,在规划和管理之间取得平衡;第五,从战略的生成机制看,战略既可以是战略决策者理性设计出来的,也可以是在实践中自然生成的;第六,从战略管理的职能看,战略管理既要保持稳定,又要发起变革,必须在稳定与变革之间取得平衡。

第 8 讲

伊戈尔·安索夫战略思想

伊戈尔·安索夫是现代企业战略理论的开创者,其战略思想主要反映在 1965 年出版的《公司战略》、1969 年出版的《经营战略》、1976 年出版的《从战略规划到战略管理》、1979 年出版的《战略管理》和 1984 年出版的《植入战略管理》中。尽管现在"公司战略""战略管理"已经成为人们耳熟能详的普通概念,但在当时,无论是"公司战略"还是"战略管理",这些概念都是开创性的。此后的理论研究和实践探索都表明,安索夫的战略思想具有十分重要的理论指导意义和实际应用价值。

8.1 安索夫生平与成果

安索夫是一个有着丰富人生经历的战略思想家。他既不同于亨利·法约尔、切斯特·巴纳德这些以管理为职业、系统地总结和研究自己的管理经验的实践工作者,也不同于玛丽·福列特、彼得·德鲁克这些以管理实践为研究对象、专门从事管理理论研究的管理学大师。他既有在企业从事战略规划工作的经历,甚至还有在美国海军服役的经历,也有在高等学校从事战略管理教学与研究的经历,这使得他的战略思想具有显著的独特性。

8.1.1 安索夫生平简介

安索夫 1918 年出生在俄国海参崴,1937 年移民美国。他在美国斯蒂文斯理工学院获得理学硕士学位后,在布朗大学获得数学博士学位。第二次世界大战期间,他加入美国海军,担任美国海军与俄国海军之间的一名联络员。

1950 年,安索夫加盟美国著名的研究机构——兰德基金会,成为一名分析预测专家,参与美国军事战略的研究与开发工作。兰德基金会是美国最重要的以军事为主的综合性战略研究机构。它先以研究军事尖端科学技术和重大军事战略而著称于世,继而扩展到国家内外政策各个方面,逐渐发展成为一个研究政治、军事、经济、科技、社会等各方面的综合性思想库。在兰德基金会工作期间,他参与搜集情报、分析数据和制定战略。安索夫在数理分析方面拥有超人一筹的天赋和能力,因而在情报分析和战略制定方面表现出显著的优势。这段极为难得的工作经历,为他后来创建企业战略理论奠定了坚实的基础。

1956年,安索夫受聘于美国洛克希德飞机制造公司。也许是由于在美国海军服役的经历,安索夫被安排从事规划工作,这使得他在分析企业环境的复杂性方面积累了丰富的经验,并成为该公司的规划部副主任和多元化经营部主任。他发起并推行了洛克希德公司的多元化经营战略。由于成绩突出,安索夫晋升为洛克希德集团公司旗下洛克希德电子公司的副总裁。在电子公司,安索夫按照新业务要求,推出一项与业务有关的组织架构改组,把17个高科技部门缩减为3个,裁撤了数以百计的工程师。这使他对公司多元化经营战略实施的系统性和复杂性有了相当深刻的理解,对他的战略思想的形成产生了重要影响。

1963年,安索夫进入卡内基—梅隆大学工商管理研究生院,专门从事战略管理研究和教学。安索夫之所以离开洛克希德,是因为他要使自己有充分的时间和精力,总结战略管理经验并进行系统、深入的研究。在洛克希德公司的经历,使他相信"在一个工商企业内存在制定战略决策的实用方法",这也成为他写作《公司战略》的原动力。该书讨论的是美国企业在竞争性市场中的战略制定问题,书中引用的许多例证都来自美国企业界,但书中提出的概念和方法无疑也适用于其他社会经济及不同类型的制度环境。

1973年,在美国通用电器公司和IBM等公司的赞助下,安索夫组织召开了一次跨学科战略管理国际会议。在这次规模空前、影响巨大的研讨会上,来自世界各国的管理学者和企业经理人纷纷针对企业战略理论研究与实践探索中的问题提出了自己的见解和主张。这次会议对安索夫战略管理思想的形成起到了巨大的作用,尤其是为安索夫寻求克服"分析瘫痪症"的路径与方法提供了重要启示,是"战略规划"向"战略管理"转变的重要节点。

1973年,安索夫应邀来到比利时的欧洲高级管理学院任教。安索夫选择此时到欧洲任教,主要是想更广泛地调查和研究企业战略管理实践,以进一步完善企业战略管理理论。这是因为,在当时,安索夫倡导的战略规划模式与技术在得到了广泛应用的同时,也暴露出内在的"痼疾",即"分析瘫痪症",安索夫希望从欧洲企业的战略管理实践中汲取养分,寻求治愈战略管理模式与技术中"痼疾"的方法。为了更好地思考企业战略管理理论框架,安索夫还在斯德哥尔摩经济学院任教,以便与欧洲学者进行更多的交流。安索夫的欧洲行充分体现了一个学者的价值追求和严谨作风。从研究的角度看,欧洲行大大拓宽了他的研究视野,也使他的企业战略管理理论框架更加完善。赴欧6年后出版的《战略管理》可以说是最好的证明。

1983年,安索夫回到美国,在加州圣地亚哥任美国国际大学战略管理学高级教授,开启了新一轮的战略管理研究、教学、咨询活动:他建立安索夫战略管理研究联谊会,为战略管理研究领域的志同道合者提供交流、讨论的舞台;他开办战略管理硕士、博士学位课程,讲授战略管理理论框架与实践方法;他还注册成立一家战略管理咨询公司,为企业提供战略管理咨询服务。概括地说,安索夫所从事的这些活动包含三个目的:一是继续思考和完善他的企业战略管理理论框架,二是向企业宣传和推广他的战略管理思想,三是倡导战略管理"植入"企业经营活动过程中,更好地发挥战略管理的作用,从而保障企业的长期生存和发展。

2002年7月14日,安索夫病逝于加州的圣地亚哥,享年83岁。安索夫去世后,荷兰和日本的战略管理学会都以他的名字设立了"伊戈尔·安索夫奖",该奖项一年评选一次,以表彰那些在管理研究和战略规划研究方面做出杰出贡献的学者;美国范德比尔特大学也以他的名字设立了"伊戈尔·安索夫奖学金",以奖励那些学习成绩显著的MBA学生。[1]加里·哈梅尔认为,安索夫无愧于"战略管理之父"的称号。[2]

8.1.2　安索夫成果概述

1957年,安索夫发表了他的第一篇关于公司战略的论文"多元化经营战略"。在这篇奠基性的论文中,安索夫从产品和市场两个维度构造了一个分析矩阵,提出了"企业成长的产品—市场战略",包括市场渗透、市场开发、产品开发、多元化经营。[3]该矩阵因为简明实用而广泛流传,成为一个经典的分析工具,通常也被称为"安索夫矩阵"。

1965年,安索夫出版了他的第一本关于公司战略研究的著作《公司战略》。该书的出版被视为现代企业战略理论形成的起点。事实上,在此之后,他的关于战略管理研究的一系列论著奠定了企业战略管理理论的重要基础。《公司战略》于1988年修订,并以《新公司战略》为书名再版。随着安索夫的一系列著作的出版,安索夫的战略管理思想不断发展并走向成熟。其中,《战略管理》被视为安索夫最有代表性的巅峰之作,使安索夫赢得了"战略管理之父"的赞誉。[4]

安索夫撰写《公司战略》的理论基础是经济学关于企业多元化经营的研究及其成果。当时,产业组织经济学作为经济学中发展迅速的一个分支,在研究企业多元化经营方面已经取得了丰富的成果,但产业组织经济学重点是在产业层面分析企业多元化经营与经营业绩的关系,这种分析有两个特点:第一,以"企业群体"为研究对象,即在"产业组织层面"进行研究;第二,研究结论是"解释性的",即不同类型多元化经营与企业经营业绩之间存在什么样的关系。而安索夫是以"企业个体"为研究对象,即在"企业决策层面"进行研究,研究结论是"操作性的",即企业如何进行多元化经营才能提高企业经营业绩。关于企业多元化经营的研究是安索夫战略管理研究生涯的起点。正是在关于企业多元化经营研究的基础上,安索夫提出了"公司战略"的概念,后来又进一步提出了"战略管理"的概念。

与产业组织经济学研究相比,安索夫关于企业多元化经营活动的研究是标准的管理

---

[1] 伊戈尔·安索夫.新公司战略[M].曹德骏等译.成都:西南财经大学出版社,2009:译者序.
[2] 斯图尔特·克雷纳.管理必读50种[M].覃果等译.海口:海南出版社,1999:推荐语.
[3] Ansoff H. Igor. Strategies for Diversification[J]. *Harvard Business Review*, 1957, (9-10):113-124.
[4] 伊戈尔·安索夫.战略管理[M].邵冲译.北京:机械工业出版社,2010:序言.

学研究。安索夫在《公司战略》(1965年版)"序言"中指出:"与(产业组织)经济学通常使用的描述性理论形成对照的是,本书的中心论题是规范性的:我们致力于创造具有实用价值的一套概念与程序,使管理者能够把它们运用于实际管理工作。"①事实上,安索夫关注的是"企业如何通过制定和实施多元化经营战略来提高企业经营业绩",这正是企业战略管理研究的题中应有之义。战略管理学者们在进行"企业多元化经营与经营业绩的关系"文献综述时,常常将这类专题研究划分为"产业组织经济学派"和"战略管理学派"的研究。由此可以看出:第一,安索夫是"战略管理"概念的提出者和"战略管理学派"的开创者;第二,在安索夫的研究语境下,"战略管理"作为专有名词,有其特定的含义。事实上,在安索夫战略管理思想中,"战略管理"有着独特的内涵:将那些把握环境机会、促进企业成长的资源分配活动纳入企业长期的、整体的战略规划中,这些资源分配活动包括选择什么业务领域,如何进行业务经营等。

安索夫撰写《公司战略》的实践背景是,当时已经有大量的企业为了实行多元化经营而需要编制战略规划,但对这些企业而言,战略规划尚是一个笼统的甚至有些模糊的概念,很少有人能说清它的确切含义。安索夫本人在1994年回忆这段历史时指出,在当时,战略规划方兴未艾,越来越多的公司对此表现出极大的兴趣。②正是在这个背景下,安索夫提出了他的战略规划框架与技术,其要点是:界定企业的市场地位,树立企业的发展目标,明确现状与目标的差距,提出消除差距的多种可行方案,选择最有效的方案并付诸行动。从这个意义上说,《公司战略》可谓一本非常及时的书。安索夫在《公司战略》"序言"中指出:"该书意欲为企业组织的战略决策提供一个实用的方法。它的受众是企业内部负责这项工作的管理人员——董事长、董事、财务总监等,以及他们下属的从事企业发展战略规划分析工作的人员。"

1971年,安索夫出版了《美国制造企业的并购行为:1946—1965》,该书分析了美国企业的并购活动,进而在此基础上揭示了导致并购失败的主要原因。安索夫发现,许多企业的并购活动无法为创造企业价值做出贡献,其中一个重要的原因是并购后的整合不力,导致并购活动失败,从而对企业生存和发展产生了重大的负面影响。换言之,如果管理过程中执行不力,那么,再好的战略规划也无法发挥真正的作用,取得预期的成果。

1972年,安索夫在《企业政策杂志》发表了题为《战略管理的概念》的论文,正式提出了"战略管理"的概念。③自从《公司战略》出版以后,安索夫的战略规划分析框架和技术在得到广泛应用的同时,也受到了越来越多的批评。安索夫以一个学者的崇高责任感,对这些批评进行了认真思考,并对战略规划展开了更加深入的研究。该文是对学术界和企业界关于安索夫的战略规划观点的若干批评的反思和回应,同时也反映了他从"战略规

---

① 伊戈尔·安索夫.新公司战略[M].曹德骏等译.成都:西南财经大学出版社,2009:1965年版序.
② 斯图尔特·克雷纳.管理必读50种[M].覃果等译.海口:海南出版社,1999:3.
③ David Hussey. Igor Ansoff's Continuing Contribution to Strategic Management[J]. *Strategic Change*, 1999, (8):375-392.

划"向"战略管理"的重要转变。在安索夫心目中,"战略规划"本质上是一种规划技术,规划技术应用的结果是对企业未来发展状况的设想和描绘,即一项有待于执行的"计划";"战略管理"本质上是一种管理过程,战略管理者应该严格控制企业战略实施过程中的每个环节,而非只在战略规划中考虑那些执行程序、技术和方法的适用性问题。"战略管理"概念对企业战略研究领域产生了重大影响,也是安索夫对企业战略理论发展做出的重要贡献之一。多年以后,安索夫在谈到提出"战略管理"概念时,表示自己在某种程度上受到了彼得·德鲁克的影响。德鲁克在 1955 年出版的《管理的实践》一书中认为,管理的根本问题包括两个方面:一是做正确的事,二是正确地做事。[1]这意味着,事前的战略决策和规划必须得到有效执行才能产生预期效果;同样,一个有效的执行系统必须在战略决策和规划的指导下才能发挥作用。

1976 年,安索夫出版了《从战略规划到战略管理》一书。经过多年的研究和思考,安索夫发现,公司战略是一个复杂的、动态的系统,而原来的战略规划并没有涵盖公司战略的诸多要素。或者说,战略规划并没有解决公司面临的战略问题的所有维度,而复杂动荡的商业世界要求企业从采用"战略规划"的事前规划方法改为实行"战略管理"的过程管理模式。因此,他构造了一个三维矩阵,描绘了包括若干要素的公司战略系统。第一个维度是管理问题,包括外部联系和内部构型两个要素;第二个维度是流程,包括规划(问题解决方案)和实施(活动与控制);第三个维度是变量,包括技术—经济因素、心理—社会因素、政治—法律因素。这些因素的不同组合构成了包含 12 个单元的 $2 \times 2 \times 3$ 矩阵。战略规划被限定在外部联系、规划和技术—经济因素对应的单元层面,只是整个战略管理大厦的一部分。

在这本书中,安索夫还提出了"规划式学习"(planed learning)的概念。这一概念是相对于"适应性学习"(adaptive learning)而提出来的。适应性学习是为了适应外部环境的变化而进行的一系列渐进性改善。安索夫的战略规划观中的"规划式变革"(planed change)是指预期得到一个新事物,并且预先设计出产生这个新事物的解决方案。战略管理将采纳一种"规划式学习"的新方式,这种方式认为存在对预期或规划的成果的限制性因素,如"过度学习"(over-learning),在规划结果无法获得时则采用"适应性学习"方式,等等。解决这类问题的一个重要途径是创建柔性组织(flexible organizations)。"战略管理"正是在这种背景下提出来的。当然,"战略管理"概念在经历了一段时间后才被接受。不过,到 20 世纪 80 年代,这一概念已经很流行了:公司的战略规划人员已成为战略管理人员;书本中、课堂上、论文中随处出现"战略管理"这一术语。戴维·赫西总结了战略规划与战略管理的区别,如表 8-1 所示。

---

[1] 彼得·德鲁克.管理的实践[M].齐若兰译.北京:机械工业出版社,2009.

表 8-1　战略规划与战略管理的区别

战略规划	战略管理
分析企业与外部产品市场对应的优势和劣势	增加内部因素分析,如组织、文化等
作出解决企业战略性问题的决策	考虑企业战略规划的实施和控制过程
聚焦于外部环境中的"硬性因素"	考虑影响企业经营的社会、政治因素
描绘企业未来状态并提出实现的路径与方法	通过"规划学习"适应外部环境变化

资料来源:Hussey David. Igor Ansoff's Continuing Contribution to Strategic Management[J]. *Strategic Change*,1999,(8):375-392.

1979 年,安索夫出版了《战略管理》一书。在这本书中,安索夫系统地提出了战略管理的八个方面:外部环境、战略预算、战略动力、管理能力、权力、权力结构、战略领导、战略行为。不过,与一般的战略管理著作不同的是,第一,安索夫不是以工商企业为研究对象,而是以各种服务环境的组织(environment-serving organization,ESO)为研究对象;第二,安索夫不是将研究建立在历史分析的基础上,而是建立在预言性假设的基础上。[①] 具体而言,该书紧紧围绕企业经营环境、战略行为和组织结构之间的相互关系,提出了一系列的基本假设。安索夫明确指出,战略管理的本质是把"公司战略"当作对象和功能来进行系统的管理。如果说《公司战略》一书主要是对公司战略的概念内涵、操作方法等进行系统阐述,那么,《战略管理》就是在组织环境高度复杂动荡的条件下,对组织战略管理进行系统研究。

1984 年,安索夫出版了《植入战略管理》一书。该书于 1990 年修订再版,书名没有改变。从书名也可以看出,安索夫倡导把战略管理当成一个子系统"植入"企业管理系统。这表明,在安索夫看来,战略管理已经成为企业管理系统的重要而不可缺少的子系统。安索夫的企业战略管理研究显然是受到了钱德勒研究成果的启发。钱德勒在《战略与结构》《看得见的手》等书中提出的"管理能力"概念,使安索夫意识到自己在初期关于战略规划的研究中,忽略了战略规划实施过程中的组织与控制环节。因此,安索夫从环境分析着眼,将环境分为五种动荡程度,包括重复的(相对稳定和可预测的)、扩展的(缓慢而递增的)、变化的(快速而递增的)、不连续的(一些方面不连续,另一些方面是可预测的)、出乎意料的(不连续和不可预测的)。在此基础上,安索夫提出了企业管理者在不同类型环境下的战略管理方法。

1988 年,安索夫在出版商的建议下修订了《公司战略》,并以《新公司战略》为书名再版,以便为企业战略管理者提供"一部现代观念的以实践为导向的战略管理概览"。[②] 该书修订力度较大,将初版的内容作为新版的第一部分"战略建构",增加了第二部分"战略实施",目的在于克服初版"重分析而轻实施"的缺陷,并从战略管理过程的角度考察了公司的领导行为、权力结构和组织动态对战略决策与执行的影响,引导管理者

---

① 伊戈尔·安索夫.战略管理[M].邵冲译.北京:机械工业出版社,2010:6.
② 伊戈尔·安索夫.新公司战略[M].曹德骏等译.成都:西南财经大学出版社,2009.

关注嵌入管理工作中的政治的、社会的和心理的变量。这些方面的修订成为新版的主要亮点。

8.2 安索夫战略概念

安索夫是第一个明确提出"公司战略"的人，这一概念也被视为安索夫对战略管理研究领域的贡献之一。但是，人们对安索夫的战略概念还存在许多不同的理解，有些甚至误解、曲解。显然，如果要完整把握安索夫的战略思想，就必须准确理解安索夫的战略概念。

8.2.1 学术界关于战略的不同认识

如果要问安索夫的战略概念是什么，那么就会发现，安索夫在书中关于战略概念的表述是多种多样的。安索夫的战略概念不但后期与前期相比有较大的变化，而且在同一时期也是多样化的。安索夫本人坦承，"战略是难以捉摸的、有些抽象的概念"。[①]

当然，也可能是这样的情况：由于"战略"原本是一个军事术语，在引入商业领域后其含义已经有了变化，再加上每个人对"战略"都会有自己的理解，这就导致即使安索夫本人也无法清楚地说明"战略"到底是什么。这样说绝非对安索夫不敬，也不是要（也不可能）否定安索夫的贡献，而是反映了企业战略管理研究领域的真实状况。《经济学家》杂志上的一篇文章这样写道："人人都在谈论战略，却没有人知道战略究竟是什么。"[②]

事实上，无论是理论界还是企业界，关于战略的定义可谓五花八门，形形色色。人们往往出于不同的目的或以不同的方式来使用"战略"这个术语。对战略颇有研究的亨利·明茨伯格认为，"人们往往习惯于对各种概念进行定义并谨慎遵守。其实我们也许被自己的思维习惯愚弄了，我们以为战略这个概念会有明确的定义。事实上，战略这个词在不同情况下却有不同含义"。因此，明茨伯格给出了战略的"5P"定义，即战略在不同的情形下可能是以下五种定义之一或其中的某些组合：一项计划（plan）、一种模式（pattern）、一个计谋（ploy）、一种定位（position）或一种观念（perspective）。[③]战略研究领域权威迈克尔·波特在以《什么是战略》为题的经典文章里讨论了战略概念，认为战略就是"定位"，包含三个依次进行、环环相扣、相辅相成的要素活动：特色（uniqueness）、取舍（trade-offs）和组合（fit）。[④]

自企业战略理论诞生以来，各种以《战略就是……》为题的文章层出不穷，如《战略就是革命》(Strategy as Revolution)、《战略就是生态》(Strategy as Ecology)、《战略就是简单规则》(Strategy as Simple Rules)、《战略就是积极等待》(Strategy as Active Waiting)、

---

① 伊戈尔·安索夫.新公司战略[M].曹德骏等译.成都：西南财经大学出版社，2009：70.
② 陈荣平.战略管理的鼻祖：伊戈尔·安索夫[M].保定：河北大学出版社，2005.
③ 亨利·明茨伯格.战略过程：概念、情境、案例[M].徐二明译.北京：中国人民大学出版社，2012：5.
④ Porter M. E. What is Strategy[J]? *Harvard Business Review*，1996，(11-12)：61-78.

《战略就是引导的演化》(Strategy as Guided Evolution)、《战略就是实物期权投资组合》(Strategy as a Portfolio of Real Options),等等。著名营销咨询专家杰克·特劳特在《什么是战略》一书中探讨了战略概念,他甚至用"战略是……"作为每章的标题:战略就是生存之道,战略就是建立认知,战略就是与众不同,战略就是打败对手,战略就是选择焦点,战略就是追求简单,战略就是领导方向,战略就是实事求是。①罗伯特·伯格曼的一本以英特尔公司为研究对象的战略专著,书名是《战略就是命运》(Strategy is Destiny)。②由于专业背景、学科领域、知识基础、研究对象、研究视角、研究方法等方面的不同,企业战略管理理论研究领域产生了众多理论学派,亨利·明茨伯格等人曾用"盲人摸象"来比喻企业战略管理研究领域学派林立的状况。③

8.2.2 安索夫战略概念的多元表述

安索夫的战略概念也经历了一个渐进演变的过程。安索夫在《公司战略》一书中首先提出了"公司战略"的概念。《公司战略》首次出版于1965年,全书共10章,题目分别是"企业决策结构""战略决策模式""目标""目标的实践系统""协同与能力组合""战略的概念""企业多元化动因""评估""战略的选择""战略的应用"。在该书第6章"战略的概念"中,安索夫把战略定义为"用来指导一个组织发展过程的新的决策原则和指导方针"。

表面上看,安索夫的这一定义似乎观点很明确。但是,对比一下就可以发现,即使在《公司战略》一书中,安索夫在不同场合亦有对战略的不同表述。在《公司战略》1965年版的序言中,安索夫强调,战略决策就是关于"企业应该选择从事哪种业务的决定"。简言之,战略决策就是业务决策。因此,战略似乎就应该是业务。

安索夫强调指出,他使用的"战略的"(strategic)一词的意思是"与公司和其环境有关的",这是一个十分特殊、有别于传统的用法,与该词通常表示"极端重要的"意思迥然不同。④例如,彼得·德鲁克在《管理的实践》一书中指出,对企业而言,真正重要的决策是战略性决策。⑤安索夫认为,历史的进步见证了管理研究"从里向外"的转变过程。因此,在安索夫看来,战略决策主要关注的是企业与其所处环境之间的关系问题,尤其应当关注企业将要生产的产品及其组合以及将要服务的市场。安索夫还借用工程学的术语说明,所谓战略,就是在企业与其环境之间建立一个"阻抗匹配"。⑥安索夫的这一概念后来还得到了迈克尔·波特的认可和接受。波特在他的经典著作《竞争战略》一书中开宗明义地指出,"竞争战略的实质就是在企业与其环境之间建立联系"⑦。

安索夫常常在不同的情境下根据特定的需要表述战略概念。这一点也表现在安索

---

① 杰克·特劳特.什么是战略[M].烨强译.北京:机械工业出版社,2011.
② 罗伯特·伯格曼.战略就是命运[M].高梓萍等译.北京:机械工业出版社,2004.
③ 亨利·明茨伯格,布鲁斯·阿尔斯特兰德,约瑟夫·兰佩尔.战略历程:穿越战略管理旷野的指南[M].魏江译.北京:机械工业出版社,2012.
④ 伊戈尔·安索夫.新公司战略[M].曹德骏等译.成都:西南财经大学出版社,2009:9.
⑤ 彼得·德鲁克.管理的实践[M].齐若兰译.北京:机械工业出版社,2009:235.
⑥ 伊戈尔·安索夫.新公司战略[M].曹德骏等译.成都:西南财经大学出版社,2009:9.
⑦ 迈克尔·波特.竞争战略[M].陈丽芳译.北京:中信出版社,2014:3.

夫对目标与战略之间关系的理解上。在讲解目标与战略的区别时,安索夫直接指出,目标代表企业不断追求并希望到达的终点,而战略则是到达终点的方法。简言之,战略是方法。但是,安索夫紧接着又说明,无论是在组织的不同层面,还是在组织发展的不同阶段,战略和目标都是可以互换的。[①]这意味着,除了战略是实现目标的方法之外,也可以说,战略就是目标本身。例如,提高市场份额有时是企业的目标,有时也可能成为企业的战略。

有时候,安索夫关于战略概念的表述是令人费解的。无论是初版《公司战略》,还是修订版《新公司战略》,在第6章"战略的概念"中,在标题下方都引用了"无名氏"的一句话:"战略就是,当你弹药用尽时,仍继续开火,使敌人无从摸清你的真实情况。"[②]仔细推敲可以发现,这句话的含义与本章战略的概念没有任何关系,甚至可以说,与本书各章节关于战略的表述都没有任何关系。换言之,引用这句话是不恰当的,它并不能帮助读者更好地理解安索夫的战略概念,反而容易会引起读者对战略概念更多的误解和曲解。

8.2.3 安索夫战略概念的核心内涵

那么,安索夫心目中的战略到底是什么?综合考察安索夫战略概念的演变过程可以发现,安索夫认为,战略是一套规则,或者说,战略是一套决策规则。尽管安索夫在他的著作中经常使用不同的术语来表达战略概念,但是,战略规则观可以说贯穿于安索夫的全部论著中,并且成为安索夫战略管理思想形成和发展的重要基础。

在初版《公司战略》和修订版《新公司战略》第6章"战略的概念"中,安索夫对战略概念作出了最明确的表述。在初版中,安索夫就注意到,越来越多的企业对战略表现出极大的兴趣,将战略与各种生产经营活动联系起来,如营销战略、产品线战略、多元化战略等。这表明,企业需要界定经营范围和成长方向,而单纯的目标并不能承担这方面的职能,因而需要一个"战略",作为企业经营决策的规则,以保证企业有计划地、有利润地发展。这就是安索夫战略概念的核心内涵,即战略是一套决策规则。

从决策的角度看,企业经营中存在的根本问题是,"如何筹划与引导企业以优化资源配置的方式,完成投入产出转换的过程,以实现企业的经营目标",这一根本问题必然会引发许多在空间上广布、在时间上连续的决策,安索夫将这种由许多决策构成的系统称为"决策空间"。为了理论研究和实践操作方便起见,安索夫将决策空间划分为三个类别:一是战略决策,二是管理决策,三是运作决策。这三个类别都与不同的资源配置活动相关。

战略决策关注的焦点是企业的外部环境,尤其是企业将要进入的市场。安索夫借用工程学的术语指出,战略决策就是在企业与其环境之间建立一个"阻抗匹配"。通俗地说,战略决策就是决定企业现在适合做什么业务,将来适合做什么业务。具体地说,战略决策就是回答企业的目的与目标是什么,是否从事多元化经营,如果从事多元化经营则

---

① 伊戈尔·安索夫.新公司战略[M].曹德骏等译.成都:西南财经大学出版社,2009:70.
② 伊戈尔·安索夫.新公司战略[M].曹德骏等译.成都:西南财经大学出版社,2009:67.

进入哪些业务领域,在相应的业务领域如何获得和保持竞争优势,等等。

管理决策关注的焦点是,将企业资源分配到能够实现企业经营业绩最大化的活动中。相应的问题包括:优化生产基地布局,提高企业生产能力;调整组织结构,明确权责关系;改善工作流和信息流,提高业务运作效率,其中的关键是安排生产进度、确定库存水平;制定研发、生产与营销预算,确保企业经营活动的顺利进行;等等。

运作决策关注的焦点是,在企业资源分配决策的前提下,实现资源转换过程的效率最大化。其主要决策领域包括:制定职能部门和产品线投入预算,制订生产与运作计划、人员招募与培训,建立控制系统,采取控制行动,制定营销组合策略,扩大企业产品销量,其中的关键是制定价格策略,扩建分销渠道,提高市场份额;等等。

在安索夫的战略规则观中,包含不同层次的决策规则:第一,战略是用来测量企业当前和未来经营业绩的标准,这些标准的"内核"是企业经营的目的,量化为指标后就称为"目标";第二,战略是建立企业与其环境之间关系的规则,即企业将选择什么样的目标客户群体和目标市场区域,将开发什么样的产品—技术,如何获得和保持竞争优势等;第三,战略是组织内部分派角色职能,明确权责关系,建立运作流程的规则,通常亦称管理战略;第四,战略是企业从事日常经营活动的规则,通常亦称企业经营政策。①

在《新公司战略》中,安索夫明确指出,"战略是指导组织行为的一整套决策规则"。基于战略规则观,安索夫关于战略概念的多元化表述具有统一性。例如,安索夫曾经这样表述:"我们可以暂时将战略决策描述为:企业应该选择从事哪种业务的决定。"这里的"战略决策",其实是"基于战略(即规则)的决策",而不是"关于战略的决策"。战略决策的核心是"基于一定的规则在企业与其环境之间建立匹配"。至于"战略与目标可以互换",是指"战略"与"目标"在决定路径与方法方面具有"规则"的作用。尽管人们通常把"目标"当作追求的东西,但是,"目标"在本质上是一种管理工具,具有许多潜在的用途。②在《新公司战略》出版时,安索夫用"战略管理"取代"战略规划",并用彼得·德鲁克的话来说明两者的区别:"战略规划是用计划来管理,而战略管理则是用结果来管理。"③由此可见,在战略管理过程中,结果作为一种规则决定了企业战略管理活动。

从战略的类型看,安索夫把战略划分为两种类型,一是业务组合战略,二是业务竞争战略。安索夫认为,这样的分类反映了企业战略推进过程的特点。这是因为,企业在初始阶段往往都是经营单一业务,这就需要企业制定业务竞争战略,以满足企业在市场竞争中的发展要求;随着经营实力的增强,企业开始实行多元化经营,此时就需要企业制定业务组合战略,包括进入哪些业务领域,在相应的业务领域如何获得和保持竞争优势等。后来,一些学者在安索夫提出的战略类型的基础上,将两种类型的战略改称为业务层面战略和公司层面战略。④

---

① 伊戈尔·安索夫.新公司战略[M].曹德骏等译.成都:西南财经大学出版社,2009:70.
② 伊戈尔·安索夫.新公司战略[M].曹德骏等译.成都:西南财经大学出版社,2009:50.
③ 伊戈尔·安索夫.新公司战略[M].曹德骏等译.成都:西南财经大学出版社,2009:4.
④ 迈克尔·希特等.战略管理:竞争与全球化[M].吕巍等译.北京:机械工业出版社,2009.

安索夫认为,在市场竞争中,任何经营单一业务的企业都需要制定业务竞争战略;对多元化经营企业来讲,企业就是不同的战略业务领域(SBA)的组合,不同的业务领域往往给企业带来了不同的未来成长机会,与此同时,也需要企业采取不同的市场竞争方式。这也就意味着,每个多元化经营企业都需要同时制定业务组合战略和业务竞争战略。这也就是安索夫认为企业必须将"战略管理"作为一种重要器官植入企业肌体的重要原因。

业务组合战略决定了企业将要进入的战略业务领域,以及各个战略业务领域之间的相互关系。在《公司战略》中,业务组合战略包含四个方面的要素,即"战略四要素":经营范围、成长向量、竞争优势、协同效应。业务组合战略之所以能够发挥作用,是因为它能在这四个方面为寻求业务组合问题的解决方案提供决策规则。

第一,在企业发展过程中,应该而且必须为企业制定发展目标。但是,目标只是企业经营的结果指标,而没有反映企业经营的业务本身。安索夫提出了企业经营的"共同主线"(common thread)概念:企业不能为了实现经营目标而无限制地进入各种业务领域,相反,在企业进入的业务领域之间必须具有"共同主线"。这一概念的作用是显而易见的:一方面,它为企业的业务决策提供具体指导;另一方面,它描绘了企业未来发展的空间。[1]

第二,在成长向量方面,安索夫从产品和市场两个维度构造了一个分析矩阵,提出了"企业成长的产品—市场战略",指明了企业未来发展的四个方向:一是市场渗透,即在原有市场上扩大原有产品的销售,提高市场份额;二是市场开发,即用原有产品占领新的市场,扩大市场区域;三是产品开发,即企业投资新的产品线,在原有市场上投放新产品;四是多元化经营,即用新的产品占领新的市场。[2]与前三种相比,多元化经营是一种全新的发展方向。

第三,在竞争优势方面,安索夫将竞争优势界定为,企业某一产品与市场组合的特殊属性所赋予企业在市场竞争中的优势地位。现实中,许多企业一般是通过以下方式获得和保持竞争优势:一是并购,包括横向并购和纵向并购,前者主要是为了提高企业的市场支配力量,后者则主要是降低企业对外部环境的资源依赖程度;二是提高行业进入壁垒,阻止潜在的竞争对手进入市场;三是加强研发投入,提高产品更新换代速度,维持或扩大企业的领先水平;等等。需要说明的是,安索夫的竞争优势是业务层面的概念,即企业在特定的产品—市场领域的优势。这一概念后来被迈克尔·波特所接受,并形成了竞争优势战略思想。

第四,在协同效应方面,安索夫认为,协同是企业的产品—市场战略的一个重要组成部分,决定了企业在进入新的产品—市场领域后,能否与原有产品—市场领域形成"2+2=5"的效应。从根本上说,协同效应是指,企业进入两个产品—市场领域所获得的整体经营业绩要优于两个分别处于这两个产品—市场领域的企业经营业绩的总和。

还需要说明的是,在"企业战略"一词流行之前,"企业政策"一词被广泛应用于指导

---

[1] 伊戈尔·安索夫.新公司战略[M].曹德骏等译.成都:西南财经大学出版社,2009:69.
[2] Ansoff H. Igor. Strategies for Diversification[J]. *Harvard Business Review*, 1957, (9-10):113-124.

企业经营活动,其含义是企业对具体的、常规的重复性情况作出的程序化反应,如"财务报销政策""存货评估政策""坏账处理政策""加班补偿政策"等。在安索夫看来,政策是一种程序化决策,而战略是制定决策的规则,两者的内涵、地位和作用都是迥然不同的。例如,政策可以通过授权下属而得到执行,但战略必须由最高领导人作出最终决断。

8.3 安索夫战略制导思想

在解析了安索夫战略概念的基本内涵后,还需要进一步理解和把握安索夫的核心战略思想。一方面,只有理解和把握了安索夫的战略思想,才能真正发现安索夫对战略管理理论研究领域所做出的杰出贡献;另一方面,只有理解和把握了安索夫的战略思想,才能真正发挥安索夫战略思想对企业战略管理实践所具有的巨大指导作用。

8.3.1 安索夫战略思想的多样解读

安索夫对战略管理理论发展所做出的贡献勿庸置疑,他作为"战略管理之父"的地位基本上也是无可争议。在讲述战略管理理论或战略管理思想的演变历程时,人们一般都会列出一份长长的关于杰出贡献者的名单,其中必然会包含安索夫的名字。那么,什么是安索夫的战略管理思想?许多学者对此有着多样化的解读。

里克·安索夫认为,伊戈尔·安索夫的战略思想是一种权变战略思想[①]。的确,在安索夫看来,任何组织都不能依靠单一的理论或方法进行战略决策与实施,同样,任何一种理论或方法都有其适用条件,绝不可能"放之四海而皆准"。因此,组织必须综合考察外部环境特点与自身实力条件及其变化趋势,并在此基础上制定和实施战略。

但是,这样的解读并没有提炼出安索夫的核心战略思想。这是因为,管理本来就是一种权变的活动。事实上,没有一种战略管理思想不强调"权变"。至少,权变是战略管理的题中应有之义。因此,它除了告诉人们安索夫认为"环境是动态变化的,应该具体问题具体解决"之外,并没有揭示更多关于安索夫战略思想的内在属性。

亨利·明茨伯格在《战略历程:纵览战略管理学派》一书中,将安索夫作为"规划学派"的开山鼻祖和代表人物,并认为他的战略思想就是"战略规划思想",即战略制定是一个正式的规划过程,包含以下几个步骤:确定企业目标、分析外部环境、分析内部条件、战略制定与评价、战略实施与控制[②]。在安索夫战略规划思想指导下,战略规划理论研究逐渐繁荣起来,在20世纪70年代达到顶峰。在工商企业界,战略规划运动也轰轰烈烈地开展起来。

但是,亨利·明茨伯格曲解了安索夫的战略管理思想。他把安索夫的战略规划过程概括为:按照要求制定出每一个战略组成部分,然后根据企业发展蓝图将它们组合起来,

---

[①] 伊戈尔·安索夫.战略管理[M].邵冲译.北京:机械工业出版社,2010.
[②] 亨利·明茨伯格等.战略历程:纵览战略管理学派[M].刘瑞红等译.北京:机械工业出版社,2001:38.

就会得到最终的产品——战略。①明茨伯格的误解就在于,他认为安索夫的战略是规划,即发展规划。然而实际并非如此。如前所述,安索夫的战略是规则,即决策规则。由于明茨伯格将安索夫的战略解读为规划,因而他严厉批评了安索夫的战略管理思想:第一,战略是综合而不是分析,分析是不可能得到战略的。明茨伯格认为,战略规划永远不能等同于战略制定,这是战略规划运动从兴盛走向衰落的根本原因。②第二,安索夫的战略规划其实是战略控制,即确保组织按照规划路线前进。因此,明茨伯格质问:在没有战略制定的前提下,战略控制如何能确保组织按照规划路线前进?明茨伯格甚至认为,"战略规划"本身就是一个矛盾的词汇:战略是无法规划出来的,能够规划的不是战略,而是战略的执行程式。③

学者们对安索夫战略思想作出多样化的解读是一个完全可以理解的现象,并不令人感到奇怪。这是因为,安索夫的战略思想本身也经历了一个"形成——发展——成熟"的过程。从安索夫论著题名的变化,我们亦可以一窥端倪。安索夫关于战略管理研究的开创性著作是《公司战略》,该书开发出一种严谨、实用的战略规划方法,企业管理者借助一系列概念与程序,可以将业务扩张、企业成长纳入企业的中长期战略规划中。这本书是安索夫的成名之作,它不仅在理论界首开公司战略研究的先河,成为现代企业战略理论诞生的起点,而且在实践界也引起了很大的反响,促进了企业战略规划运动的蓬勃开展。④

但是,随着战略规划实践的发展,安索夫提出的战略规划方法暴露出越来越多的缺陷,其中最突出的缺陷之一是"分析瘫痪症":战略规划者掌握的信息越多,就需要越多的信息,以至于"分析瘫痪",无法进行下去。因此,战略规划方法受到越来越多的批评。安索夫本人也意识到这一点,他承认战略规划是"一种不成熟的方法"。此后,安索夫进行了长期的深入思考和积极探索,逐步形成了比较成熟的战略管理思想,这首先反映在其于1972年发表的《战略管理的概念》论文中,继而贯穿于其陆续出版的《从战略规划到战略管理》(1976)、《战略管理》(1979)、《植入战略管理》(1984)等著作中。

8.3.2 安索夫战略思想的基本内涵

如果要准确概括安索夫的战略思想,那么,"战略管理思想"应该是一个最佳选择。但是,由于"战略管理"已经成为一个人们耳熟能详的词汇,而且不同的人对战略管理有着不同的概念,因此,如果将安索夫的战略思想概括为"战略管理思想",那么,不仅无法揭示安索夫战略思想的基本内涵,也无法将安索夫的战略思想与当前各种各样的战略思想区别开来,进而也无法反映安索夫战略思想的独特价值和杰出贡献。

纵观安索夫战略思想的演变历程,安索夫一以贯之的战略思想实际上是"战略制导

---

① 亨利·明茨伯格等.战略历程:纵览战略管理学派[M].刘瑞红等译.北京:机械工业出版社,2001:41.
② 亨利·明茨伯格.公司战略计划[M].张艳等译.昆明:云南大学出版社,2002.
③ 亨利·明茨伯格等.战略历程:纵览战略管理学派[M].刘瑞红等译.北京:机械工业出版社,2001:54—55.
④ 陈荣平.战略管理的鼻祖:伊戈尔·安索夫[M].保定:河北大学出版社,2005.

思想"。如前所述,无论是《公司战略》还是《新公司战略》,安索夫始终都秉持"战略规则观",即战略是一种决策规则,它制约和指导企业经营的战略决策。在后来出版的《从战略规划到战略管理》《战略管理》《植入战略管理》等著作中,安索夫都认为,企业必须将战略管理像"神经中枢"一样植入企业肌体,发挥"神经中枢"的制导作用,引领和规范企业的经营活动。

从决策体系的角度看,安索夫认为公司决策分为三个层级,一是战略决策,二是管理决策,三是运作决策。战略决策主要关注的问题是,在企业与其环境之间建立有机的联系,尤其是企业在产品—市场之间的匹配。安索夫构建了一个"产品—市场分析矩阵"(亦称"安索夫矩阵"),用来帮助企业进行"产品—市场"的扩张决策。从这个意义上说,战略决策就是决定公司现在做什么业务,将来准备进入哪些业务领域。因此,在这个层级上,即使在今天,战略规划也没有失去其重要的作用。安索夫强调指出,"根据直觉,我仍然相信,战略规划是一种十分有用的管理工具"。克雷纳也认为,战略规划并不是僵化的、无法操作的方法,恰恰相反,它是一种动态工具,可以灵活地处理当今市场上的各种无法预料的变化。[①]

更重要的是,战略决策对管理决策、运作决策具有制导作用。安索夫指出,管理决策关注的是,企业作为一个投入—产出系统如何通过企业资源的优化配置实现企业经营业绩最大化的目标。显而易见,只有在决定了企业经营的业务领域——无论是现在所处的业务领域,还是将要进入的业务领域——的前提下,才能探索和选择优化配置企业资源的各种可能的方式。换言之,战略决策对管理决策具有制导作用。运作决策关注的是企业业务流程中各种活动的运作效率,如采购流程、生产流程、营销流程、配送流程的运作效率。显而易见,管理决策对运作决策具有制导作用。这是因为,企业作为一个投入—产出系统的运作,决定了各项业务流程的运作。换言之,各项业务流程的运作都必须有利于企业整体的运作。否则,即使单项业务流程的运作效率最大化,但如果没有为企业整体运作做出贡献,那么,这样的业务流程运作就是无意义的,相应的运作决策就是失败的。例如,2015年,可口可乐公司撤销了营销职能部门,并取消了首席营销官一职,而将营销职能归并于全球增长部门,由首席增长官负责。可口可乐之所以撤销营销职能部门,并不是因为营销职能部门自身运作效率低,而是因为营销职能部门当前的运作方式已经无法为可口可乐公司全球业务增长做出应有的贡献了。

总之,只有战略决策才能赋予管理决策和运作决策意义。战略管理就是要发挥战略决策对管理决策和运作决策的制导作用。从这个意义上说,必须将战略管理植入企业经营活动中的全层级、全方位、全环节中。战略管理者必须综合考虑企业当前所处的环境及其变化趋势,采取相应的行动措施,实现企业经营业绩的最大化。在这个过程中,企业战略规划及其执行必须根据内外环境的变化而相机调整。当然,这种调整并不是被动的、反应性的行动,而完全可以是主动的、正应性的行动。即战略管理者必须积极监测内

---

① 斯图尔特·克雷纳.管理必读50种[M].覃果等译.海口:海南出版社,1999:5.

外环境及其变化趋势,在此基础上制订和实施与企业内外环境特点相适应的行动计划与程序。这些行动计划与程序越能适应企业内外环境的变化,企业就越有可能获得成功。安索夫将此称为战略成功前提。①

从战略层次的角度看,安索夫将战略分为两个层次,一是业务层次的单业务竞争战略,二是公司层次的多业务组合战略。竞争战略约定了企业在特定的业务领域为了获得成功而采取的特定方法。安索夫尤其强调战略管理过程中的进取倾向。这是因为,企业不能指望在市场竞争中获得自动发展,而必须在企业竞争战略指导下充分发挥企业的主观能动性,采取一系列有效的行动措施,如市场细分、市场进入、产品研发、产品促销,实现企业战略规划目标。安索夫研究发现,在市场环境相对稳定、市场竞争较为缓和的情况下,企业通常采用成本最小化战略,以获得市场竞争中的产品价格优势,实现市场份额最大化。

但是,随着企业之间市场竞争的复杂化和白热化,顾客需求的分层化和多样化,差异化经营战略就成为企业的重要战略选择。在这种情况下,企业就必须具备差异化经营能力,以满足特定顾客群体的需求与偏好,并在此基础上获得竞争优势。安索夫总结了企业常用的竞争战略:一是市场份额提升战略,该战略的利润效应还得到了一项著名研究的支持;②二是业务增长战略,确保企业未来发展;三是市场差异化(或市场利基)战略,为特定市场的消费者提供他们所需要的产品或服务;四是产品差异化(或产品缝隙)战略,将企业的产品与竞争对手的产品区别开来,在消费者心目中树立鲜明的产品特色。

从业务领域的角度看,企业就是不同业务领域的组合体,每个业务领域都赋予企业不同的发展机会,同时也要求企业采取不同的竞争方式。组合战略指出了企业将要进入的业务领域,以及各个业务领域彼此关联的方式。一般认为,组合战略包含四个要素:一是经营范围,二是成长向量,三是竞争优势,四是协同效应。但是,这四个要素实际上构成了企业多元化经营决策的四个判断准则。即当企业决定将要进入新的业务领域时,必须满足这四个方面的要求,才能确保企业的多元化经营取得成功,从而促进企业的发展。

经营范围即业务范围,它决定了企业将要进入的业务领域——目标业务领域与当前业务领域必须具有明确的"共同主线"。成长向量界定了企业在特定业务领域的产品—市场发展方向。安索夫从产品和市场两个维度描述并分析了成长向量的四个组成部分:市场渗透、市场开发、产品开发、多元化。竞争优势是指企业某一"产品—市场组合"的特殊属性所赋予的企业在市场竞争中的优势地位。例如,杜邦公司通常是在所有参与竞争的产品市场上,利用先进的专利技术,形成很高的产业进入壁垒,确保企业在所有产品市场上都能取得成功。协同效应是指企业在进入两个产品市场时所获得的整体经营业绩,要优于由两个分别处于这两个产品市场的企业经营业绩的总和。通俗地说,协同效应是指企业在进入新的产品市场后,能与原有的产品市场形成"2+2=5"的效应。协同效应是安索夫提出的重要概念之一,得到广泛的接受和应用。协同效应的获得往往取决于经

---

① 伊戈尔·安索夫.战略管理[M].邵冲译.北京:机械工业出版社,2010.
② 罗伯特·巴泽尔,布拉德利·盖尔.战略与绩效:PIMS原则[M].吴冠之等译.北京:华夏出版社,2000.

营范围、成长向量、竞争优势这三个要素。换言之,组合战略四要素构成了一个有机整体,共同决定了企业的战略决策;不仅如此,组织战略四要素之间也存在相互联系、相互影响、环环相扣的关系,不可偏废。

需要说明的是,在《新公司战略》中,安索夫将组合战略四要素修改为:成长向量、竞争优势、协同效应、战略柔性。对比一下可以发现,《公司战略》提出的组合战略四要素中,经营范围被合并入成长向量中,而增加了战略柔性。战略柔性是指企业的业务组合能够根据外部环境变化而进行调整的水平。安索夫指出了企业获得战略柔性的两种途径:一是追求企业市场区域、客户群体和产品技术的多元化,从而使任何一个业务领域内的剧烈动荡都不至于严重影响企业的整体运行;二是构建有效的知识管理系统,增强企业核心能力的可传递性,提高企业业务组合在复杂多变环境条件下的适应性和复原力。

老版新版孰优孰劣,完全可以见仁见智。需要强调的是,安索夫之所以增加并强调战略柔性,是因为在日益复杂动荡的环境下,企业必须保持灵活性,以适应环境的变化,提高企业的生存和发展能力。这一观点得到了许多学者的接受和支持。在《边缘竞争》一书中,布朗和艾森哈特提出了一种"半结构化"组织设计方法,用来提高企业在高不确定性环境下的灵活性和适应性。①《战略柔性》一书收录了许多学者关于战略柔性的研究论文,这些论文探讨了在复杂动荡的环境下企业变革管理的方法。②显然,战略柔性是战略实施的题中应有之义,而前提则是有效的战略制定。换言之,战略制定决定了战略实施,而战略实施要求企业保持高度的战略柔性。从这个意义上说,尽管安索夫的战略四要素发生了改变,但是不变的是,战略具有制导作用。

从战略过程的角度看,安索夫在《新公司战略》一书中,将《公司战略》的内容作为第一部分"战略建构",而增加了第二部分"战略实施"。安索夫认为,战略管理最基本的主张是,任何一个企业要想在竞争性市场中获得生存和发展,就必须使其经营行为和战略行为的进取性与市场需求和市场机会的变化相匹配。③安索夫分析了环境动荡程度的决定因素,包括以下方面:市场环境的易变性、变化速度、竞争强度、技术丰富度、消费者歧视、政府部门和各种势力集团的压力。在此基础上,安索夫提出了管理非连续变革的四种方法:一是强制性变革管理,即利用权力来清除变革的阻碍因素,推动变革开展;二是适应性变革管理,即通过逐步改善,争取获得"飞轮效应",进而造成文化、权力结构和能力的转型;三是应急性危机管理,即当企业未能对环境变化作出及时有效的反应时,通过强力手段争取企业中更多成员的支持,从而克服危机;四是折中性冲突管控,即承认组织中冲突的客观存在,并不强求消除冲突,而是通过管控手段将冲突降低到可容忍的水平,以降低变革成本。

安索夫还探讨了即兴管理方法。所谓即兴,是指所有管理行为都不是事先计划好

---

① 肖纳·布朗,凯瑟琳·艾森哈特.边缘竞争[M].吴溪译.北京:机械工业出版社,2001.
② 加里·哈默等.战略柔性:变革中的管理[M].朱戎等译.北京:机械工业出版社,2000.
③ 伊戈尔·安索夫.新公司战略[M].曹德骏等译.成都:西南财经大学出版社,2009:148.

的,通常是由管理者在特定的情境下自由发挥的。从企业的角度看,即兴意味着没有中央控制,企业的最高领导人也不采取专制独裁式的领导风格,而是采取自由放任式的管理模式,以充分发挥企业全体员工的主观能动性,积极追求持续的、渐进式的战略变革。安索夫认为,只要企业的市场需求和技术继续渐进式的发展、战略变革非连续还很少而且很遥远、变革速度不超过企业反应的速度,即兴管理就是一种有价值的战略管理方法。①即兴管理受到了一些管理学者的推崇,认为这是企业在高不确定性时代取得成功的关键。②

 本章结语

  安索夫的核心战略思想主要反映在《公司战略》一书中。该书是安索夫的开创性著作,也是其最重要、最有灵性的著作。安索夫的《战略管理》出版于 1979 年,在时间上晚于《公司战略》,可以说是一部集大成之作,在企业战略理论研究领域被一些学者视为"安索夫山脉"的最高峰。③但是,从安索夫战略思想的形成和发展过程来看,安索夫的《公司战略》是最具有思想性和影响力的著作。

  许多证据可以表明,在安索夫的众多论著中,《公司战略》是最具有研究价值的。第一,斯图尔特·克雷纳在推荐管理必读书时,把《公司战略》而不是其他列入荐读书目。④克雷纳声称,他的荐读书是经过严格挑选的,许多流行一时的书都没有入选这个榜单。第二,《公司战略》是安索夫的第一本研究著作,是他在对公司战略管理实践进行观察和思考的基础上形成的研究成果。在这个阶段,他尚能以"旁观者"的角度来审视公司战略,因而得出的许多结论是独立的、充满灵气的、具有超然性的。换言之,这个阶段的安索夫还没有受到其他许多似是而非的观点的"干扰"甚至"污染",因而他的思想尽管存在片面性但却具有深刻性,即"片面而深刻"。但在后来,随着安索夫的许多观点受到越来越广泛、越来越激烈的批评,而且很多批评也确实切中其弊,并具有建设性,安索夫则不断地向批评妥协、折中,因追求严谨而失去灵性,因刻意关切而变得平庸,甚至在后期,安索夫自己走向了自己的反面。

  安索夫最卓绝的贡献是将外部环境作为一种战略因素引入企业管理理论研究领域,并对企业战略管理实践产生了重大影响。安索夫指出,管理学理论研究的先驱者,如弗雷德里克·泰勒、埃尔顿·梅奥、亨利·法约尔,将科学方法引入管理学研究领域,取得了辉煌的成就;第二次世界大战中,运筹学得以创建,并在战后得到了迅速发展,成为解决企业管理问题的锐利武器。但是,显而易见,这些研究成果解决的是企业内部管理问

---

① 伊戈尔·安索夫.新公司战略[M].曹德骏等译.成都:西南财经大学出版社,2009:193.
② 汤姆·彼得斯,罗伯特·沃特曼.追求卓越[M].胡玮珊译.北京:中信出版社,2007.
③ 伊戈尔·安索夫.新公司战略[M].曹德骏等译.成都:西南财经大学出版社,2009:序言.
④ 斯图尔特·克雷纳.管理必读 50 种[M].覃果等译.海口:海南出版社,1999.

题,而历史的进步见证了管理研究"从里向外"的过程。[①]在这种认识下,安索夫致力于考察企业的外部环境。这是因为,正是由于外部环境的变化,才导致企业面临生存和发展问题。如何解决企业的生存和发展问题,正是企业战略的题中之义。因此,安索夫提出了独特的战略规则观,形成了开拓性的战略制导思想。大量的理论研究和实践探索表明,安索夫的战略思想具有十分重要的理论指导意义和实际应用价值。从这个意义上说,安索夫无愧于"战略管理之父"的称号。

---

① 伊戈尔·安索夫.新公司战略[M].曹德骏等译.成都:西南财经大学出版社,2009:序言.

第9讲

迈克尔·波特战略思想

迈克尔·波特1947年出生于美国密歇根州,从小天赋异禀,聪明过人。他在普林斯顿大学学习机械和航空工程专业,后来对企业竞争产生了十分浓厚的兴趣,遂进入哈佛大学从事MBA项目,接着攻读企业经济学博士学位。波特获得企业经济学博士学位后留在哈佛大学任教,成为哈佛大学史上最年轻的教授之一,现在是美国哈佛大学商学院的"大学教授"(university professor)。大学教授是哈佛大学教授所能获得的最高荣誉,波特是哈佛大学历史上第四位获得此项殊荣的教授。

波特成果颇丰,获奖无数。他先后获得大卫·威尔兹经济学奖、亚当·斯密经济学奖,并且五次获得麦肯锡最佳论文奖,拥有世界上很多大学的名誉博士学位。他凭借"竞争三部曲"——《竞争战略》(1980)、《竞争优势》(1985)、《国家竞争优势》(1990),成为当今世界享有盛名的战略理论权威,是理论界和实践界公认的"竞争战略之父"。他的"竞争三部曲"被翻译成几十种语言在其他国家销售,受到了广泛而持久的欢迎。"竞争三部曲"多次再版,全球销量巨大。他曾在1983年被时任美国总统雷纳德·里根聘任为产业竞争委员会主席,并被世界上许多国家领导人聘为国家经济发展战略顾问。

9.1 波特战略概念

作为企业竞争战略研究领域的理论权威,波特在学术界和实践界都获得了崇高的地位。人们只要一提到他的名字,就会想到他提出的"五力模型""价值链模型""钻石模型"等,以至于人们常常用"波特模型"来指代这些模型。事实上,这些经典模型在学术界和实践界都得到了高度的推崇和广泛的应用,并发挥了巨大的作用,产生了巨大的影响。

然而,这些模型只是分析的工具或方法,并不是波特对战略管理理论研究做出的最重要的贡献。如果我们过于注重这些工具或方法,就会忽略这些工具或方法背后的战略思想,导致"一叶障目,不见泰山"。"科学管理之父"弗雷德里克·泰勒就曾遭遇这样的痛苦:他的科学管理理论常常被人们等同于科学管理方法,而忽略了科学管理方法背后的科学管理思想,结果这些所谓的科学管理方法常常因为违背了科学管理思想而导致失败。

要理解和把握波特的战略思想,首先要了解波特的战略概念。波特的战略概念主要体现在他的"竞争三部曲"中,此外还体现在他的两篇非常重要的论文中,一篇是1991年在《战略管理学报》发表的《企业的动态战略理论》;①另一篇是1996年在《哈佛商业评论》发表的《什么是战略》。②这两篇论文既是波特对学术界若干曲解和批评的回应,也是波特对自己的战略概念和竞争优势思想的澄清和总结。

9.1.1 战略即定位

波特认为,在竞争性市场中,参与竞争的每个企业都有战略,只是有的企业战略是显式的,有的企业战略是隐式的。如果企业由特定部门负责,在企业整体层面通过规范的程序正式制定并明确表述战略,那么,该战略就是显式的;如果企业并无正式制定的战略,而是业务部门各自为战,职能部门各自为政,那么,该战略就是隐式的。③

由此可见,在波特的心目中,战略就是企业的经营行为。战略可能是管理者精心构想出来的,也可能不是。这一概念与传统的战略概念有着本质区别。在传统概念中,战略是企业经营的整体指导思想,属于意识层面的概念。例如,伊戈尔·安索夫认为,战略就是一整套决策规则。波特将战略定义为企业的经营行为,属于实践层面的概念。

波特进一步指出,尽管每个企业都有其特定的经营行为,但是,并不是所有的经营行为都是有成效的——既有效果又有效率。在通常情况下,那些未经正式制定的战略几乎都无法帮助企业取得更大的经营成功。许多研究表明,那些有意识地、有目的地制定竞争战略的企业,其整体经营业绩要优于那些缺乏显式竞争战略的企业。

正因为如此,波特形成了独特的战略概念。波特认为,战略就是在企业与其环境之间建立联系。④企业经营环境是一个十分广泛而复杂的概念,包括政治与法律环境、经济环境、技术环境、社会与文化环境、自然环境等方面。尽管这些环境特征及其变化趋势对企业经营具有十分重要的影响,然而,企业经营环境中最重要的环境是企业所处的行业环境。尤其需要强调的是,行业结构在整体意义上决定了行业的竞争强度和营利潜力,因而也决定了市场竞争规则的确立和企业竞争战略的选择。当然,这不是说行业外部的环境不重要,而是说,行业外部的环境要素只在相对意义上具有显著作用。这是因为,行业外部的环境通常影响着行业内部的所有企业,关键在于企业应对这些行业外部环境要素的能力。

既然行业环境是企业经营环境中最重要的环境,那么,需要回答的一个问题是,为什么在同一行业中一些企业的营利水平高于其他企业?这是经济学尤其是产业组织经济学研究的重点问题。需要说明的是,经济学理论是在行业整体层面进行研究的,研究的

---

① Porter Michael E. Toward a Dynamic Theory of Strategy[J]. *Strategic Management Journal*,1991,12(W):95-117.
② Porter Michael E. What Is Strategy[J]?. *Harvard Business Review*,1996,(11-12):61-78.
③ 迈克尔·波特.竞争战略[M].陈小悦译.北京:华夏出版社,2005:1(绪论).
④ 迈克尔·波特.竞争战略[M].陈小悦译.北京:华夏出版社,2005:3.

目的在于解释这种经济现象为什么会存在。但是,与一般的产业组织经济学家不同的是,波特超越了对这个问题的一般性思考,他更加关注的是一个特定企业如何在所处的行业中持久地获得超过行业平均水平的投资回报?如果说产业组织经济学家的研究是解释性的,那么,波特的研究就是操作性的,因而是标准的管理学研究。

当然,波特的研究与产业组织经济学的研究并不是对立的。相反,由于深受产业组织经济学哈佛学派的影响,波特把该学派著名的 SCP 分析框架引入战略管理研究领域,从行业整体视角来分析企业竞争战略的制定与实施。在产业组织经济学哈佛学派著名的 SCP 分析框架中,S 是市场结构(structure),C 是企业行为(conduct),P 是经济绩效(performance),其核心观点是,市场结构决定了企业行为,企业行为决定了经济绩效。这种研究方法有别于企业战略理论研究领域之前流行的案例研究方法,为企业战略理论研究带来了一股新鲜空气,从而促进了企业竞争战略理论的诞生。正是由于波特借鉴和运用了产业组织经济学理论,因此,与伊戈尔·安索夫开创的战略规划学派以及以肯尼斯·安德鲁斯等人为代表的战略设计学派的理论相比,企业竞争战略理论更具有内在的逻辑一致性,并取代前两者占据企业战略理论研究领域的主流地位。英国《经济学家》杂志曾经这样评价:"如果有人能把战略管理理论变为令人尊敬的学院派原则,那么,这个人就是迈克尔·波特。"

众所周知,行业是由一群生产相同或相近产品的企业组成的。不过,波特指出,那种认为企业的营利水平取决于行业中企业间的竞争行为的观点是非常片面的,具有极大的误导性。事实上,在一个特定行业的内部,企业间的竞争行为往往根植于基础经济结构,并且远远超越现有竞争者的行为范畴。换言之,除直接的竞争对手外,上游供方、下游买方、潜在进入者、替代品生产者都是企业的"竞争对手",它们都会与企业争夺利润,或限制企业的营利能力,并在不同的情况下突显其相对重要性。总而言之,一个行业中的五种竞争力量,包括供方、买方、现有竞争对手、潜在进入者、替代品生产者,以及这五种竞争力量之间的相互作用关系,共同决定了该行业整体的竞争强度和营利潜力。波特把这种情形命名为"扩展竞争",它超越了单纯的企业与竞争对手之间的竞争。[①]波特认为,从企业的角度看,这五种竞争力量及其相互作用关系也决定了企业的战略选择和利润回报。我们不妨把行业结构对企业竞争战略选择和利润回报水平的这种决定作用称为"钳制作用"。如图 9-1 所示。

波特认为,要应对行业中五种竞争力量及其相互作用关系所产生的钳制作用,就必须制定有效的竞争战略。即企业竞争战略必须确保企业能够应对五种竞争力量的钳制作用。进一步说,在竞争战略决策中,企业资源配置必须有利于形成某种独特的优势,这种优势能够确保企业进入相应的目标市场。简言之,制定竞争战略就是明确定位。波特明确指出:"竞争战略就是定位,这种定位能够使企业区别于竞争对手的能力实现价值最大化。"[②]

---

① 迈克尔·波特.竞争战略[M].陈小悦译.北京:华夏出版社,2005:5.
② 迈克尔·波特.竞争战略[M].陈小悦译.北京:华夏出版社,2005:47.

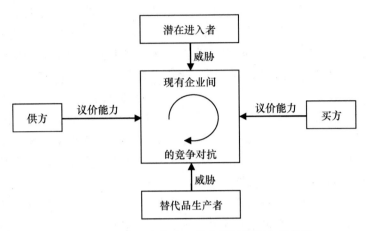

图 9-1 驱动行业竞争的五种力量及相互作用关系
资料来源:迈克尔·波特.竞争战略[M].陈丽芳译.北京:中信出版社,2014:3.

在最广泛的意义上,企业可以在三种具有内部一致性的基本战略(或通用战略)中选择其一,使得企业获得有利的竞争地位,从而持久地获得超过行业平均水平的投资回报。如图 9-2 所示。之所以要进行定位,一方面是因为企业必须事先明确制定什么样的战略,以便确定企业在什么样的市场范围参与竞争,能够获得什么类型的竞争优势;另一方面是因为企业必须在明确的定位下作出企业的资源配置决策,以提高资源利用效率,实现市场机会最大化。

图 9-2 三种基本竞争战略
资料来源:迈克尔·波特.竞争战略[M].北京:中信出版社,2014:38.

需要强调指出的是,波特的基本战略分析矩阵与一般的 2×2 矩阵有着显著的不同。在一般的 2×2 矩阵中,矩阵外部指向矩阵内部,即矩阵内部的选项是由矩阵外部的维度所决定的。例如,在经典的 SWOT 分析矩阵中,当外部环境提供了机遇,而企业具有充分的实力,那么,企业就应选择扩张战略,等等。而在波特的基本战略分析矩阵中,矩阵内部指向矩阵外部,即矩阵外部的选项是由矩阵内部的维度所决定的。

总成本领先战略是通过采用一系列有效的方法和途径使企业在行业中获得总成本领先地位。这种战略可以使企业在广泛的市场范围内获得相对于所有竞争对手的成本优势。在波特所研究的案例中,总成本领先战略就是布斯公司在全球低马力汽油发动机行业获得成功的基石,这家公司在世界范围内获得了显著的成本优势,它几乎占据了全球一半的市场份额。此外,艾默生、德州仪器、杜邦等公司都是通过实行总成本领先战略获得成功的典范。

差异化经营战略是想方设法使企业提供的产品或服务与竞争对手区别开来,形成一些在全行业范围内与众不同的显著特性。这种战略可以使企业在广泛的市场范围内获得相对于所有竞争对手的特色优势。在波特所研究的案例中,差异化经营战略使卡特彼勒工程车公司在全球范围内获得了相对于所有竞争对手的特色优势,该公司不仅以其经销网络和优良的零配件供应服务著称,而且以其极为优质耐用的产品享有盛誉。应当强调,差异化经营战略并非指企业可以不计成本,而是指成本不是企业实行差异化经营战略时的首要考虑因素。

市场聚焦战略是指企业主要服务于某个特定的顾客群体、某产品系列的一个细分领域或某个地区市场。与差异化经营战略一样,市场聚焦战略也可以有许多形式。市场聚焦战略的前提是,企业能够以更高的效率、更好的效果为某一特定的、狭窄的市场提供产品或服务,从而超过那些在广泛的市场范围内的竞争对手。市场聚焦战略可以使企业通过更好地满足特定细分市场的需求获得特色优势,或者在为特定细分市场提供产品或服务时获得成本优势,或者二者兼得。尽管市场聚焦战略未能使企业在广泛的市场上获得成本优势或特色优势,但它确保企业在特定的细分市场上获得成本优势或特色优势,或者二者兼得。

9.1.2 定位的逻辑

需要指出的是,许多学者错误地理解了波特的定位,并以讹传讹,造成波特的"战略定位观"面目全非。例如,亨利·明茨伯格等人将以波特为代表的企业竞争战略理论命名为"定位学派",这本是一个精当的概括,但是明茨伯格等人片面地、狭隘地理解了"定位"。明茨伯格等人指出,"人们在确定了外部环境因素可能产生什么样的作用之后,是能够想象出许多可以采用的战略。但是,迈克尔·波特却不这样认为。他认为,从长远来看,只有很少数的'通用战略'能够经受竞争的考验。这一概念,如同克劳塞维茨的军事理论中的要塞堡垒一样,是定义定位学派的核心观点"[①]。必须指出,这样的解读是完全错误的。

明茨伯格等人的解读错误至少表现在以下两个方面:第一,明茨伯格等人把定位片面地理解为"市场位置"。在明茨伯格等人的解读中,定位就是市场中基本的、特别常用的、可以辨别的位置,占据这些市场位置的企业比行业中的竞争对手能够获得更高的利润。这样的解读是错误的。这是因为,波特的定位不是"市场位置",而是"企业行为",即企业"做什么"和"如何做"。第二,明茨伯格等人把定位孤立地理解为"静止状态",认为定位是"在那儿",而不是"去那儿"。这样的解读也是错误的。这是因为,波特的定位不是"静止状态",而是企业"想要达到的未来状态",以及"如何达到未来状态"。总之,亨

---

① 亨利·明茨伯格等.战略历程:纵览战略管理学派[M].刘瑞红等译.北京:机械工业出版社,2001:72.

利·明茨伯格等人将波特的定位理解为企业在行业中的"静态的""位置",这是对定位的最严重的误解之一。另外,这一解读对学术界、企业界、咨询界等关于定位的认识产生了极大的误导。

需要强调指出的是,波特的定位绝不是指行业中的一个有形的"市场位置",如全球领导者、跟随者、区域领导者、拾遗补阙者等,或一个具体的市场空间,如一类特定的顾客群体,或一个特定的区域市场。即使这类市场具有诱人的利润潜力,被称为利基市场,它们也不是波特所讲的定位。波特的定位也不是指一种令人羡慕的"领先地位",或经济学所说的企业的"市场势力"。即使这种"领先地位"或"市场势力"意味着很大的企业规模或很高的市场份额,能为企业带来可观的利润回报,它们也不是波特所讲的定位。

实际上,波特的定位作为动词,就是战略选择;作为名词,就是选定的某种基本战略。即定位就是在三种基本的竞争战略中选择其一,且仅能选择其一。这三种基本的竞争战略是:总成本领先战略、差异化经营战略、市场聚焦化战略。之所以要在三种基本竞争战略中选择其一,是因为这三种基本竞争战略之间存在着逻辑上的冲突:如果企业试图同时实行总成本领先战略和差异化经营战略,那么,企业就将处于"夹在中间困境"情况下,企业注定是低利润的,或者无法达到本该达到的利润水平。[①]

总成本领先战略是波特在"经验曲线"概念的基础上总结提炼出来的,具有长期的、深厚的实践基础。20 世纪 60 年代,著名的波士顿管理咨询公司创始人之一布鲁斯·亨德森首先提出了"经验曲线"的概念。[②]这一概念在 20 世纪 70 年代得到了广泛的应用,伊戈尔·安索夫亦曾将这种成本导向的战略称为"成本最小化战略"。总成本领先战略要求企业一切以降低成本为中心,并在此前提下开展企业的全部经营活动,所有部门以及相关人员的工作也都要服务于降低成本的目标。实行总成本领先战略,企业就必须将总成本水平降低到行业中同类企业的最低水平,这样才能保证企业在广泛的市场上获得成本优势,企业所处的竞争地位才是有吸引力的竞争地位,企业经营成功也就有了持续、坚实、可靠的基础。

差异化经营战略是指企业通过为特定顾客群体提供差异化的产品或服务,以在全行业范围内获得整体意义上的经营特色。实行差异化经营战略可以有许多方式:树立独特的品牌形象、开发独有的专利技术、构建独特的营销网络、提供独特的顾客服务,如此等等。实行差异化经营战略就不能盲目追求市场份额最大化,有时还要以牺牲一定的市场份额为代价。差异化经营战略要求企业一切以创造特色为中心,并在此前提下开展企业的全部经营活动,所有部门及相关人员也都要服务于创造特色的目标。差异化经营战略要求企业为目标顾客提供与众不同或独一无二的产品或服务,这样才能保证企业在广泛的市场上获得特色优势,企业所处的竞争地位才是有吸引力的竞争地位,企业经营成功也就有了持续、坚实、可靠的基础。

---

① 迈克尔·波特.竞争战略[M].陈小悦译.北京:华夏出版社,2005:40.
② 卡尔·斯特恩,小乔治·斯托克编选.公司战略透视[M].波士顿顾问公司译.上海:上海远东出版社,1999:17.

市场聚焦战略是指企业主攻某个特定的顾客群体、某个产品系列的一个细分区段、某个特定的区域市场。这意味着,实行市场聚焦战略可以有很多形式。实行市场聚焦战略的前提条件是,在特定市场上,企业能够以更高的效率、更好的效果提供某种特定的产品或服务,从而超过服务于广泛市场的竞争对手。例如,某运动鞋企业专门为全国广大的户外运动爱好者提供户外运动鞋,并以质量精良、品牌卓越而赢得了户外运动爱好者的喜爱;某生鲜超市位于沿海城市,凭借优越的地理位置、稳定的货源供应、丰富的市场经验为本地市民提供多品种特色海鲜产品,并赢得了与全国性连锁超市的竞争。市场聚焦战略要求企业聚焦于特定市场,以便在为特定细分市场提供产品或服务时,获得特色优势或成本优势,这样,企业所处的竞争地位才是有吸引力的竞争地位,企业经营成功也就有了持续、坚实、可靠的基础。

波特借鉴肯尼斯·安德鲁斯在《公司战略概念》中关于相关问题的论述,提出了战略的逻辑一致性检验。第一,内部一致性:这些目标可以共同达到吗?主要经营方针是否体现了要达到的目标?主要经营方针之间是相互促进的吗?第二,环境适应性:目标与方针是否抓住了环境变化中的机遇?在处理环境变化中的威胁(包括遭到竞争性反击的风险)时,目标与方针是否在资源允许的范围内?目标与方针在时间安排上是否反映了环境对其行动的吸收能力?这些目标与方针是否与社会的广泛关注相适应?第三,资源适应性:相对于竞争对手而言,目标与方针是否与公司可获取的资源相匹配?目标与方针的安排是否反映了组织的应变能力?第四,沟通与实施:目标是否被主要执行人员充分理解?目标和方针与主要执行人员的价值标准是否协调一致以保证任务的执行?是否具备足够的管理能力来保证战略得到有效的贯彻执行?[1]

从资源价值的角度看,只有明确了企业的定位,即在三种基本竞争战略中作出明确的选择,资源配置决策才有充分的依据。正如伊迪丝·彭罗斯所说,资源本身并没有价值,只有当管理者将资源运用于企业经营过程中,才能使企业资源真正转变成企业成长的资源。[2]因此,只有管理者明确了企业的战略定位,资源配置才有了明确的配置方向,资源的相对价值才被潜在地确定了。例如,一旦企业选择了总成本领先战略,那么,一个擅长开发独特的、具有高附加值的产品的研发团队的价值,就低于一个擅长工艺创新、优化生产流程的研发团队;相反,一旦企业选择了差异化经营战略,那么,一个擅长开发独特的、具有高附加值的产品的研发团队的价值,就高于一个擅长工艺创新、优化生产流程的研发团队。

从顾客需求的角度看,企业在最基本的经营意义上是为了满足顾客的需求与偏好而存在的。如果企业选择了总成本领先战略,那就意味着企业是要满足广泛市场上的顾客需求,而这类顾客是价格敏感型的,更看重产品或服务的性价比。因此,企业必须优先考虑降低成本,直至与同行企业相比总成本是最低的,这样才能获得相对于竞争对手的成本优势。也许有人表示质疑,难道看重性价比的顾客不希望获得更高的附加值吗?当然

---

[1] 迈克尔·波特.竞争战略[M].陈小悦译.北京:华夏出版社,2005:6(绪论).
[2] 伊迪丝·彭罗斯.企业成长理论[M].赵晓译.上海:上海三联书店,上海人民出版社,2007:25.

不是。只是说，企业应该优先考虑满足顾客对性价比的追求。如果在不影响企业总成本领先地位的情况下，为顾客提供高附加值的产品或服务，顾客当然十分乐意，甚至还可能产生"顾客惊喜"，从而提高顾客的满意度和忠诚度。但是，如果由于提高产品或服务的附加值，导致企业总成本领先地位丧失，那就使企业失去了成本优势，企业也就无法应对行业中的五种竞争力量了。

同样，如果企业选择了差异化经营战略，那就意味着企业是要满足广泛市场上的特定顾客的需求，而这类顾客是非价格敏感型的，更看重产品或服务的高附加值。因此，企业必须优先考虑提高产品或服务的附加值，这就需要企业创建产品或服务的独特性，并获得顾客的认可和接受，这样才能获得相对于竞争对手的特色优势。也许有人对此表示质疑，难道追求高附加值的顾客不希望付出较小的代价吗？当然不是。只是说，企业应该优先考虑满足顾客对附加值的追求。如果在提供了顾客所期望的高附加值的情况下，为顾客节约成本，顾客一般是十分乐意的，这无疑会提高企业产品或服务的市场竞争力。但是，如果由于希望降低产品或服务的价格，以便提高产品或服务的市场竞争力，从而影响顾客对高附加值的认可和接受，那就会使企业失去特色优势，企业也就无法应对行业中的五种竞争力量了。

从营利潜力的角度看，处于"夹在中间困境"的企业几乎很难获得高利润。这是因为，如果企业在实行差异化经营战略的同时实行总成本领先战略，或者在实行总成本领先战略的同时实行差异化经营战略，那么，企业将无法获得竞争优势。就前一种情况而言，企业无法获得特色优势；就后一种情况而言，企业无法获得成本优势。无论哪一种情况，只要企业缺乏竞争优势，那么，企业就无法有效地应对行业中的五种竞争力量，也就无法获得高于行业平均水平的利润。例如，对于一个实行总成本领先战略的企业而言，如果企业试图同时追求差异化经营战略，以便为顾客提供高附加值的产品或服务，那么，这种行为势必会影响企业的资源配置决策，进而影响企业在行业中的成本领先地位。换言之，企业就无法成为行业中总成本最低的企业。当上游供应商要求提价时，企业并不像总成本最低的企业那样拥有更多的进退有据的余地。也就是说，在上游供应商的议价能力相对较强时，企业就比总成本最低的竞争对手面临更为窘迫的境况。类似的分析也同样适用于实行差异化经营战略的企业。

9.2 波特竞争优势思想

在理解和把握波特的战略概念后，还需要进一步理解和把握波特的战略思想。一方面，只有理解和把握波特的战略思想，才能发现波特对战略管理理论研究领域所做出的独特而卓越的贡献；另一方面，只有理解和把握波特的战略思想，才能真正发挥波特战略思想对企业战略管理实践所具有的巨大指导作用。

9.2.1 企业竞争战略的目的是经营成功

波特把企业经营成功作为企业竞争战略的目的。波特认为，所谓竞争战略，就是企业采取适当的竞争行动,使企业在行业中占据有利的竞争地位,以应对行业中的五种竞争力量,从而持久地获得超过行业平均水平的投资回报。[①] 从这个竞争战略的概念可以看出,衡量企业经营成功的标准是企业能够持久地获得超常回报。波特强调,不能孤立地衡量一个企业的经营业绩,而必须把它与企业的经济功能联系起来。企业的经济功能就是使产出的价值超过投入的成本。或者在最基本的意义上说,企业应该充分有效地利用资源创造价值。波特最看重的财务指标是投资回报率。投资回报率是企业产出价值与投入成本之比。在波特看来,投资回报率不仅是最能反映企业的经济功能的财务指标,而且是唯一能够体现竞争多维性的财务指标。[②] 所谓竞争多维性,至少包括两个方面的含义,一是指在产品市场上争夺顾客,二是指在要素市场上争夺资源。从投入产出的意义上说,企业必须通过更有效地创造顾客价值来争夺顾客,同时又要通过更有效地利用资源来争取让社会将资源投入企业。一个企业只有获得了理想的投资回报率,才能以可持续的方式在满足顾客需求的同时,满足社会对资源利用效率的要求。

在这方面,波特继承了弗雷德里克·泰勒的管理思想。弗雷德里克·泰勒正是在美国全社会要求提高资源利用效率的时代背景下开展科学管理研究的。当时,许多有识之士认识到提高物质资源利用效率的重要意义,并试图发起实现这一目标的大规模运动,但是,作为基本生产单位的工厂对如何提高资源利用效率既重视不够,也缺乏知识;而且工厂在人力资源上的浪费要比在物质资源上的浪费严重得多,但由于人们在这方面缺乏应有的认识,因而无动于衷。在这种背景下,弗雷德里克·泰勒认为,必须采用系统化管理模式来根治效率低下的顽症。在《科学管理原理》一书中,弗雷德里克·泰勒开宗明义,指出对企业而言,管理的主要目标应该是使雇主的财富最大化,同时也使每一位雇员的财富最大化。[③] 他还强调,财富最大化只能是生产率最大化的结果,因此,追求生产率最大化是雇主和雇员必须实现的共同目的。

同时,波特也接受了彼得·德鲁克在这方面的管理思想。首先,彼得·德鲁克将企业定义为"以满足社会需求为目的,把人们联合起来的社会机构"[④]。只有当企业能够满足社会需求,并通过满足社会需求来获得回报时,社会才会把资源交给企业。同时,企业产出价值必须大于投入成本,其差额即利润。只有当企业以一种能够获得利润的方式经营时,企业才能持续经营下去。因此,追求经济绩效是决定工商企业性质的最重要的原则,管理者在进行战略决策和采取行动时,必须始终将追求经济绩效放在首位,这是管理者的首要职能。[⑤] 如果管理者不能用社会交给企业的资源提高或至少保持其创造财富的能力,那么,这样的企业就会被社会所抛弃,这样的管理者就是失职的,就会导致管理失去其权威性和正当性。

也许是由于波特对企业生产率和企业经营成功的强调,波特常常被人批评不重视人

---

① 迈克尔·波特.竞争战略[M].陈小悦译.北京:华夏出版社,2005:33.
② 琼·玛格丽塔.竞争战略论:一本书读懂迈克尔·波特[M].蒋宗强译.北京:中信出版社,2012:50.
③ 弗雷德里克·泰勒.科学管理原理[M].马风才译.北京:机械工业出版社,2007:3.
④ 彼得·德鲁克.公司的概念[M].罗汉等译.上海:上海人民出版社,上海社会科学院出版社,2002:1(新版前言).
⑤ 彼得·德鲁克.管理的实践[M].齐若兰译.北京:机械工业出版社,2018:7.

的因素。许多人认为,在波特的企业竞争战略理论中,常常见到的都是行业结构、竞争战略、竞争地位、竞争优势、价值链等内容,却很少有关于人的作用和人的心理因素的分析。即使是对管理者,其作用也仅仅在于对经营环境的分析和竞争战略的选择。其实,这类批评是对波特的一个极大的误解。的确,弗雷德里克·泰勒和彼得·德鲁克两位大师都十分强调发挥人的作用。弗雷德里克·泰勒认为,优秀的管理应该是系统地培养和造就人才。所谓"系统地培养和造就人才",是指人才的培养和造就必须落实在企业制度层面。换言之,企业不应该单纯忙于"搜寻人才",而应该将重点放在"培养人才"上。在弗雷德里克·泰勒看来,"过去,人是第一位的;未来,制度是第一位的"。"任何先进制度的首要目标都是造就一流的人才"。与此相呼应的是,彼得·德鲁克也认为,"管理者的首要任务就是把企业资源的潜力挖掘和发挥出来,消除一切可能存在的弱点,只有这样才能创造出一个真正的整体"[1]。其中,人力资源是一种特殊的、最具有潜力的资源,如何发挥人力资源的作用是管理者面临的最严峻挑战之一。彼得·德鲁克还认为,如何挖掘和发挥知识工作者的潜力和作用,是21世纪最重大的管理挑战。[2]

毋庸置疑,波特同样强调人的作用。波特的逻辑是,只有正确的目标才能引导人的正确行为。显然,组织目标以及如何根据组织目标来衡量经营业绩,对于组织成员的心理和行为具有重要的影响。组织目标不但影响管理者所作的决策,而且会影响员工的日常行为。在工商企业界,流传着"你考核什么,员工就会做什么"或"你考核什么,就会得到什么"的说法。相反,如果组织设定了错误的目标,或者设定了具有误导性的目标,那么,企业就不可能希望员工产生帮助企业经营成功的行为。正因为如此,波特才选择了投资回报率作为衡量企业经营成功的最重要的指标。因为该指标既反映了企业价值创造的水平,也反映了资源利用的效率,而且还反映了企业中人力资源包括管理者和员工的工作成效。换言之,作为行动主体的人在利用资源、创造价值的过程中,实现了自己的价值。从这个意义上说,没有什么比波特的"正确的目标引导人的正确行为"更加反映其"以人为中心"的观点了。

9.2.2 企业经营成功的前提是具有竞争优势

在竞争性市场上,企业取得经营成功并不是一件容易的事,需要付出艰苦的努力。但是,一个不争的事实是,在经营过程中,有的企业事半功倍,有的企业则事倍功半。换言之,并不是付出艰苦的努力就能保证企业经营成功。在经营过程中,企业常常陷入的一个行为误区是,首先制定企业经营的目标,然后精心设计实现这一目标的方法和途径,并且把这个结果统称为战略。例如,艾尔弗雷德·钱德勒将战略定义为"企业长期基本目标的决定以及为实现这些目标必须采纳的行动方针和资源分配"[3];肯尼斯·安德鲁斯认为,"企业总体战略是一种决策模式,它决定和揭示企业的目的和目标,提出实现目

---

[1] 彼得·德鲁克. 管理的实践[M]. 齐若兰译. 北京:机械工业出版社,2018:12.
[2] 彼得·德鲁克. 21世纪的管理挑战[M]. 朱雁斌译. 北京:机械工业出版社,2006:119.
[3] 艾尔弗雷德·钱德勒. 战略与结构[M]. 孟昕译. 昆明:云南人民出版社,2002:15.

和目标的重大方针与计划,确定企业应该从事的经营业务,明确企业的类型"①。这种观点几乎已经被广泛地接受。弗雷德·戴维在其广受欢迎的教材《战略管理》中干脆将战略定义简化为"实现长期目标的方法"②。

其实,这样的观点是极具误导性的,从根本上说是错误的。目标制定的前提是企业已经决定了从事什么样的业务,否则就无从谈论目标了。问题就在于,这个业务经营的决策是正确的吗?如果连前提都未必正确,如何能保证目标是正确的呢?事实上,做哪些业务恰恰是企业战略的核心内容。伊戈尔·安索夫认为,战略问题就是决定公司现在做哪些业务,将来准备涉足哪些业务。③该观点与彼得·德鲁克的观点是完全一致的。彼得·德鲁克指出,作为企业决策者所要考虑的战略问题包括:企业的业务是什么?应该是什么?为什么?④即使企业已经进入某一或某些业务领域,管理者也必须明白,任何业务都有寿命周期,要想长期经营下去都是不可能的,因此,管理者关于业务经营的任何决策从作出的那一刻起就开始过时了。⑤例如,手机生产商的手机业务在每一阶段都是不同的。且不说智能手机与功能手机相比所发生的革命性变化,即使是智能手机业务,也因为消费者需求与偏好的变化而不断发生变化。

无论企业是准备进入或者是已经进入某一(某些)业务领域,管理者都不能首先制定目标,然后制定所谓的企业战略。即使许多企业制定了令人激动的目标,并且通过努力也实现了目标,这种做法也不符合战略管理的逻辑,它只是误打误撞、碰巧成功而已,管理者并不知道自己为什么能成功。著名畅销书作家吉姆·柯林斯就提倡企业应该制定宏大的目标,认为这是一个促进企业发展的有力手段。不过,吉姆·柯林斯在《基业长青》一书中也指出,并不是愿景型企业就可以追求所有的宏大目标,同样重要的问题是:这种目标符合企业的核心理念吗?⑥因此,管理者绝不能被目标所牵引和误导,目标应该是目的导向下的目标,是为了追求目的而设计出来的。在现实中,我们可以观察到大量这样的情况:许多企业殚精竭虑实现了经营目标,然而,这些企业却垮台了。例如,根据克莱顿·克里斯坦森的研究,许多行业中的领导企业就是在理性分析的基础上制定了貌似十分正确的目标,并且付出了艰苦的努力实现了这些目标,结果,它们最终却不知所以、无可奈何地失去了霸主地位。⑦

即使在企业已经进入或准备进入某一(某些)行业的情况下,对管理者而言,制定目标也不是"理所当然的下一步"。这恰恰是绝大多数企业易犯的错误之一。许多管理者想当然地认为,既然企业已经进入或准备进入某一(某些)行业,那么,制定和实现目标不正是管理者的职责吗!所谓的目标管理模式不正是通过目标来管理管理者的吗!诚然,

---

① 亨利·明茨伯格等.战略过程:概念、情境、案例[C].徐二明译.北京:中国人民大学出版社,2012:79.
② 弗雷德·戴维.战略管理:概念与案例[M].北京:清华大学出版社,2010:25.
③ 伊戈尔·安索夫.新公司战略[M].曹德骏等译.成都:西南财经大学出版社,2009:1965年版序.
④ 彼得·德鲁克.管理的实践[M].齐若兰译.北京:机械工业出版社,2018:47.
⑤ 彼得·德鲁克.成果管理[M].朱雁斌译.北京:机械工业出版社,2009:12.
⑥ 吉姆·柯林斯.基业长青[M].真如译.北京:中信出版社,2002:后记.
⑦ 克莱顿·克里斯坦森.创新者的窘境[M].胡建桥译.北京:中信出版社,2010:29.

目标是重要的,没有目标就没有管理,但是,管理并不等于制定和实现目标。尤其是对于战略管理而言,管理者必须帮助企业获得竞争优势,制定和实现企业目标才有可靠的保障。在没有竞争优势的前提下制定和实现企业目标,无异于先将企业扔进市场竞争的大海中,然后再来寻找岛屿或海岸。那么,企业只能在大海中随波逐流,能否获得生存只能听天由命了。也许有些企业可以在大海中奋力搏击,站立潮头,最终到达成功的彼岸,但是,这种成功要么是企业付出了过于高昂的代价,要么是如杰伊·巴尼所说的"运气"使然。如今,对于任何管理者而言,制定和实现目标都已经成为一个流程化的任务了,如果管理者只是制定和实现目标,那么,管理活动的"创造性"体现在哪里呢?从深层次讲,即使管理者在制定和实现目标方面尽心尽力,但是,如果企业不能为企业预先获得竞争优势,这仍然是一种不负责任、不具职业素养的管理行为。

竞争优势是企业在竞争性市场中获得超常回报的前提条件。尽管竞争优势并不是波特首先提出的概念,但是,我们仍然可以说,关于竞争优势的思想,是波特对战略管理理论与实践做出的最杰出、最独特的贡献之一,它使企业战略管理思维与方法发生了根本性变化。波特发现,许多企业在追求快速成长和实行多元化经营的过程中,只是一味地贪多求快,并美其名曰"做大做强",却忽略了企业成功的前提条件,以至于企业在激进的发展过程中常常马失前蹄,这已经成为工商业世界中不忍直视的"景观"。企业存活率低是工商业世界中的残酷现象,以至于人们把"活着"作为企业战略的重要目标。即使对大型企业而言,亦有"活着不易"之痛。例如,曾经风光无限的柯达、诺基亚、摩托罗拉等公司早已破产。每年的世界500强榜单上大约有1/3的企业在下一年度不见踪影——已经被新的企业所替代。

对企业而言,无论是已经进入或准备进入某一(某些)行业,企业都必须具有竞争优势。这是因为,企业能否成功并不取决于自身目标是否宏伟远大,也不仅仅取决于企业与竞争对手之间的较量,而是主要取决于企业所在的或准备进入的行业的结构特征,即由五种竞争力量所构成的行业结构。这五种竞争力量包括:企业与现有竞争者的对抗性竞争、潜在进入者的威胁、供方议价能力、买方议价能力、替代品生产者的威胁。正是行业结构钳制了企业的竞争行动及其效果。也就是说,管理者不能单纯地考虑如何制定和实现企业目标,更不能单纯地考虑如何打败或消灭竞争对手,而必须首先考虑如何在特定的行业结构条件下,帮助企业获得竞争优势。只有当企业具有了竞争优势,企业才能应对来自现有竞争对手的对抗性竞争,才能应对来自潜在进入者的威胁,才能应对替代品生产者的威胁,才能应对供方议价能力的作用和买方议价能力的作用,才能使企业目标的制定和实现具备可靠的保障,才能使企业获得可持续的营利性成长。否则,制定和实现宏大目标的行动不过是一场"赌博"而已。

9.2.3 竞争优势不是比竞争者做得更好

企业竞争战略制定与实施的目的是帮助企业获得和保持竞争优势。波特的战略思想就是他的竞争优势思想。无论是学术界还是企业界,对于这一点的认识几乎是一致的,甚至有些学者把波特的竞争战略理论称为竞争优势理论。但是,人们对竞争优势的概念内涵存在着种种认识上和行为上的误区。固然,竞争优势是相对于竞争对手而言的,但是,竞争优势无法通过采取针对竞争对手的行为来获得和保持。如前所述,企业需要应对的是行业中的"扩展竞争",即企业需要应对的是行业中的五种竞争力量及其相互作用关系。然而,在现实中,人们却常常把获得和保持竞争优势理解为打败或消灭竞争对手,实际上,这样的认识和行为是极其错误的,也是非常有害的。还有一种更广泛的理解是,获得和保持竞争优势就是要比竞争对手做得更好。实际上,这样的认识和行为也是十分错误和有害的,但它往往更不易为人们所察觉。琼·玛格丽塔将这种行为称为"争做最好综合征"[1]。

"争做最好综合征"的一大症状是,企业偏执地认为只有比竞争对手做得更好才能取得领先地位。或者说,在绝大多数人看来,企业不只是应该做得更好,而是应该"争做最好",才能在竞争性市场上获得成功。琼·玛格丽塔如此描述:人们经常听到管理者要求其下属成为"最好",也经常听到许多企业声称他们制造的产品"最好",提供的服务"最好",吸引的人才"最好",还经常会听到公司高管向新闻媒体或社会公众表达"我们将成为行业最好"的雄心壮志,等等。总之,对企业而言,"争做最好"是参与市场竞争的全部意义所在。许多人把竞争比喻为战争或竞技体育,"商场如战场"就是一则人们耳熟能详的商业格言,"孙子兵法与企业竞争战略"之类的书籍或讲座颇受人们的欢迎,奥林匹克运动的宗旨"更快、更高、更强"也在商业领域受到大力推崇,"夺取冠军"几乎已经成为每个企业的"奥林匹克梦想",等等。

"争做最好综合征"的常见表现是"成为第一"。例如,美国通用电气公司前CEO、被誉为"世界最佳CEO"的杰克·韦尔奇在上任之初提出了著名的"数一数二原则",即如果一个业务单元不能在规定的时间内成为行业中的第一名或第二名,那么,该业务单元就将被整顿、出售或关闭。该原则不但在通用电气公司内部产生了震撼效应,而且也在世界范围内产生了广泛影响。许多行业中的企业挤上了"争做最好"的"独木桥",使得企业间的竞争日趋激烈,甚至达到白热化的程度。有人把这种竞争称为"超级竞争"。[2]

能够证明"争做最好综合征"的一个概念是"最佳实践"(best practice)。这一概念的基本内涵是,存在某种活动、技术、方法、过程或机制可以使生产或管理实践的结果达到最优水平。"最佳实践"的概念之所以十分流行,是因为该概念存在一个隐含假设,即那些已经在别处产生显著效果的"最佳实践"也能适用于此处。因此,"最佳实践"常常被企业用来作为一种强制性标准以保证生产经营活动的质量,其最重要的应用价值就是可以使企业及其员工进行自我评估,以推动组织变革计划或质量改进计划的实施。"最佳实践"也是ISO9000和ISO14001认证的管理标准。"最佳实践"概念在世界上的影响也是十分巨大的。例如,"国际最佳实践管理联盟"每年发布《国际最佳实践管理指南》,目的

---

[1] 琼·玛格丽塔.竞争战略论:一本书读懂迈克尔·波特[M].蒋宗强译.北京:中信出版社,2012:5.
[2] D'Aveni R. A. *Hypercompetition*: *Managing the Dynamics of Strategic Maneuvering*[M]. New York: Free Press, 1994.

在于指导企业学习和推广最佳实践,从而使优秀企业的"最佳实践"得以世界范围内广泛传播。在现实中,"最佳实践"已成为一种企业管理模式。随着现代科学技术的发展,"最佳实践"的扩散速度越来越快,企业很快就需要创造新的"最佳实践",这也促使"更好的最佳实践"(better best practice)概念的出现。

另外一个能够证明"争做最好综合征"的概念是"标杆管理"或"标杆竞争"(benchmarking),有时也称为"基准管理"或"基准竞争"。在中国企业界,"标杆管理"常常被简称为"对标"。"标杆管理"诞生于1979年,由美国施乐公司首创,已被认为是企业管理活动中促进企业不断改进和获得竞争优势的最重要管理方式之一。"标杆管理"的一个隐含假设是,改进组织绩效的有效方法来源于组织外部的许多优秀组织。这正如"黄金是从冶炼厂提炼、加工而得,而不是从矿山中挖出来的"一样。"标杆管理"的内涵就是系统地总结和提炼其他企业中完善的管理机制与制度、高效的运作流程与组织、先进的实践活动与方法,并以此为"标杆",在企业范围内开展组织学习,促进企业经营业绩的提升。"标杆管理"不乏成功的践行者,如杜邦、通用电气、福特汽车、IBM等著名大公司都曾在日常管理活动中应用"标杆管理"。在中国,海尔、联想、万科、李宁等知名企业也都通过实行"标杆管理"提高经营业绩。

尽管"争做最好"可以在短期内帮助企业提高经营业绩,但是,"争做最好"与战略的本质背道而驰。的确,竞争优势是相对于竞争对手而言的,但企业追求竞争优势不是"争做最好",而是通过定位获得有利的竞争地位,比竞争对手能够更好地应对行业的"钳制作用",获得超过行业平均水平的回报。在许多企业看来,竞争是一种零和游戏,只能是你输我赢的结果;或者说,竞争是另一种形式的战争,只能是你死我活的结局。实际上,这是非常错误的,也是非常有害的。与战争只有一个赢家或竞技体育只有一个冠军不同,在商业领域,企业完全可以在不必打败或消灭竞争对手的前提下获得经营成功。例如,沃尔玛数十年来一直是连锁超市业的王者,近20年来更是一直占据《财富》500强榜首。尽管沃尔玛非常成功,在折扣零售业所向披靡,业内甚至有"5公里死亡圈"的说法,即在沃尔玛店面周围5公里范围内其他卖场将没有生存空间,但是,著名百货公司塔吉特并没有成为沃尔玛攻城略地的牺牲品。两家企业针对不同的客户群体,提供不同种类、特色各异的商品,分别满足了各自客户的需求与偏好。尽管如此,许多人仍然认为,这只是个案,而不是普遍现象。

"争做最好综合征"存在许多严重的后果。第一个严重后果是,如果一个组织将"争做最好"设定为自己孜孜以求的目标,那么,它从一开始就给自己设定了一个根本无法实现的目标。这是因为,在几乎所有的商业领域,根本就没有所谓的"最好":没有最好的汽车,没有最好的电脑,没有最好的手机,没有最好的服装,等等,只有能够满足不同顾客需求的产品。琼·玛格丽塔曾经以机场候机区座椅为例说明根本没有"最好"的产品。不同的机场有不同的需求;有的机场想促使候机旅客去购物,因此它们不想要那些让人十分舒适的座椅;有的机场需要灵活安排候机区,因此不需要固定的长排座椅;等等。机场座椅并无优劣之分,当然也就不存在"最好"的座椅。事实上,对于同一种产品或服务,不同的顾客会有不同的评价。一个喜欢自拍的顾客偏爱像素高的手机,一个喜欢听音乐的顾客对手机音质要求高,一个喜欢打手游的顾客当然要求手机"不卡",一个长期出差的销售员会选择待机时间长的手机,等等。

第二个严重后果是,"争做最好"为企业设定了走向衰落的单行道,即企业以比自己更好的竞争对手为参照,制定赶超目标并落实于企业的所有经营活动。"目标不达,赶超不止。"就这样,企业不断地追赶竞争对手,从而出现越来越严重的竞争趋同,市场竞争也将越来越激烈。可以说,企业"争做最好"正是造成企业"越来越糟"的原因。从技术的角度看,"争做最好"导致企业只能在维持性技术上不断加大投入,为顾客提供过度服务,而无法或不愿分身投入颠覆性技术,以至于在颠覆性技术占据市场时,企业无能为力。克莱顿·克里斯坦森研究发现,许多行业中的领先企业为了"争做最好",对它们的主流客户言听计从,在那些能为主流客户提供它们所需的更多、更好产品的新技术上投入巨资,因为这样做能使企业得到最大的回报,但最终的结果却是企业由于忽视颠覆性技术而失去了领先地位。这使得克莱顿·克里斯坦森得出了一个令人震惊的结论,即完美无缺的管理正是那些大公司失去市场领先地位的原因。①

第三个严重后果是,"争做最好"将会导致企业落入"零和竞争"的陷阱。"争做最好"的内涵是,企业不但要克服自身存在的缺点,而且要学习竞争对手的成功做法。在效率竞争的意义上,这当然是一种可取的做法。但是,如果把这种做法当做战略竞争的手段,那就将会给企业带来灾难性的后果。②这是因为,如果参与竞争的各方都秉持"争做最好"的竞争理念,那就不可避免地出现产品雷同甚至企业克隆的现象。其结果必然是,为了"争做最好",企业间将会导致一种"零和竞争"的局面。换言之,当市场上的企业提供相同或相似的产品或服务时,一家企业的收益是以另一家企业的损失为前提的。琼·玛格丽塔以美国民航业为例说明了这一现象及其结果。美国航空公司为了争取旅客而在纽约到迈阿密的航班上提供免费用餐服务,达美航空公司被迫效仿,这样一来,就导致两家公司面临的竞争态势恶化,使它们背负更高的成本,但是谁都无法提高机票价格,而且乘客数量以及满座率也不会因为这个举措而自动提高。

第四个严重后果是,"争做最好"最终将伤害消费者的利益。众所周知,在经济学理论中,完全竞争是促进社会福利最大化的有效途径。在竞争压力下,企业不得不致力于持续提高效率、削减成本,最终降低产品或服务的价格,从而使消费者获得更多的"消费者剩余"。但是,如果企业之间相互模仿,导致产品或服务雷同,也许价格会降低,消费者的确会获得更多的"消费者剩余",但在同时,消费者也会丧失选择的自由,换言之,在同质化产品市场上,除一些消费者之外,其他消费者将无法满足自己个性化的需求,这或许并不是这些消费者所希望得到的结果。当顾客的选择自由受到限制时,顾客价值也就降低了。在没有选择的情况下,顾客也许会继续购买,但一旦有了新的选择,顾客会毫不犹豫地背离企业。

---

① 克莱顿·克里斯坦森.创新者的窘境[M].胡建桥译.北京:中信出版社,2010(封面语).
② 迈克尔·波特等.日本还有竞争力吗?[M].陈小悦等译.北京:中信出版社,2002:116.

9.2.4 有效定位本身就是企业竞争优势

定位有两个含义：一是作为动词的定位，是指管理者的战略决策活动，即管理者为企业选择基本竞争战略，以便企业能够应对行业中的五种竞争力量，获得超常回报；二是作为名词的定位，是指企业的竞争战略，目的是使企业在行业中获得进退有据的竞争地位。当管理者为企业进行定位，或者说，企业在行业中获得了某种有吸引力的竞争地位，那么，企业的定位本身就是企业的竞争优势。如前所述，定位是管理者为企业选择了某种基本竞争战略，这种基本竞争战略可以使企业在相应的市场范围内获得相应类型的竞争优势。换言之，企业的定位并不是由市场范围和优势类型决定的，而是相反，当战略管理者为企业选择某种基本竞争战略，就意味着企业可以在相应的市场范围获得相应类型的竞争优势。

(1) 定位是企业应对五种竞争力量的重要基地

从管理者的战略决策活动的角度讲，定位就是为企业在三种基本竞争战略中选择其一，这三种基本竞争战略包括总成本领先战略、差异化经营战略、市场聚焦战略。每种基本竞争战略在最广泛的意义上为企业经营设定了未来发展的方向，企业的所有部门和人员必须围绕这一方向协同努力，所有资源配置决策都必须在这一方向指导下进行，这样，企业才能成为一个方向明确而又具有凝聚力和竞争力的组织。

从企业定位的角度来讲，定位是企业在行业中所处的进退有据的竞争地位。需要说明的是，企业在行业中所面临的竞争其实是一种"扩展竞争"——除了通常意义上的竞争对手外，企业还面临潜在进入者、供方、买方、替代品生产者的竞争。这五种竞争力量会在不同情况下显现出它们各自的重要性。因此，定位就是企业要能获得一种有利的竞争地位，从而有利于企业应对行业对企业经营行为及其效果的"钳制作用"。

对实行总成本领先战略的企业而言，企业经营的总成本相比于行业中的竞争对手是最低的，这样，尽管在行业中存在五种竞争力量的钳制，但是企业仍然可以获得超过行业平均水平的回报。这是因为，总成本领先战略意味着企业在广泛的市场上获得了成本优势，这种成本优势使企业在面对行业中五种竞争力量的"扩展竞争"时受到了保护。企业的成本优势意味着，当行业中的竞争对手在竞争过程中已经无法获得利润时，企业仍然可以获得利润；成本优势为企业在面临强大的买方威胁时提供了"缓冲"，因为买方最多只能将价格压低到经营效率居于其次的竞争对手的水平；成本优势也为企业在面临强大的卖方威胁时提供了"缓冲"，因为成本优势使企业在应对卖方的涨价压力时具备了很高的灵活性；成本优势还可以使企业在与替代品生产者竞争时处于比行业中竞争对手更加有利的地位。

对实行差异化经营战略的企业而言，它通过为其顾客提供与众不同或独一无二的产品和服务而获得特色优势。这样，企业的特色优势意味着，企业可以根据产品或服务的高附加值向顾客索取高价格，从而实现增加利润的目标而不需要通过降低成本的方法。尽管在行业中存在五种竞争力量的钳制，但是企业仍然可以获得超过行业平均水平的回报。这是因为,差异化经营战略意味着企业在广泛的市场上获得了特色优势,这种特色优势使企业在面对行业中五种竞争力量的"扩展竞争"时受到了保护。企业可以利用客户对其品牌的忠诚以及由此产生的对价格的敏感性下降来规避与行业中竞争对手的对抗性竞争;客户的忠诚以及竞争对手要抵消这种"独特性"就必须付出的代价构成了很高的进入壁垒,从而抵御了潜在进入者的威胁;企业产品或服务的"独特性"可以为企业带来较高的收益,从而可以使企业应对供方压力和买方压力;特色优势使企业在面临替代品生产者威胁时,可以处于比行业中竞争对手更加有利的地位。

对实行市场聚焦战略的企业而言,它通过以更好的效果、更高的效率为某一特定的市场提供产品或服务,从而获得相对于在广泛市场上提供产品或服务的竞争对手的聚焦优势。换言之,在特定的市场上,企业比竞争对手更有优势。这种特定市场可以是某个特定的顾客群体、某个产品系统中的子产品或某个地区市场。这种通过聚焦于特定市场而获得的优势就是聚焦优势。获得聚焦优势的企业根本不同于那些在市场份额竞争中败下阵来的企业,前者在生产经营方面拥有更好的效果和更高的效率,后者则是两方面都比较平庸的企业。如果把实行总成本领先战略或差异化经营战略的企业比喻为"强龙"的话,那么,实行市场聚焦战略的企业就可以被比喻为"地头蛇"。在特定的市场上,"强龙不压地头蛇"。实行市场聚焦战略的企业可以通过为特定市场提供具有高附加值的产品或服务而获得聚焦下的特色优势,也可以通过降低生产经营过程中的总成本而获得聚焦下的成本优势。因此,这类企业可以有效地应对行业中的五种竞争力量。实行聚焦战略的企业还有一个有利之处是,这类企业可以同时追求特色优势和成本优势,而不像"强龙"企业只能作出非此即彼的选择。这是因为,在特定的市场上,追求成本优势和追求特色优势并不存在逻辑上的冲突。换言之,企业追求成本优势并不必然以牺牲特色优势为代价,同样,企业追求特色优势也并不必然以牺牲成本优势为代价。尽管如此,市场聚焦战略也会面临管理上的挑战:在通常情况下,市场聚焦战略要求企业必须放弃对市场份额的追求,否则,企业将失去在特定市场上获得的优势,以至于在更大的市场范围内沦为一个平庸的企业。正如波特所指出的,"市场聚焦战略必然地包含着利润率与销售量之间互为代价的关系"[1]。

(2) 定位是企业获得长期超常回报的前提条件

对企业而言,顾客是企业利润的唯一来源。德鲁克认为,企业经营的唯一有效的定义是创造顾客。[2]不仅如此,德鲁克还认为,在企业内部,根本没有所谓的利润中心,真正的利润中心只有一个,那就是顾客的钱包。由此可见,顾客在企业经营过程中占据着无与伦比的重要地位。换言之,企业要获得利润,就必须为顾客提供其所需要的产品或服务。其实,这本是一个基本的甚至是简单的商业原理。早在 1776 年,亚当·斯密就在《国富论》中指出,一个面包师想赚钱,就必须为人们提供美味可口的面包;一个酿酒师想赚钱,就必须为人们提供芳香诱人的美酒;等等。德鲁克的成果管理思想与亚当·斯密

---

[1] 迈克尔·波特.竞争战略[M].陈小悦译.北京:华夏出版社,2005:39.
[2] 彼得·德鲁克.管理的实践[M].齐若兰译.北京:机械工业出版社,2018:35.

的这一思想也是一致的。德鲁克认为，当然，"想赚钱"和"能赚钱"是本质不同的两个方面。德鲁克在《公司的概念》中对此作了区分："想赚钱"是人（一般指企业家或管理者）的"营利动机"，而"能赚钱"是企业或业务的"营利性"。①

所谓"营利性"，是指企业从事业务经营活动既是有效果的，又是有效率的，在本质上可以理解为企业的"可存活性"或"存活能力"（viability）。需要强调的是，不能把"营利性"和"营利动机"混为一谈。"营利动机"是人（即企业家或管理者）从事经济活动——创办和经营企业的原因，他们通过投资或经营企业来追逐利润，实现他们的"营利动机"，"营利性"是业务经营的主体——企业应当遵循的原则，两者根本不应混为一谈。企业作为业务经营的主体，毫无疑问要为其顾客创造价值。但是，对管理者或企业家而言，他们必须通过决策或管理让企业用可营利的方式为顾客创造价值，以便使企业能从外部获得利润，即具有"营利性"。②通俗地讲，一个人如果想赚钱——即具有了"营利动机"，就会创办和经营企业，企业从事的业务是为顾客提供产品或服务。如果顾客需求得到了满足，则企业的业务经营对顾客是有意义的；如果企业的业务经营是可营利的，则这样的业务经营对企业是有意义的，企业也就具有"营利性"；而这个想赚钱的人通过创办和经营具有"营利性"的企业满足了其"营利动机"。

当然，任何一个企业或任何一项业务并不是因为有了满足顾客需求的良好愿望就可以成功的，它还需要应对来自竞争对手的竞争。亚当·斯密也指出，面包师或酿酒师并不是想赚钱就能赚到钱的，这是因为，他们要能赚到钱，就必须让人们接受他们的面包或酒，用现代语言来讲，就是必须让顾客购买，而这必然使他们的面包房或酿酒坊面临市场竞争，这将迫使他们必须做出更加美味可口的面包或更加芳香诱人的美酒，即面包房或酿酒坊必须不断地提高质量、降低成本，才能得到顾客的认可和接受，才能在市场的竞争中获得持续生存和发展。作为经济学家、具有经世济民情怀的亚当·斯密从社会的宏大视角热情地讴歌了这一现象。他指出，当人们尽量为自己获得更多的物质利益，并且这样做不受阻碍时，他们最终共同使社会受益，即使那不是他们的目的。斯密用"看不见的手"来解释合理追求个人利益最大化将怎样导致竞争，竞争转而为整个经济体系带来高额产出和收入，并为社会创造财富。斯密将这一自我调节的过程看作上帝为社会和谐创造的一条自然规则。

还需要指出的是，任何一个企业或任何一项业务并不只是要应对来自竞争对手的竞争，它还需要应对来自行业中其他多种竞争力量的竞争，如供方的议价能力、买方的议价能力、潜在进入者的威胁和替代品的威胁，这就是波特所谓的"扩展竞争"。波特认为，一个行业内部之所以竞争激烈，这既不是因为偶然的巧合，也不是因为"坏运气"。相反，行业内部的竞争强度根植于其基础经济结构，并且远远超越现有竞争者的行为范畴。事实

---

① 彼得·德鲁克.公司的概念[M].罗汉等译.上海：上海人民出版社，上海社会科学院出版社，2002：187.
② 非营利性企业在服务顾客的过程中，同样必须用有效率的方式为顾客提供服务，同样要追求竞争优势，否则将无法获得生存和发展，因而同样必须具有"营利性"。1989年，德鲁克在《工商企业可以向非盈利性企业学习什么》一文中分析了非营利性企业做得比工商企业更出色的方面，并号召工商企业向非营利性企业学习这些方面。

上,一个行业内部的竞争强度取决于五种竞争力量,这五种竞争力量的综合作用从根本上决定了行业的最终营利潜力。[1]需要说明的是,第一,所谓行业的最终营利潜力是以长期投资回报来衡量的,不是所有的行业都有相同的最终营利潜力;第二,最终营利潜力会随着五种竞争力量的合力的变化而发生根本性变化;第三,每种竞争力量随行业不同而表现出不同的强度。关于"扩展竞争"的研究成果是波特的定位概念和竞争优势思想的重要基础,也是波特做出的最卓越的贡献。

面对"扩展竞争",企业必须进行有效的定位。定位的目的是使企业在行业内部处于有利的竞争地位,通过抵御五种竞争力量的作用而使企业受到保护,或者企业能够根据自己的意愿来改变或影响五种竞争力量。由于五种竞争力量的合力对于行业中的所有竞争者都是显而易见的,因此,定位的关键就是要深入到表象之后分析竞争压力的来源,从而突出地呈现企业的主要优势和劣势,进而在此基础上进行定位,即在三种基本竞争战略中选择其一,以便企业能够有效地应对五种竞争力量的作用,获得超过行业平均水平的回报。

需要强调的是,定位是企业的战略性竞争行动,具有目的明确性、内部一致性、不可模仿性等特点。所谓目的明确性,是指企业为顾客创造价值的目的是明确的。正如波特所指出的,竞争优势归根结底来源于企业为顾客所创造的价值。[2]例如,当企业选择了总成本领先战略,意味着企业必须在广泛的市场上为价格敏感型顾客提供高性价比的产品或服务;当企业选择了差异化经营战略,意味着企业必须在广泛的市场上为非价格敏感型顾客提供高附加值的产品或服务;当企业选择了市场聚焦战略,意味着企业必须在特定的市场上为顾客提供高性价比的产品或服务,或者提供高附加值的产品或服务,或者两者兼顾。所谓内部一致性,是指企业内部的所有经营活动都必须服务于企业经营目标的实现,所有经营活动之间必须是相互加强、相互促进的。从本质上说,首先,企业定位就是创造差异性,而创造差异性必然要建立在独特的经营活动上,要么选择不同于竞争对手的经营活动,要么选择不同于竞争对手的活动实施方式,换言之,企业必须有目的地构建一种独特的经营活动体系,以创造一种独特的价值组合;其次,定位要求企业必须作出取舍,当各种经营活动之间不能相互加强、相互促进时,甚至当企业经营活动之间互不兼容时,根据内部一致性进行取舍就成为企业战略定位过程中必不可少的工作;最后,定位要求企业追求配称,即将内部经营活动紧密地组合起来,使其成为一个有机整体,也就是说某项活动的成本因为其他活动的实施方式而降低,或某项活动对顾客的价值也可借助其他活动而提高。所谓不可模仿性,是指企业的竞争对手无法进行与企业相同的战略定位。首先,定位意味着企业选择了不同于竞争对手的经营活动,或者选择了不同于竞争对手的活动实施方式;其次,当企业进行取舍后,这种取舍也是企业防止竞争对手模仿的重要方面,因为竞争对手不可能在不伤害自身原有优势的情况下模仿企业的某一或某些经营活动,这就构成了企业长期获得超常回报的重要条件;最后,当企业实现了配称,

---

[1] 迈克尔·波特.竞争战略[M].陈小悦译.北京:华夏出版社,2005:3.
[2] 迈克尔·波特.竞争战略[M].陈小悦译.北京:华夏出版社,2005:前言.

即将经营活动有机地组合起来后,竞争对手要想模仿企业的定位,就必须打破其原有的经营活动体系,这往往是不经济的,因而竞争对手会放弃模仿企业定位的做法,从而使得企业竞争优势得以保持。此外,定位中的配称还可以使企业的资源利用效率得到极大的提高,从而使企业在获得社会资源投入方面也具有优势。波特认为,配称才是创造竞争优势最核心的因素。

定位不同于提高运作效率。许多企业为了提高营利水平,运用许多管理方法,有的甚至是新潮的管理方法,如全面质量管理、基准管理、最佳实践、时间竞争、战略联盟、业务流程重组、企业再造、外包、平衡计分卡、战略地图等。不可否认,这些管理方法的确能在一段时间内提高企业的利润水平,但是,显然地,这些方法并不能帮助企业持久地获得超常回报。在波特看来,那些暂时处于领先地位的企业不过是位于生产率边界上。[①]所谓生产率边界,是指在现有的成本下,运用当前最新的原料、设备、技术、工艺和管理方法等,生产某种产品或提供某种服务所能创造的最大价值。每当企业提高运作效率时,它实际上就是在向生产率边界靠近,也就是在向处于领先地位的企业靠拢。当然,随着新技术和新管理方法不断出现,生产率边界也总是在不断地向外拓展,这使得行业内所有企业又有了进一步通过提高运作效率来提高利润水平的空间。尽管为了提高利润水平不断提高运作效率是很有必要的,但是,企业单纯依靠提高运作效率是无法持久地获得超常回报的,即使对那些处于领先地位的企业也是如此。主要原因就在于,一是企业所使用的这些方法本身都是可以模仿的;二是企业的竞争对手也常常将更多的精力放在"比学赶超"上;三是管理咨询业的日渐发达加快了管理方法在企业间传播的速度。因此,许多企业尽管通过提高运作效率而提高了利润回报水平,但几乎无一例外地都陷入了收益逐渐递减的尴尬境地。更致命的是,当提高运作效率取代了竞争战略,企业就不知不觉地落入了竞争趋同的陷阱,衰落甚至消亡就成为必然的结果。

(3) 定位是企业提高行业营利潜力的战略行动

如前所述,相互模仿所导致的必然结果是竞争趋同,而这会形成"红皇后效应":不停地奔跑只能保持原来的相对位置。同样,企业通过加大投入提高运作效率而提高的利润最终会被相互抵消。因此,完全基于运作效率的竞争是自相残杀式的竞争,最终只能导致相互毁灭,这对整个行业都是不利的。相反,定位是企业提高行业营利潜力的战略行动。

第一,定位是创造特定顾客价值的活动。定位是在三种基本竞争战略中选择其一。选择总成本领先战略是为了在广泛的市场上获得成本优势,选择差异化经营战略是为了在广泛的市场上获得特色优势,选择市场聚焦战略是为了在特定的市场上获得成本优势和/或特色优势。由此可见,定位是针对企业的目标顾客而言的,即定位是创造特定顾客价值的活动。正因为企业定位本质上是为了满足特定的顾客需求,所以,企业所在的行业对企业而言才能是具有吸引力的行业。正如西奥多·莱维特所说,根本就不存在所谓

---

① Porter M. E. What Is Strategy? [J]. *Harvard Business Review*, 1996, (11-12):61-78.

的成长性行业,只有组织并行动起来去创造和利用成长机会的企业,那些自诩乘上自动成长扶梯的行业无一例外地陷入停滞状态,每一个死亡或者垂死的成长性行业的历史都展示出一个自欺的循环,这个循环包括大规模扩张和不被觉察的衰退。① 莱维特以石油行业为例说明了他的观点。石油行业也许是成长时间最长的行业之一,有着令人羡慕的成长纪录,石油行业自身也对此颇为乐观自信。但是,早在1960年,莱维特就预言,石油行业将不再是所谓的成长性行业,相对其他行业而言,石油行业可能会走向衰退,就像当时的铁路行业一样,只能在将来回顾曾经的辉煌,主要原因就在于,石油行业中的每个公司都试图通过改进其当时的做法去战胜竞争对手,而不是想方设法为顾客创造价值。这与当时的许多行业以及现在的许多行业中的现象何其相似!莱维特指出,事实上,自从约翰·洛克菲勒将免费的煤油灯送到中国之后,石油行业就再也没有在创造顾客价值方面取得过真正杰出的成就。该行业甚至在产品的改进上也没有显著的成就。或许唯一的例外是四乙基铅的开发,这也许可以算得上是最伟大的一项改进,但不幸的是,这项改进也是来自行业外部——通用汽车公司和杜邦公司。行业本身做出的较大的贡献局限于石油开采、生产和提炼的技术方面。

在中国的移动互联网经济时代,也有许多所谓的成长性行业,如O2O、P2P等。如果要用一个关键词来形容如今的O2O行业,"烧钱"也许是最合适不过了。从打车到团购、从订餐到按摩、从电商到支付,几乎所有细分领域都动辄几亿、十几亿美元的融资额,烧钱愈演愈烈。商家们的地推打得火热,用户们的享受补贴也是乐此不疲。整个行业洋溢着无限乐观的气氛:每个细分领域都有几十甚至上百个大大小小的APP参与竞争,背后是无数冲着"互联网+"概念而来的民间资本或风投机构。然而,如果用莱维特的观点来看,这个行业并没有真正创造顾客需求的产品。O2O创业者用其强大的"伪推理"能力来打动自己和投资人,并没有真正从目标顾客的需求出发来构建自己的业务活动体系;而所谓的用户也是O2O创业者用投资人的钱买来的:免费洗车、免费按摩、免费钟点工、免费叫外卖……由此带来的后果是,创业者纷纷涌入,烧完钱后如果还未营利那就转身退场;用户每日在各个更优惠的平台间来回穿梭,没有补贴后那就转身离开。有人曾经用古斯塔夫·勒庞的《乌合之众》来形容O2O行业的烧钱大势:创业者和用户正如一群"乌合之众",沉浸在一场真金白银的狂欢之中。②

第二,定位是给予顾客多元选择的活动。在竞争趋同的情况下,价格将成为客户进行购买决策的唯一依据,这就把行业内的企业赶上降低成本的单行道,因为没有一家企业能够在价格高于竞争对手的情况下将产品销售出去。这将导致企业之间的自相残杀愈演愈烈。从产业链的视角看,竞争趋同将导致企业的所有利益相关者一损俱损,因为受损的不仅是饱受价格战摧残的企业,而且由于企业之间因为争夺资源而不堪重负被迫削减成本,客户、供应商以及企业内部员工都会受到损害。尤其是对于客户而言,企业间的价格大战未必是一件好事。这是因为,价格大战固然能使客户购买到价格低廉的产品

---

① Levitt Theodore. Marketing Myopia[J]. *Harvard Business Review*,1960,(7-8):45-56.
② 吴僬宇.O2O烧钱大战:一场乌合之众的乐观与狂欢."商业价值(bvmagazine)"微信公众号,2015-08-04.

或服务,但是,显然地,客户也会因此而失去选择的余地。换言之,客户只能接受价格低廉的同质化产品或服务,而无法获得差异化的产品或服务。

相反,波特的定位观主张为顾客提供多元化的产品或服务选择。当企业选择了总成本领先战略,意味着企业在广泛的市场上具有成本优势,简言之,企业在行业中的总体经营成本是最低的,这就使企业可以为价格敏感型顾客提供高性价比的产品或服务。当企业选择了差异化经营战略,意味着企业在广泛的市场上具有特色优势,即企业的产品或服务是与众不同或独一无二的,这就使企业可以为非价格敏感型顾客提供高附加值的产品或服务。当企业选择了市场聚焦战略,意味着企业在特定的市场上具有成本优势,为特定市场的价格敏感型顾客提供高性价比的产品或服务,或者为特定市场的非价格敏感型顾客提供高附加值的产品或服务。由于企业经营差异化的来源十分丰富,如质量、功能、规格、款型、外观、品牌、关系、历史、创意等,因此,市场中的顾客可以根据自己的价值取向选择自己需要的产品或服务,这意味着企业的战略定位为顾客提供了多元化的选择,这不但对单个企业而言是十分重要的,而且对整个行业而言也是十分重要的。如果按照亨利·明茨伯格的说法,总成本领先也是差异化的一种形式,那么,就可以理解波特所说的,定位就是创造差异性。

第三,定位是改善当前行业结构的活动。根据西奥多·莱维特的观点,企业能否不断成长取决于能否不断开发并满足顾客需求。由于顾客需求与偏好是分层次、多样性的,因此,竞争对手的存在对企业而言实际上是有利的。波特认为,虽然竞争对手的存在的确可能构成威胁,但是,在许多行业中,"好"的竞争对手能够加强而不是削弱企业的竞争地位。[①]例如,竞争对手作为比较的标准,可以提高企业的产品或服务在顾客心目中的差异化水平。如果没有竞争对手作为比较的标准,顾客就难以判别企业创造的价值,因而就可能对价格或服务更加敏感,从而在价格、服务和产品质量上对企业提出更高的要求。竞争对手的存在能够扩大行业中的市场需求,并在此过程中提高企业的销售额。例如,企业和竞争对手的广告投入,往往会刺激市场需求,在这种情况下,对一个实行定位的企业而言,其销售额的提高往往得益于竞争对手的广告。企业和竞争对手有节奏地向市场推出新产品,也可以刺激市场需求。这种情况在许多行业都可以观察到,如汽车、手机、房地产、保健品等行业。"好"的竞争对手可以加强行业结构中的理想部分,或者促进改善行业吸引力的结构变化。例如,竞争对手强调产品质量、耐用性以及服务,就有助于降低买方的价格敏感性和缓解行业中的价格竞争。"好"的竞争对手可以阻止潜在进入者进入市场,因为竞争对手的存在提高了潜在进入者遭受报复的可能性和严厉程度,从而间接地增加企业竞争优势的持久性。"好"的竞争对手还可填补市场空隙,占据那些代表着进入市场合理路径的位置,从而增加了潜在进入者进入的难度。

"好"的竞争对手往往有一些可供识别的特征。总体上,可以借用中国古代孔子的话来描述"好"的竞争对手和"坏"的竞争对手。孔子云:"君子和而不同,小人同而不和。"如

---

① 迈克尔·波特.竞争优势[M].陈小悦译.北京:华夏出版社,2005:208.